KB041529

밀의 『공리주의』 입문

Mill's '*Utilitarianism*'

by

Henry R. West

Copyright © Henry R. West 2007

Korean Language Translation Copyright © 2015 by Seokwangsa Publishing Company

This Korean Language edition is published by arrangement
with **Bloomsbury Publishing Plc., U.K.**

밀의 『공리주의』 입문

헨리 R. 웨스트 지음 | 김성호 옮김

서광사

이 책은 Henry R. West의 *Mill's 'Utilitarianism'* (Bloomsbury Publishing Plc., 2007)
을 완역한 것이다.

밀의 『공리주의』 입문

헨리 R. 웨스트 지음
김성호 옮김

펴낸이 | 김신혁, 이숙
펴낸곳 | 도서출판 서광사
출판등록일 | 1977. 6. 30.
출판등록번호 | 제 406-2006-000010호

(10881) 경기도 파주시 회동길 77-12 (문발동)
Tel: (031) 955-4331 | Fax: (031) 955-4336
E-mail: phil6161@chol.com
http://www.seokwangsa.co.kr | http://www.seokwangsa.kr

이 책의 한국어판 저작권은 영국 **Bloomsbury Publishing Plc.**와의
독점저작권 계약에 의해 도서출판 서광사에 있습니다.
한국 내에서 보호를 받는 저작물이므로 무단 전재 또는 무단 복제를 금합니다.

ⓒ 도서출판 서광사, 2015

옮긴이와의 합의하에 인지는 생략합니다.

제1판 제1쇄 펴낸날 · 2015년 11월 20일

ISBN 978-89-306-2559-3 93190

옮긴이의 말

이 책은 컨티뉴엄 출판사(현재 블룸스버리(Bloomsbury) 출판사에 합병되었다)의 '리더스 가이드' 시리즈 중 웨스트(Henry R. West)의 『밀의 『공리주의』 입문』(*Mill's Utilitarianism*)을 완역한 것이다. '리더스 가이드' 시리즈는 서양 사상의 고전에 속하는 여러 저술에 대해 간결하면서도 최근의 연구 성과까지 반영한 충실한 입문서를 제공하는 것으로 이미 정평이 나있다. 밀의 『공리주의』는 어떤 기준으로 평가하더라도 서양 윤리학사에서 매우 중요한 저술 중 한 권으로 손꼽히는 고전이다. 이런 두 요소가 적절히 조화를 이룬 훌륭한 입문서를 번역하여 출판할 기회를 얻게 된 것을 내심 기쁘게 생각한다.

공리주의가 오랜 역사와 전통의 측면뿐 아니라 현대에 미치는 영향의 측면에서도 정말 중요한 윤리 이론 중 하나라는 점은 의심의 여지가 없다. 공리주의는 인간 행위의 결과를 쾌락과 고통이라는 명확한 기준으로 평가하여 행위의 선악을 규정하고, '최대 다수의 최대 행복'이라는 궁극 목표를 설정하며, 특히 최대 다수를 계산하면서 행위자 자신을 포함한 모든 사람을 동일하게 한 사람으로 여길 것을 요구한다. 이러한 요구는 공리주의가 쾌락주의를 유지하면서도 이기주의에서 벗어나 공동체 전체의 행복을 추구할 수 있는, 자신과 동일하게 다른 사람들을 배려할 수 있는 성숙한 인간을 전제함을 잘 보여 준다. 따라서 많은 개인으로 구성된 공동체가 절대 권력의 강력한 규제 없이는 자기 이익을 위한 투쟁의 장이 될 수밖에 없다는 비관적인 시각에서 벗어나, 성숙한 인격체로서 다른 모든 사람을 자신과 동일한 위치에 놓고 배려하며 다수의 행복을 위해서라면 자신의 행복까지도 희생할 수 있는 인간의 모습을 제시한다. 또한 공리주의는 단순한 개인적 윤리에서 벗어나 사회 전체를 고려하는 폭넓은 관점을 도입함으로써 시민 사회, 더 나아가 정치나 경제 운용의 기본 원리로 얼마든지 활용될 수 있는 이론이기도 하다.

하지만 현재 우리의 상황을 보면 공리주의에 대한 깊이 있는 검토와 연구가 크게 부족한 듯하여 아쉬움을 감출 수 없다. 특히 공리주의와 대비되는 칸트의 윤리학에 대한 연구 성과와 비교해 볼 때 질과 양 모두에서 큰 차이가 난다는 점을 인정하지 않을 수 없다. 공리주의 자체에 대한 연구보다는 오히려 공리주의에 대한 비판이 더 자주 등장하는 듯도 하다. 물론 공리주의 또한 완벽한 이론은 아니므로 수많은 비판이 있을 수 있겠지만 섣부른 비판에 앞서 공리주의 자체를 충실히 이해하려는 노력이 더욱 필요하다고 생각하며 이 책이 그런 이해에 작은 도움이 되기를 바란다.

항상 그렇듯이 미덥지 못하고 서투른 옮긴이의 원고를 세심하게 다듬어 이렇게 훌륭한 책으로 만들어 주신 서광사 편집부의 모든 분들께 깊이 감사하며, 이 책을 번역하는 과정에서 많은 도움을 주신 여러 선후배분들께도 고개 숙여 감사의 뜻을 전한다. 앞으로 또 다른 책을 번역할 기회가 주어진다면 더욱 노력해서 더 나은 번역을 내놓겠다는 다짐의 말씀을 모든 독자분들께도 전한다.

2015년 11월
옮긴이 김성호

차례

머리말

공리주의란 행위나 법칙 또는 사회적 정책 등이 그들의 공리에 따라 —
즉 그들이 낳는 결과에 따라 — 정당화된다고 생각하는 철학적 견해이
다. 벤담(Jeremy Bentham, 1748-1832)과 밀(John Stuart Mill, 1806-
73)이 명확하게 제시한 '고전적' 공리주의에서 중요시되는 결과는 행
복과 불행이다. 밀이 직접 언급하듯이 '공리 또는 최대 행복의 원리를
도덕의 기초로 받아들이는 이 이론은 행위가 행복의 증진에 기여하는
정도에 비례하여 옳으며 행복에 반대되는 것을 산출하는 정도에 비례
하여 그르다'(Mill 1861a: 210 [II, 2])고 주장한다. (밀의 저서『공리
주의』를 인용할 경우 밀 전집(*Collected Works of John Stuart Mill*) 10
권을 기준으로 면수 및 장과 문단의 번호를 표시했다. 이후 저자와 연
도를 생략하고, 면수를 먼저 표시한 다음 괄호 안에 장과 문단의 번호
를 표시하기로 한다.『공리주의』는 수많은 형태로 다시 출판되었으므
로 장과 문단의 번호를 표시하는 것이 다른 판들에서 인용을 확인하는
데 도움이 되리라 생각한다.) 공리주의는 일종의 규범 이론이다. 그것
은 어떤 행위가 수행되어야 하고 또 수행되어서는 안 되는지, 어떤 법
률이 제정되고 집행되어야 하는지 또는 그렇게 되어서는 안 되는지, 어
떤 정책이 채택되고 실행되어야 하는지 또는 그렇게 되어서는 안 되는
지에 관한 이론이다. 공리는 때로 사람들에게 **실제로** 행위의 동기로 작
용하는 바가 무엇인지 그리고 이들이 **실제로** 어떻게 자신의 행위를 정

당화하는지를 설명하는 중요한 요소로 사용된다. 하지만 현대 철학에서 공리주의는 일종의 규범 이론으로서, 즉 현재의 관행들을 정당화하거나 비판함으로써 개혁이나 근본적인 변화를 이끌어 내는 데 사용되는 이론으로서 중요성을 지닌다.

밀은 19세기 최고의 영국 철학자로서 철학의 거의 모든 영역에 크게 기여했다. 그가 쓴 『공리주의』는 공리주의 철학을 언급하거나 옹호할 경우 가장 폭넓게 인용되는 저술이므로 주의 깊게 검토할 가치가 있다. 밀이 제시한 공리주의는 다른 여러 형태의 공리주의와 상당한 차이를 보이는데 내가 보기에 밀의 견해가 다른 견해보다 우월한 지위를 차지하는 듯하다. 이 책은 철학과 학부생이든 아니면 전문 철학자든 간에 『공리주의』를 읽는 사람들이 밀의 독특한 이론과 이를 옹호하려는 그의 시도를 더욱 잘 이해하도록 돕기 위한 것이다.

'윤리학' 또는 '도덕철학'은 — 나는 이 두 용어를 서로 교환 가능한 것으로 사용하는데 — 철학의 한 분과로서 삶을 가치 있게 또는 그 반대로 만드는 것은 무엇인지, 우리 자신과 다른 사람들에 대한 우리의 의무는 무엇인지, 인간의 행위와 제도들을 정의롭거나 정의롭지 않게 만드는 것은 무엇인지 등의 질문을 주로 다룬다. 이 분과는 전통적으로 인간의 행위와 삶에서 옳고 그름, 좋고 나쁨을 규정하는 여러 **이론들을** 제시해 왔다. 공리주의는 이런 이론들 중 하나이며, 밀의 『공리주의』는 공리주의 이론과 관련하여 가장 폭넓게 읽히고 언급되는 저술이다. 사실 수많은 형태의 공리주의가 존재하지만 밀의 공리주의는 몇 가지 중요한 방식에서 다른 형태의 것들과 상당한 차이를 보인다. 하지만 밀의 공리주의는 가장 합리적인 것이며, 그는 『공리주의』에서 자신의 이론을 옹호하기 위한 매우 세련된 논증을 제시한다.

이 절에서 나는 우선 밀의 공리주의를 수많은 규범적 윤리 이론 중 하나로 또한 다양한 형태의 공리주의 이론 중 하나로 소개함으로써 『공리주의』를 이해하는 데 필요한 맥락을 제공하려 한다. 그다음에는 밀의 생애와 저술을 간략하게 소개하고 이어서 벤담의 철학이 지닌 몇몇 요소들을 언급하려 한다. 사실 밀의 철학은 벤담의 저술을 일부 반영하고 또 일부 수정한 결과로 등장한 것이다.

공리주의에 대한 대안들

밀의 이론을 여러 형태의 공리주의에 대한 대안이라는 맥락에서 살펴
보기에 앞서 공리주의를 여러 윤리 이론들에 대한 대안이라는 맥락에
서 고찰하는 편이 더욱 적절할 듯하다. 공리주의는 일종의 결과론적 이
론으로서 행위는 — 법칙과 정책 그리고 사회적, 경제적 제도 등은 —
그것이 낳는 결과에 따라 평가되어야 한다고 주장한다. 밀의 공리주의
에서는 이들이 최대 행복에 얼마나 기여하는가에 따라 평가된다. '행
위들은 행복의 증진에 기여하는 정도에 비례하여 옳으며 행복에 반대
되는 것을 산출하는 정도에 비례하여 그르다'(210 [II, 2]). 도대체 어
떤 대안적 윤리 이론이 이 사실을 부정할 수 있는가? 우리는 각각 자신
의 행복이라는 동기에 따라 행위하며, 다른 사람들과 관련해서 그들의
행복을 증진하려 하며 불행을 막으려 하지 않는가?

공리주의에 대한 대안에 두 가지 방식으로 접근할 수 있는데, 그중
하나는 이론의 **구조**를 고찰하는 것이다. 즉 모든 도덕 이론이 결과를
가장 기본적인 요소로 여기지는 않는다는 점을 지적할 수 있다. 다른
하나는 이론의 **권위**를 고찰하는 것이다. 몇몇 이론들은 종교적 권위에
의지하거나 직관 또는 '자연법'에 호소한다. 이제 구조와 관련되는 첫
번째 대안부터 검토해 보자.

대안 중 하나는 **의무**를 가장 기본적인 도덕적 개념으로 여기는 것이
다. 이런 이론들은 **의무론적**(deontological)이라고 불리는데, 이 용어
는 의무를 의미하는 그리스어 *deon*에서 유래했다. 이와 대비되어 공리
주의는 **목적론적**(teleological) 이론에 속하는데, 이 용어는 '목적' 또는
'목표'를 의미하는 그리스어 *telos*에서 유래했다. 밀의 공리주의에서
목적 또는 목표는 최대의 행복을 증진하는 것이며, 이 목표에 기여하는

행위들이 의무로 규정된다. 의무론적 이론은 의무의 수행 자체를 가장 기본적인 도덕적 개념으로 여기며, 의무는 그것이 성취하는 바로부터 도출된다고 생각하지 않는다. 어떤 의무는 적극적인데, 어려움에 빠진 사람을 도울 의무는 여기에 속한다. 어떤 의무는 소극적인데, 죽이거나, 훔치거나, 속이거나, 협박하거나, 불필요한 고통을 가하지 말라는 의무는 여기에 속한다. 또 어떤 의무는 상호적인데, 이익을 얻었을 경우 이에 대하여 감사할 의무나 손실을 끼쳤을 경우 이를 보상할 의무는 여기에 속한다. 이런 의무들의 수행은 분명히 행복을 증진하고 불행을 감소시키지만, 의무론자는 이런 사실이 이들을 의무로 만들지는 않는다고 생각한다. 이들은 그 자체로 의무이며, 행복을 증진하거나 불행을 방지하는지와 무관하게 반드시 행해져야만 한다. 반면 공리주의자에 따르면 의무는 이차적인 것이며 의무라고 불리는 그 어떤 것도 얼마든지 비판의 대상이 될 수 있다. 예를 들어 우리가 조국에 충성할 의무를 지닌다는 주장을 고려해 보자. 이 주장이 옳든 그르든 간에 공리주의의 논변을 적용해 보면 이 '의무'는 진정한 의무가 아닌 것으로 드러날 수도 있다. 애국과 같은 이미 인정된 '의무'도 결과론에 따른 평가를 반드시 거쳐야 한다. 만일 내가 어떤 손해를 당했다면 이를 되갚아야 한다는 주장도 공리주의 관점에서는 문제시된다.

또 다른 대안적 윤리 이론의 계열로 '덕 윤리'를 들 수 있다. 이 이론에 따르면 기본적인 개념은 의무인 행위나 목적에 기여하는 행위가 아니라 행위의 동기이다. 즉 어떤 행위가 덕을 드러내는가 아니면 악덕을 드러내는가가 중요시된다. 결과론과 의무론 모두 덕과 악덕의 중요성을 무시하지는 않는다. 결과론자는 정직이 최선의 방책이라고 말하면서 어린이에게 정직을 가르치고 모든 사람들이 정직을 칭찬해야 한다고 주장한다. 하지만 결과론자의 관점에서 정직은 도구적이다. 정직의 가치는 그것이 낳는 결과로부터 도출된다. 반면 덕 윤리학자들에게는 덕 자체가 근본적이다. 진실을 말하는 일은 그것이 낳는 좋은 결과나 **그 자체가** 일종의 의무라는 사실로부터 도덕적 가치를 얻는 것이 아니다. 그것의 도덕적 가치는 그런 행위를 하는 행위자의 성품(character)으로부터 도출된다. 만일 어떤 행위자가 정직한 사람이고 이런 성품이 진실을 말하는 행위의 동기로 작용한다면 그 행위는 도덕적 가치를 지닌다. 공리주의자도 사람들을 판단하는 데 성품이 중요하다는 사실을 인정하지만 행위를 판단하는 별도의 기준을 내세운다. 즉 좋은 동기만으로는 충분하지 않으며, 행위는 좋은 결과를 낳는 성향을 지녀야만 한다.

결과론, 의무론 그리고 덕 윤리는 현재 서양 철학에서 가장 큰 영향을 미치는 윤리 이론들이다. 하지만 이들이 윤리 이론의 전부는 아니다. **권리**를 가장 기본적인 개념으로 사용하려는 시도 또한 계속 이어졌다. 권리론자들에 따르면 의무와 덕은 권리의 존중으로부터 도출되며, 권리는 행복의 극대화를 '능가하는' 개념이다. 우리는 더 큰 행복을 얻기 위하여 개인의 생명과 자유 또는 — 어떤 이론에 따르면 — 재산권을 결코 침해해서는 안 된다. 또한 권리는 가장 절대적인 의무들의 — 살인, 납치, 착취, 절도 등을 저질러서는 안 된다는 — 기초를 제공한다. 공리주의도 권리의 중요성을 인정한다. 안전 보장은 행복의 추구나 불행의 회피보다도 더욱 중요한 요소이다. 밀은 안전 보장 이외의 다른 이익들은 그것을 필요로 하는 사람들도 있지만 필요로 하지 않는 사람들도 있으므로 많은 사람들이 흔쾌히 포기할 수 있으리라고 말한다. 하지만 어느 누구도 안전 보장을 포기할 수는 없다. 우리는 안전이 보장될 경우에만 이에 의지하여 다른 선들을 지속적으로 추구할 수 있다. 따라서 밀과 같은 공리주의자도 권리의 존중이 기본적인 도구적 가치를 지닌다는 점을 무척이나 강조한다. 하지만 공리주의자는 어떤 권리가 존중되어야 하며, 여러 권리가 상충할 때 어떤 쪽에 더 큰 비중이 주어져야 하는지는 권리들을 존중한 결과에 비추어 여러 권리들에 우선순위를 부여함으로써 결정되어야 한다고 주장한다.

또 다른 형태의 윤리 이론도 있는데, 이는 사회 계약의 개념에 기초한다. 이에 따르면 상대방이 나를 해치지 않겠다는 점에 동의할 경우에 나 또한 상대방을 해치지 않겠다는 점에 동의한다. 상대방이 어려움에 빠진 나를 돕겠다고 동의할 경우에만 나 또한 어려움에 빠진 상대방을 돕겠다고 동의한다. 이런 접근 방식을 택하는 철학자들은 도덕적 행위자들이 모두 함께 이런 동의의 계약을 실제로 맺었다고 주장하지는 않는다. 이런 계약은 암묵적인 것으로 여겨지기도 한다. 즉 이런 계약을 통해서 사회를 구성하고, 그 안에서 살아가는 이익을 얻으려면 이를 받아들이지 않을 수 없으며, 개인은 이런 상호 이익을 위한 공동체에 공평하게 참여한다는 것이다. 아니면 이런 계약은 가상적인 것으로 여겨지기도 한다. 즉 만일 우리가 사회 계약을 맺을 수 있었다면 그렇게 하는 것이 충분히 합리적이었으리라는 식의 논증이 등장하기도 한다. 따라서 충분히 많은 사람들이 이런 계약에 동의하는 한 우리도 이를 받아들여 계약의 조항에 따라 행위할 근거가 마련된다. 이런 사회 계약에 포함된 조항들은 공리주의에 따라 사람들에게 어떤 목표의 성취를 요구할 수도 있고 의무론의 관점에 따라 어떤 의무의 수행을 요구할 수도 있다. 또한 덕 윤리에 따라 사람들에게 어떤 성향을 발전시킨 후 이를 진정한 동기로 삼아 행위할 것을 요구하기도 하고 어떤 기본권을 존중할 것을 요구하기도 한다. 어쨌든 계약론자는 사회 계약의 개념이 도덕 체계의 다른 부분들에 합리적 근거를 제공한다고 생각한다. 하지만 공리주의자는 사회 계약의 개념 자체로부터는 아무것도 얻을 수 없다고 생각한다. 공리주의자는 자신의 본질적(intrinsic) 가치 이론을 통해서 의무와 덕 그리고 권리의 근거가 주어지며, 이는 결국 이 가치를 극대화하는 것이라고 생각한다. 만일 사회 계약론자가 공리주의적 결론에 도달한다면 그의 이론은 불필요한 것이 되고 만다. 만일 그가 공리주의적이지 않은 결론에 도달한다면 그의 이론은 잘못된 것에 지나지 않는다.

지금까지는 기본적 개념을 기준으로 다양한 유형의 윤리 이론을 — 결과론, 의무론, 덕 윤리, 권리론, 사회 계약론을 — 분류했다. 이제 다른 방식으로 공리주의에 대한 대안들을 살펴보려 하는데, 이는 기본 개념이 아니라 권위의 근거에 초점을 맞추는 방식이다. 결과론적 이론들은 본질적 가치의 개념, 즉 그 자체로 가치를 지닌 무언가 또는 어떤 목적을 권위의 근거로 삼아 이런 목적을 위한 수단들을 높이 평가하거나 낮게 평가한다. 이와는 다른 권위의 근거로 직관, 신의 의지, 자연 등을 들 수 있다.

직관주의자들은 행위의 결과를 계산할 필요가 없다고 주장한다. 우리는 어떤 행위가 옳은지 그른지를 직관적으로 바로 인식한다. 살인이나 절도, 간통, 착취, 거짓말, 사기, 약속 위반 등은 그르다. 우리는 이런 종류의 행위들이 나쁜 결과를 낳을 가능성이 높다는 점을 생각할 필요 없이 이 사실을 바로 인식한다. 하지만 이 사실을 어떻게 인식하게 되는가? 이에 대한 대답 중 하나는 인간이 시각이나 청각과 유사한 도덕감을 지니기 때문에 살인이나 절도 등이 그르다는 점을 바로 감지한다는 것이다. 물론 이런 능력이 감각적인 것이 아니라 지성적인 것이라는 또 다른 대답도 가능하다. 이에 따르면 우리는 더 이상의 논증을 전개하지 않고도 살인이나 절도 등에 반대하는 도덕적 **근거**가 존재한다는 점을 바로 인식한다. 하지만 공리주의자는 만일 정확한 도덕적 추론을 진행할 수 있는 도덕감이나 본유적 능력이 존재한다면 왜 살인 등의 개념과 관련하여 그토록 많은 논쟁이 벌어지는가라고 반문한다. 사형 제도는 일종의 살인인가? 정당방위를 위한 살인도 살인인가? 전쟁에서 이루어지는 살인도 살인인가? 이런 유형의 행위들이 과연 살인인지는 지금도 뜨거운 논쟁거리이다. 몇몇 직관주의자들은 절대주의의 관점을 택하여 이런 유형의 행위들이 모두 도덕적으로 그르다고 주장하는 반면 다른 직관주의자들은 어떤 종류의 살인은 허용 가능하며 심지어 요구되기도 한다는 점을 직관할 수 있다고 주장한다. 직관주의자들은 직관이 상충할 수도 있다는 점을 인정한다. 즉 정당방위의 권리가 존재한다는 직관이 살인은 그르다는 직관과 서로 충돌할 수도 있다. 이런 경우 상충하는 의무들의 비중을 어떤 방식으로 평가해야 하는가? 직관주의자는 오직 도덕감이나 도덕적 추론을 통하여 얻은 직접적인 통찰에만 호소할 수 있다. 반면 공리주의자는 더욱 과학적인 대안을 제시한다. 즉 정당방위를 위한 살인을 허용하거나 금지하는 것이 우리의 행복에 어떤 결과를 낳으며 또 어떤 상황에서 그런 결과를 낳는지를 물을 수 있다. 물론 이에 대한 결정적인 대답을 제시하기란 어려운 일이지만 적어도 공리주의자는 단지 직접적인 지식에만 호소하지는 않는다 — 공리주의자는 인과 관계에 호소한다.

　또 다른 대안은 종교적인 것이다. 무엇이 옳고 무엇이 그른지는 신이 원하는 바가 결정한다. 이 이론은 (최소한) 서로 다른 두 가지 형태를 띤다. 그중 하나는 신이 전지하고 자비롭다고 주장한다. 따라서 신은 무엇이 좋고 나쁜지를, 무엇이 옳고 그른지를 알며 항상 좋고 옳은 것을 원한다. 따라서 우리가 신의 의지를 알면 무엇이 우리의 삶을 좋게 혹은 나쁘게 만드는지, 무엇이 옳고 그른지도 알게 된다. 이 이론에서는 신이 자비롭다는 언급이 상당한 중요성을 지닌다. 이는 단지 신의 의지가 곧 신의 의지라는 동어 반복적인 언급이 아니다. 신의 의지가 무언가를 좋거나 옳게 **만들지는** 않는다. 신은 악의적으로 사악한 것을 원할 수도 있다. 하지만 신은 우리를 사랑하며 우리에게 최선인 것을 원한다. 이런 식의 종교적 이론은 지식과 동기 모두를 중요시한다. 우리는 신의 의지를 인식하는 한 무엇이 좋고 나쁘며 무엇이 옳고 그른지를 인식할 수 있을 뿐만 아니라 신의 사랑 및 보상의 희망과 처벌의 두려움에 응답하여 좋고 옳은 것을 증진하려는 동기에 따라 행위하게 된다.

이런 식의 종교적 이론은 공리주의와 충분히 양립 가능하다. 신이 자비롭다면 신은 피조물의 행복을 원하지 않겠는가? 신은 사람들이 자신의 행복을 추구하고 다른 사람들을 행복하게 만들며 어려움에 빠진 사람을 돕기를 원하지 않겠는가? 하지만 다른 한편으로 신은 행복이 아닌 다른 어떤 것을 좋다고 인식할지도 모르며 최대 행복의 증진과는 다른 어떤 것이 행위를 옳거나 그르게 만든다고 생각할지도 모른다. 따라서 이런 식의 종교적 이론은 비공리주의적인 가치 및 도덕 이론과도 양립 가능하다. 하지만 수많은 종교가 존재한다는 사실과 — 설령 신이 존재하더라도 — 신의 의지를 인식하기 어렵다는 사실이 이 이론의 문제점으로 작용한다. 밀 또한 이 세계의 지적인 설계자로서 신이 존재하는데 이 신이 자비롭지 않을 경우 수많은 부당한 고통들이 등장할 것이라고 주장한다.

이와는 다른 종교적 이론은 자주 '신의 명령' 이론으로 불리는데, 이에 따르면 신의 의지가 좋음과 나쁨, 옳고 그름을 **규정한다**. 이 이론은 신이 없이는 어떤 객관적 가치나 도덕의 객관적인 근거도 성립할 수 없다고 주장한다. 이 이론을 적용하면 '신은 자비롭다'는 말은 동어 반복에 지나지 않는다. 왜냐하면 이는 단지 신의 의지는 곧 신의 의지라고 말하는 것일 뿐이기 때문이다. 신은 정의상 선하다. 신이 악할 수도 있다는 것은 일종의 모순이다.

　이 이론을 지지하는 근거 중 하나는 신이 전능하다면 신은 모든 것을 압도하고 지배하리라는 점이다. 하지만 이는 '강력한 힘이 옳음을 만들어 낸다'는 듯이 들린다. 그러나 이 이론을 지지하는 사람들은 대체로 이런 식의 해석을 거부한다. 이들은 인간에게 법칙을 부여하는 어떤 신성한 존재가 없다면 도덕은 인간의 욕구와 혐오에 따라 좌우되는, 인간의 구성물에 지나지 않으리라고 주장하면서 도덕이 객관성을 확보하려면 초인간적인 무언가에 근거해야만 한다고 말한다. 이에 대하여 공리주의자는 인간을 비롯하여 감각 능력을 지닌 모든 생명체에게 적용되는, 가치의 객관적인 근거가 **존재한다고** 대답한다. 그리고 이 근거는 바로 쾌락이 객관적으로 좋으며 고통은 훨씬 더 명확하게 객관적으로 나쁘다는 사실이다. 사람들은 결코 제멋대로 쾌락을 욕구하고 고통을 혐오하는 선택을 내리지 않는다 — 쾌락이 바람직하고 고통이 바람직하지 않다는 것은 자연적인 사실이다. 이런 객관적인 근거에 기초하여 객관적인 도덕을 충분히 구성할 수 있다. 하지만 이런 도덕을 구성하는 일은 자칫 오류에 빠지기도 하는, 결코 쉬운 일이 아니다. 과연 어떤 행위가 행복을 증진하고 불행을 낳는지에 대한 합리적인 논쟁이 발생하기도 하지만 이는 행위의 결과를 둘러싼 논쟁이다. 이런 논쟁은 사회마다 크게 다른 주관적인 취향이나 문화적 관습의 차이에 관한 것이 아니다. 신의 명령 이론에 관해서는 『공리주의』1장에 대한 주석 부분에서 더욱 상세히 살펴볼 예정이다.

　공리주의에 대한 또 다른 대안으로 자연적인 것은 옳고 자연적이지 않은 것은 그르다는 주장을 들 수 있다. '자연'에 관한 저술에서 밀은 어떤 의미에서는 모든 것이 자연적이라고, 즉 자연법칙에 따른다는 의미에서 자연적이라고 지적한다. '자연적'이라는 말의 또 다른 의미는 인간의 간섭을 벗어나 있다는 것이다. 하지만 밀은 이런 주장이 도덕의 기초가 될 수는 없다고 주장한다. 인간의 모든 행위는 자연의 일반적인 흐름을 변경하려는 시도이다. 어느 누구도 자연 전체가, 즉 질병과 지진, 홍수와 태풍 등을 포함하는 자연이 선하다고 주장할 수는 없다. 사람들이 자연 중 어떤 부분이 선하며 어떤 부분은 변형되어야 하는지를 결정하려 할 때 바로 공리주의가 이에 대한 기준을, 즉 최대 행복을 증진해야 한다는 기준을 제시한다. 이와는 다른 어떤 기준도 임의적이며 편견에 근거한 것에 지나지 않는다. 예를 들어 동성애나 인위적인 산아 제한, 일부다처제 등이 부자연스럽다고 여겨지는 까닭은 이들이 현재의 관습에 어긋나기 때문이다. 만일 이들이 진정으로 자연에 반하는 것이라면 백신 주사나 충치 예방 치료도 똑같이 자연에 반하는 일이 될 것이다. 이들은 자연이 아니라 현재 많은 사람들이 유지하는 태도에 반할 뿐이다.

다양한 형태의 공리주의

어떤 도덕 이론이 공리주의처럼 결과에 호소하여 행위나 법률, 정책 등을 정당화하거나 비판하기 위해서는 좋은 결과와 나쁜 결과를 평가하기 위한 기준이 반드시 필요하다. 이 기준이 무엇인지에 대해서는 공리주의자들 사이에서도 의견이 일치하지 않는다. 벤담과 밀 그리고 시지윅(Henry Sidgwick, 1838-1900)으로 대표되는 '고전적인' 공리주의자들은 쾌락주의자였다. 철학에서 쾌락주의는 오직 쾌락과 고통만이 목적으로서 좋거나 나쁜 것이며, 다른 모든 가치 있는 것들은 쾌락 및 고통과 어떤 관련을 지니는가에 따라 평가된다고 주장하는 이론이다.

따라서 철학적 쾌락주의는 일반적으로 사용되는 '쾌락주의'라는 용어와 다른 의미를 지닌다. 일반적으로 쾌락주의라는 용어는 자주 행위의 장기적인 결과를 무시하고 눈앞의 관능적인 쾌락에만 몰두하는 태도를 의미하는 것으로 사용되며, 지적인 활동에서 발견되는 쾌락이나 여러 의무를 수행하고 완수하는 데서 생겨나는 자존감, 다른 사람들과 우정이나 사랑 등의 친밀한 관계를 유지하는 일에는 큰 중요성을 부여하지 않는 태도를 지칭한다. 고전적 공리주의자들이 선택한 쾌락주의는 직접적인 관능적 향락이 아니라 이런 모든 쾌락의 원천을 중시하는 형태를 보인다.

20세기와 21세기 학자들은 비쾌락주의적인 방식으로 변형된 공리주의를 옹호하면서 쾌락의 추구와 고통에서의 해방의 **원천**으로 작용하는 지식, 아름다움, 목표의 성취, 강건한 성품, 서로 사랑하는 관계 등이 단지 쾌락 및 고통과의 관계를 통해서뿐만 아니라 그 자체로 가치 있는 목적이라고 주장한다. 20세기 초 비쾌락주의적인 이론들은 '이상적 공리주의'라는 이름으로 불렸다. 현재 '결과론'이라는 용어는 쾌락주의 이론과 비쾌락주의 이론 모두를 지칭하는 데 사용되지만 '공리주의'라는 용어는 때로 쾌락주의 이론에 대해서만 한정적으로 사용되기도 한다.

따라서 고전적 공리주의는 두 부분으로 나뉜다. 그중 한 부분은 행위나 법률, 정책 등이 이들이 낳는 결과에 근거해서 정당화되거나 정당화되지 않는다고 보는 결과론적 관점이다. 다른 한 부분은 본질적 가치 이론, 즉 오직 쾌락과 고통만이 목적으로서 궁극적인 가치를 지니며 다른 모든 것들은 쾌락 및 고통과 어떤 관련을 지니는가에 따라 가치가 규정된다고 보는 관점이다. 우리는 다원론적 가치 이론, 즉 쾌락 및 고통 이외에도 지식, 아름다움, 목표의 성취, 강건한 성품, 서로 사랑하는 관계 등이 모두 본질적 가치를 지닌다는 이론을 택하면서도 얼마든지 결과론자가 될 수 있다. 또한 위의 목록에 포함되지 않은 어떤 것, 예를 들면 욕구의 만족을 본질적 가치로 여겨 욕구를 만족시키는 것은 무엇이든 목적으로서의 가치를 지닌다고 주장하는 또 다른 결과론도 등장한다. 하지만 밀은 『공리주의』에서 쾌락주의적 공리주의를 옹호한다.

또 다른 중요한 구별로 직접 공리주의와 간접 공리주의 사이의 구별을 들 수 있다. 행위의 결과를 판단하면서 구체적 상황에서 행해진 개별적 행위의 결과를 평가해야 하는가, 아니면 어떤 종류의 행위가 일반적으로 산출하는 좋은 결과나 나쁜 결과를 평가해야 하는가? 어쩌면 어떤 개별적 행위가 낳는 결과를 예상할 수 있는 유일한 방법은 그런 종류의 행위가 과거에 일반적으로 좋은 결과를 낳았는지 나쁜 결과를 낳았는지를 살펴보는 것인 듯하다. 예를 들어 내가 지금 고속도로에서 차의 속도를 높여야 할지 그렇게 하지 말아야 할지를 생각할 경우 결과를 예상할 수 있는 유일한 방법은 내가 사고를 당할 확률, 과속으로 단속당할 확률, 사고나 단속을 얼마나 염려하고 걱정하는가의 정도, 그리고 이런 요소들이 속도를 높여 목적지에 빨리 도착하게 할 때 아니면 빠른 속도의 짜릿함을 즐기려 할 때 나에게 어느 정도의 비중으로 작용하는가 등을 고려하는 것이다. 그런데 이런 확률을 계산할 수 있는 유일한 방법은 과거에 고속도로에서 과속으로 발생한 사고 건수, 현재 속도에서 과속으로 단속당한 건수, 과거에 내가 과속을 염려했던 정도 등에 근거한다. 따라서 내가 현재의 특수한 행위가 낳을 결과를 예상할 때 그 근거로 작용하는 것은 바로 이런 유형에 속하는 행위들이 과거에 낳았던 결과이다.

다른 한편으로 현재의 경우를 과거의 일반적 경우들과 구별되도록 만드는 특수성이 존재하기도 한다. 예를 들어 나는 지금 빨리 가지 않으면 중요한 약속에 늦을 상황일 수도 있으며 아픈 환자를 병원에 이송

하는 상황일 수도 있다. 이런 경우에는 시간 단축이 일반적인 경우보다 훨씬 중요하다. 공리주의의 형태 중 하나인 '행위 공리주의'에 따르면 우리는 공리주의 이론을 개별적 경우들에 직접 적용해야 한다. 즉 현재의 특수하고 유일한 상황에서 선택할 수 있는 여러 대안들 중 어떤 것이 최선의 결과를 낳는지를 물어야 한다. 이는 '직접' 공리주의의 형태를 띤다.

　이에 대한 반박으로 만일 모든 사람들이 행위 공리주의적 계산에 따라 행위한다면 상당한 공리를 상실할 수도 있다는 점이 지적된다. 만일 내가 특수한 상황에서 더 나은 결과를 얻기 위하여 거짓말을 한다면 이는 진실을 말해야 한다는 일반적인 관행에 그리 큰 영향을 미치지 않을 것이다. 하지만 만일 모든 사람들이 그렇게 한다면 이는 사람들의 말하는 바에 대한 일반적인 신뢰성을 크게 약화시킬 것이다.

　이제 사회의 모든 사람들이 특정한 경우의 결과를 계산하지 않고 사회가 받아들인 규칙을 준수하는데 오직 나만이 행위 공리주의적인 추론에 따라 행위한다고 가정해 보자. 고속도로에서 모든 사람들이 제한속도를 지키는데 오직 한 사람만 과속을 하는 상황은 그리 위험하지 않을 것이다. 이런 상황에서 한 사람이 과속을 하는 행위는 정당화될 수 있는 듯이 보인다. 하지만 규칙을 준수하는 다른 사람들의 행위에 기초하여 한 사람만 '제멋대로 운전하는' 것은 **공정하지 않은** 듯하다.

　이런 생각에 근거하여 '규칙 공리주의'가 등장하는데, 이는 행위가 유용한 규칙들에 따르는 방식으로 — 여기서 규칙의 유용성은 그 규칙을 일반적으로 수용하여 실천한 결과에 의해서 결정되는데 — 행해져야 한다는 견해이다. 따라서 이는 '간접' 공리주의의 형태를 띤다. 이 이론에 따르면 옳은 행위에 대한 공리주의적 기준은 특정한 상황에서 행할 수 있는 여러 행위들에 직접 적용되지 않는다. 이 기준은 규칙들에 적용되며, 행위는 유용한 규칙들을 준수하는가 아니면 위반하는가에 따라 옳고 그름이 결정된다. 밀은 『공리주의』에서 행위 공리주의와 규칙 공리주의 사이를 다소 혼란스럽게 오가는 모습을 보인다. 독자들은 항상 이런 혼란을 경계해야 한다.

행위 공리주의자는 **실제의** 결과와 **예상 가능한** 결과를 구별한다. 이 구별은 앞서의 구별과는 달리 규범적이기보다는 용어상의 구별에 가깝다. 이를 염두에 두고 결과를 예상할 수 없는 행위의 경우를 되짚어 보자. 어떤 행위가 나쁜 결과를 낳았는데 그런 결과를 예상할 수 없었더라도 그것을 '그른' 행위라고 불러야 하는가? 이런 경우는 '나는 그릇된 선택을 했다. 하지만 그보다 더 나은 것을 알지 못했다'는 말에서 잘 드러난다. 과연 이런 경우를 그릇된 행위를 행한 것이라고 말해야 하는가? 한 친구가 당신에게 차 살 돈을 빌려 달라고 부탁하는 경우를 생각해 보자. 당신이 도와주지 않는다면 그 친구는 차를 살 수 없을 것이며 계속 힘들게 자전거로 돌아다녀야 할 것이다. 그 친구는 조심해서 운전하며 신뢰할 만한 사람이다. 그리고 돈을 빌려주는 행위의 동기는 그 친구를 도우려는 것이다. 그런데 차를 산 후 그 친구는 전혀 자신의 과실이 아닌 교통사고를 당해 큰 부상을 입었다. 이 사실을 안 후 당신은 '그에게 돈을 빌려주지 않는 편이 나을 뻔했다. 그랬다면 그가 부상을 당하지 않았을 텐데'라고 후회할지도 모른다. 어떤 철학자들은 당신의 행위가 그른 것이었지만 정당화될 수 있다고 생각한다. 당신은 자신이 옳다고 믿는 바를 충분한 근거와 더불어 행했지만 이 행위는 결국 그른 것이 되고 말았다. 이 행위는 **합리적**이기는 했지만 옳지는 않았다. 다른 철학자들은 당신의 행위가 옳았지만 불운했다고 생각한다. 일상적인 표현에 비추어 볼 때 두 해석을 모두 지지할 수 있지만 철학적 분석의 목적을 감안할 경우 후자의 분석이 더 나은 듯하다. 예상 가능

한 결과와 관련해서는 행위 공리주의적인 도식이 훨씬 더 명확한 듯이
보인다. 왜냐하면 우리가 무엇을 행할지를 선택하면서 현실적인 결과
에 의지하는 것보다 더 나은 방법은 없는데, 이 결과는 오직 과거의 결
과에 비출 때 가장 잘 파악할 수 있기 때문이다. 심지어 어떤 행위를 한
후에도 그 행위와는 다른 어떤 행위를 했을 경우에 등장할 현실적 결과
를 파악하지 못하는 경우도 있다. 친구에게 차 살 돈을 빌려주는 위의
예에서 당신이 그에게 돈을 빌려주지 않아 그가 계속 자전거를 타고 다
니다가 더 큰 사고를 당하는 일이 일어날 수도 있다. 밀을 행위 공리주
의자로 해석하려면 그가 사용한 행위의 '성향'(tendency)이라는 용어
를 예상 가능하다는 관점으로 해석해야 한다. 행위의 성향이란 과거 경
험에 근거하여 행위의 결과로 예상할 수 있는 바를 의미한다. 반면 밀
을 규칙 공리주의자로, 최소한 일관된 행위 공리주의자는 아닌 것으로
해석하려면 어떤 유형에 속하는 행위들이 지닌 성향을 유용한 규칙을
형성하는 기초로 해석하고 결국 이 규칙이 옳은 행위를 규정하는 것으
로 보아야 한다.

공리주의 전통 안에서도 다양한 형태로 변형된 이론들이 등장하는데
이들을 통하여 밀과 다른 학자들을 구별할 수 있다. 이에 관해서는 아
래에서 『공리주의』를 검토하면서 더욱 상세히 살펴보려 한다.

밀의 생애와 저술

앞서 언급했듯이 밀은 19세기 영국 철학자 중 가장 뛰어난 인물이다.
그는 좁은 의미에서의 논리학뿐만 아니라 언어철학, 과학철학 및 인식
론 전반을 폭넓게 다룬 저술 『논리학 체계』(*System of Logic*, 1843)를

출판하여 확고한 명성을 얻었다. 이 책에 등장하는 밀의 귀납적 탐구 '방법들' 중 일부는 20세기와 21세기의 과학과 의학 연구에서도 계속 사용된다. 또한 밀은 『정치 경제학 원리』(*Principles of Political Economy*, 1848)를 펴냄으로써 당대 최고의 경제학 이론가라는 지위도 확보했다. 『자유론』(*On Liberty*, 1859)에서 밀은 사상 및 표현의 자유와 행동 및 삶의 방식을 선택할 자유가 다른 사람들의 정당한 이익에 손해를 끼치지 않는 한 옹호되어야 한다고 주장했는데, 이는 위와 같은 자유를 적극적으로 옹호한 고전적인 문헌으로 평가된다. 그리고 그의 『공리주의』는 공리주의 윤리 이론을 탐구하는 모든 사람이 읽는 저술이다.

밀은 1806년 한 집안의 장남으로 태어났다. 그는 특별한 교육을 받았다. 그는 다른 아이들처럼 학교에 간 일이 한 번도 없으며 현대식 용어로 표현하자면 '자택 교육'(home school)을 받았다. 심지어 그는 다른 아이들과 사귀는 것도 금지당했다. 그의 아버지가 그를 직접 가르쳤는데, 밀이 어렸을 때 아버지는 이른바 프리랜서 저술가였다. 그는 믿기 어려울 정도의 조기 교육을 받았다. 그는 세 살 때 앞면에는 그리스어, 뒷면에는 영어를 쓴 단어 카드로 그리스어를 배우기 시작했다 — 이때 그는 이미 영어를 읽을 줄 알았다. 여덟 살 때는 라틴어를 배웠는데 그는 이때 이미 고대 그리스 역사를 다룬 몇 편의 고전적인 작품과 플라톤의 대표적인 여섯 대화편을 그리스어로 읽은 후였다. 열두 살 때는 논리학 공부를 시작했는데 아리스토텔레스의 저술들을 그리스어로, 스콜라철학의 논리학 저술들을 라틴어로 읽었다. 그가 열세 살이 되자 아버지는 '정치 경제학의 전체 내용을' 익히도록 했다(Mill 1873: 31 [II, 11]).

그는 가혹할 정도로 교육받았다. '공부 습관을 계속 유지하고 게으

름에 빠지지 않도록 하기 위해 단 하루의 휴일도 허락되지 않았
다' (Mill 1873 : 39 [I, 24]). 또한 그는 저속한 생각이나 감정에 물드는
것을 막기 위해 다른 소년들을 전혀 사귈 수 없었다.

　밀의 아버지 제임스 밀(James Mill, 1773–1836)은 철학과 정치 활
동의 구체적 강령으로 공리주의를 창시했던 벤담의 제자인 동시에 친
구였다. 밀이 일곱 살이 된 1813년 밀의 가족은 벤담이 빌려준 런던 근
교의 집으로 이사했으며, 매년 여름 벤담의 별장을 방문하기도 했다.
하지만 밀은 열다섯 살에 이르러서야 벤담의 철학 저술을 직접 접했다.
밀은 열네 살 되던 해 여름에 남부 프랑스에 살았던 벤담의 형 가족을
방문하여 여섯 달을 머물면서 프랑스어를 배웠다. 밀이 집으로 돌아오
자 아버지는 프랑스어로 번역된 벤담의 저술 『입법론』(*Traité de Legis-
lation*)을 읽으라고 주었다. 이 저술에는 벤담의 『도덕과 입법의 원리
서설』(*Introduction to the Principles of Morals and Legislation*, 1789)
의 주요 내용이 대부분 포함되어 있었다. 밀은 『자서전』(*Autobiogra-
phy*, 1873)에서 '이 책을 읽은 것은 내 삶의 획기적인 사건이었다. 내
정신사의 전환점 중 하나였다' (Mill 1873 : 67 [III, 2])고 고백한다. 밀
은 벤담이 '자연법칙', '도덕감' 등의 용어에 변장한 독단론, 즉 다른
사람들에게 어떤 정서를 강요하지만 그런 정서의 근거를 제시하는 표
현들은 교묘히 숨기고 제멋대로 정서를 만들어 내는 이론이 내재한다
고 주장하는 것을 보고 깊은 인상을 받았다. 밀은 다음과 같이 말한다.
'내가 『입법론』의 마지막 권을 다 읽고 내려놓았을 때'

　나는 이전과 다른 사람이 되어 있었다. '공리의 원리'를 벤담이 이해한 대
로 이해하고, 그가 『입법론』 세 권을 통하여 이를 적용한 방식대로 적용함
으로써 나는 이 원리가 내 지식과 신념의 산만하고 단편적인 부분들을 한

데 결합해 줄 핵심적인 기초가 되리라는 점을 분명하게 깨달았다. 이 원리
는 많은 것에 대한 나의 개념들에 통일성을 부여했다. 이제 나는 나 자신의
확고한 의견과 신념, 이론과 철학을 갖게 되었다 … (Mill 1873: 69 [III,
3])

이 장의 끝부분에서 밀의 공리주의를 해석하는 데 필요한 벤담의 사상
을 요약해서 살펴볼 예정이다.

　밀의 아버지는 당시 영국 식민지였던 인도에서 영국의 이익을 추구
하기 위해 세워진 동인도회사에서 일하게 되었다. 밀이 열일곱 살이 되
자 아버지는 자신의 자리를 밀에게 물려주었고, 그 후 35년 동안 밀은
그곳에서 계속 근무하여 런던 사무소에서 두 번째로 높은 직위에까지
올랐다. 이 35년 동안은 물론 은퇴한 뒤에도 그는 매우 정열적으로 수
많은 책과 논문을 썼으며, 당시 상당히 급진적인 정치 및 철학 비평지
의 편집자를 맡기도 했다. 밀은 지난 두 세기 동안 등장한 대표적인 철
학자들 중 명예직이 아닌 실제 학문적인 직위를 한 번도 담당하지 않은
예외적인 인물에 속한다. 어쩌면 이 때문에 그는 더욱 폭넓은 독자를
위한 글을 썼는지도 모른다. 『공리주의』는 지성인들을 위한 것이기는
하지만 그리 전문적이지는 않은 학술 잡지 『프레이저즈 매거진』(Fras-
er's Magazine)에 처음 실렸다. 이는 대학생이나 교수가 아니라 일반
독자들을 위한 저술이었다.

　밀은 20대에 스스로 정신사의 '위기'라고 이름 붙인 사건을 겪었다.
어떤 전기 작가들은 이를 정신적인 붕괴로 잘못 해석하기도 하지만 사
실 그렇지는 않았다. 밀은 자신이 해야 할 일들을 흔들림 없이 계속해
나갔다. 동인도회사에서 맡은 업무를 충실히 수행했으며, 사회적 논쟁
에도 참여하고 신문과 잡지에 실을 글들도 계속해서 썼다. 그의 위기는

정신적 붕괴라기보다는 우울증 상태에 가까웠다. 그는 세계의 제도와
여론을 공리주의적으로 개혁하려 하는 자신이 행복을 향유할 중요한
주체로 여기는 인간에 대한 동정심을 갑자기 느끼지 못하게 되었다는
사실을 깨달았다. 6개월 뒤 밀은 한 소년이 세상을 떠난 아버지를 애도
하는 글을 읽었는데, 그 소년은 가족의 슬픔을 표현하며 아버지가 가족
의 모든 것이었음을 고백했다. 이 글을 읽고 밀은 눈물을 흘렸으며 이
를 계기로 자신의 모든 감정이 사라져 버렸다는 생각에서 벗어날 수 있
었다. 그리고 삶에서 일어나는 평범한 일들이 즐거움을 준다는 생각을
점차 회복하게 되었다. 전기 작가들은 이 사건이 밀과 자신의 아버지
사이의 관계에 어떤 영향을 미쳤는지를 여러모로 검토해 왔다. 밀 자신
은 이 사건으로부터 두 가지 교훈을 얻었다. 그중 하나는 삶의 목적인
행복을 직접적인 목적으로 삼지 않을 경우에 오히려 행복에 더 쉽게 도
달한다는 점이다. 즉 가장 행복한 사람들은 자기 자신의 행복이 아닌
다른 어떤 목표에 주의를 기울인다는 사실을 깨달았다. 두 번째 교훈은
자신이 지금까지 지나치게 편협한 지적인 교육만을 받아 왔다는 점을
발견한 것이다. 그는 감정과 정서를 계발할 필요를 느꼈다. 이때부터
밀은 워즈워스(William Wordsworth, 1770-1850)의 시를 읽기 시작했
으며, 친구들의 모임에 기존의 벤담주의자 동료들보다 더 문학적이며
덜 분석적인 인물들을 포함시켰다. 하지만 밀은 이런 인물들도 벤담주
의자 동료들과 마찬가지로 자주 일방적이고 편파적인 견해를 드러낸다
는 사실을 발견했고 자신은 항상 다면적이고 공평한 관점을 유지하려
했다. 바로 이런 생각에 기초하여 밀은 '벤담'과 '콜리지'(Coleridge)
에 대한 논문을 썼는데, 여기서 그는 다소 급진적인 자유주의 독자들을
대상으로 벤담의 견해가 지닌 부정적인 측면과 콜리지의 견해에서 드
러나는 긍정적인 가치를 강조하는 태도를 보인다.

밀은 또한 사회주의 사상가들과 콩트(Auguste Comte, 1798-1857)를 포함한 프랑스 지성인들의 저술도 접하게 되었다. 밀은 콩트의 이른바 '인류교'(religion of humanity)를 칭찬했지만 콩트가 이런 이상에 지나치게 얽매였다고 생각했다. 밀은 모든 도덕과 종교, 심지어 인류교로부터도 벗어나 개인이 삶의 방식을 자유롭게 선택할 수 있는 더 넓은 공간이 확보되기를 원했다.

밀의 생애와 사상에 가장 큰 영향을 미친 사람은 해리엇 테일러(Harriet Taylor)였다. 두 사람이 처음 만났을 때 밀은 25세, 테일러는 23세였는데 그 당시 테일러는 이미 결혼하여 어린 자녀들을 둔 상태였다. 밀과 테일러는 모두 여성의 종속을 우려한 여성주의자였다. 이들은 지적인 관계를 계속 유지하다가 테일러의 남편이 세상을 떠난 지 2년 후, 처음 만난 지 21년이 흐른 후에 결혼했다. 이 21년 동안 이들은 자주 만나 밀의 저술에 등장한 여러 사상들을 함께 발전시켜 나갔다. 밀은 자신의 많은 저술들, 특히 『정치 경제학 원리』와 『자유론』은 그녀와 함께 쓴 것이라고 밝혔다.

밀에게 19세기의 대표적 철학자라는 명성을 안긴 최초의 주요 저술은 1843년에 출판된 『논리학 체계』였다. 이 책은 출판되자마자 큰 성공을 거두어 옥스퍼드대학과 케임브리지대학의 강의 교재로 채택되었으며 밀의 생전에 무려 8판까지 인쇄되었다. 이 책의 제목은 오해를 불러일으킬 정도로 폭이 좁다. 왜냐하면 이 책에는 논리학뿐만 아니라 인식론, 언어철학, 과학철학을 포함한 수많은 내용들이 등장하기 때문이다. 밀의 철학은 17세기의 베이컨(Francis Bacon)과 로크(John Locke), 18세기의 흄(David Hume)으로부터 비롯된 영국 경험론, 즉 경험을 모든 지식 대부분의 형식과 내용의 원천으로 강조하는 이론의 전통에 충실히 따른다.

　1848년 밀은 경제학 이론을 전개한 대표적 저술 『정치 경제학 원리』를 출판했다. 이 책 또한 바로 큰 성공을 거두어 밀의 생전에 7판까지 나왔다. 여기서 밀은 다양한 재산 및 소유권, 대출, 자원 배분 등의 체계가 노동 계층에게 어떤 영향을 미치는지에 특히 주목한다. 밀은 판을 거듭할수록 당시의 경제 상황을 비판하면서 사회주의에 공감하는 태도를 보이지만 그가 염두에 둔 것은 영국과 프랑스의 사회주의 이론이었다. 그는 마르크스(Marx)의 이론을 한 번도 들어 본 적이 없으며 혁명적 사회주의에 대해서는 조금도 공감하지 않았다.

　밀의 사상은 대부분 사회 및 정치 문제와 깊은 관련이 있다. 민주주의가 점차 성장하는 것을 바라보면서 밀은 '다수의 횡포', 즉 정부에 의한 강제뿐만 아니라 다수의 여론과 같은 비공식적인 통제를 통한 횡포를 우려했다. 그의 저술 『자유론』(1859)은 사회가 적절하게 간섭할 수 있는 바와 개인의 선택에 맡겨야 할 바 사이의 경계선을 긋기 위한 시도이다. 여기서 그는 다른 사람들에게 해악을 입히지 않는 한 성인의 행위에 국가가 간섭해서는 안 된다고 주장한다. 『자유론』의 핵심은 개인이 소유한 행위의 자유에 대한 사회의 간섭을 정당화할 수 있는 유일한 목표는 다른 사람들이 입을 해악을 막는 것뿐이라는 주장이다. 자신의 행복에 대해서는 각 개인이 가장 잘 판단할 수 있으므로 다른 사람들에게 해악을 끼치지 않는 한 각 개인은 어떤 강제를 당해서도 안 된다. 심지어 다른 사람들이 어떤 개인의 행위가 그 개인에게 해악이 된다고 판단할 경우에도 마찬가지이다. 밀의 부인인 테일러는 『자유론』이 출판되기 이전에 세상을 떠났지만 밀은 그녀를 공저자로 표시했고, 책을 출판하면서 그녀가 마지막으로 읽고 검토했던 초고에서 단 한 문장도 수정하지 않았다.

　1861년 밀은 『대의 정부론』(*Considerations on Representative Gov-*

ernment)을 출판했는데, 여기서 대의 제도를 피통치자들의 이익에 따라 법률을 제정하는 확실한 방식이라고 옹호했다. 그는 또한 선거에 적극적으로 참여하는 것이 시민들 사이에 공적인 공감을 함양하고 시민들의 정신을 자극하는 유익한 결과를 낳는다고 생각했다. 동시에 그는 제대로 교육받지 못한 다수의 무지로부터 사회를 보호하는 데도 관심을 쏟았으며, 이를 이루기 위한 사회 체제를 고안하려 했다. 밀이 『공리주의』를 출판한 것도 1861년이었다. 1850년에서 1858년 사이에 그는 두 편의 글을 썼지만 이를 출판하지는 않았는데, 그중 하나는 도덕의 기초에 관한 것이며 다른 하나는 정의(正義)에 관한 것이었다. 1859년 밀은 이 두 편을 하나로 결합했으며, 1861년에 수정하여 출판했다. 이 글은 세 부분으로 나뉘어 『프레이저즈 매거진』에 연이어 실렸다 (1861년 10월, 11월, 12월). 『공리주의』가 독립된 저술로 다시 출판된 것은 1863년이었다.

1865년 밀은 『공리주의』보다 길기는 하지만 그리 많이 읽히지는 않는 두 권의 저술 『콩트와 실증주의』(*Auguste Comte and Positivism*)와 『해밀턴의 철학에 대한 검토』(*An Examination of Sir William Hamilton's Philosophy*)를 출판했다. 전자에는 콩트의 '인류교'를 칭찬하는 언급도 등장하지만 인류교가 인간의 모든 행위를 의무의 문제로 만든다는 비판도 제기된다. 밀은 최소한의 도덕적 요구가 충족되기만 하면 나머지 영역에서는 개인이 자신의 이익을 추구할 자유가 보장되어야 한다고 생각했다. 또한 밀은 의무의 요구를 넘어서는 칭찬받을 만한 행위의 영역이 있음을 인정했다. 이는 칭찬받아 마땅하지만 이를 행하지 않는다고 해서 비난의 대상이 되지는 않는 행위를 의미한다. 해밀턴의 철학에 관한 책에는 밀의 인식론과 형이상학이 등장하는데, 여기서 밀은 이전 저술 『논리학 체계』를 넘어서서 물체와 우리 자신 및 다른 사람의 정신에 대하여 우리가 지니는 개념을 경험론적으로 설명하려 한다. 그는 물체의 개념을 경험으로 환원하면서 물리적 대상을 '감각의 영구적인 가능성'이라고 부른다. 하지만 이 저술은 주로 직관주의 철학 학파의 대표자인 해밀턴을 비판하고 공격하는 내용을 담고 있다.

1865년 밀은 하원 의원에 당선되었다. 그는 가장 인기 없는 의안을 다루고 주요 정당 중 어느 쪽으로부터도 지원받지 못하는 사람들을 보호하는 데 모든 노력을 집중했다. 그가 여성의 선거권을 옹호했음은 이미 널리 알려져 있다. 그는 여성도 남성과 똑같은 근거에서 선거권을 지녀야 한다는 선거 개혁 법안을 제출했다. 이 수정안은 통과되지 못했지만 그는 자신의 노력을 자랑스럽게 생각했다. 그는 재선에 도전했지만 낙선하고 말았는데, 이를 첫 번째 선거에서 당선된 것보다 오히려 덜 놀라운 일로 여겼다.

1869년 그는 『여성의 종속』(*The Subjection of Women*)을 출판했는데, 여기서 결혼 후 평등한 남녀 관계와 여성에게 완전한 시민권 및 더 큰 경제적 기회를 부여할 것을 주장했다.

만년에 밀은 '유신론'(Theism)이라는 글을 썼는데, 이는 이전에 써 두었던 '자연'(Nature), '종교의 유용성'(The Utility of Religion)과 더불어 『종교에 관한 세 논문』(*Three Essays on Religion*)이라는 제목으로 그가 세상을 떠난 다음 해에 출판되었다. 그는 어린 시절 종교 교육을 받지 못했고 무신론자로 성장했다. 이 논문들에서 그는 우주의 지적인 설계자가 존재할 가능성을 인정하면서도, 이 설계자가 자비롭지는 않으며 의인화한 자연은 잔인할 뿐이라고 주장한다. 밀은 자서전 분야의 고전으로 평가받는 자신의 『자서전』을 완성했는데 이 또한 그가 사망한 다음 해인 1874년에 출판되었다. 1873년 세상을 떠났을 때 밀은 이미 당대 최고의 지성인으로 인정받았다. 그는 당시의 문화와 정치

를 둘러싼 여러 논쟁들을 정확한 평가와 함께 기록했으며, 철학의 거의
모든 분야 — 논리학, 인식론, 과학철학과 형이상학, 심리철학, 그리고
도덕철학과 정치철학, 법철학 — 뿐만 아니라 경제 이론에까지 대단히
크게 기여했다.

벤담의 공리주의 철학

앞서 언급한 대로 밀은 15세 때 벤담의 철학 저술을 읽었으며, 벤담의
철학을 추종했던 아버지로부터 교육을 받았다. 따라서 밀이 『공리주
의』를 쓰는 데 유용한 근거로 작용한 벤담의 공리주의 철학의 몇몇 요
소들을 검토할 필요가 있다. 밀이 『공리주의』에서 옹호하려 했던 바가
다소 변형된 벤담의 이론이라는 점은 의심의 여지가 없다. 밀이 읽었던
벤담의 저술은 형법 체계를 개혁하는 데 필요한 철학적 기초를 제공하
기 위하여 형법 전반을 소개한 입문서였다. 밀은 『공리주의』에서 법률
보다는 도덕에 더 큰 관심을 보이지만, 벤담과 밀은 공리의 원리가 법
률과 도덕 모두의 기초에 해당한다고 주장한다.

　벤담은 법학을 전공했지만 부유한 집안에서 태어났으므로 한 번도
변호사로 개업하지는 않았다. 법철학자로서 그는 당시 영국의 혼란스
러운 법률 체계에 경악하고 이를 개혁할 기초가 무엇인지를 탐구했는
데, 바로 공리의 원리에서 이 기초를 발견한다. 이전의 많은 학자들도
공리의 개념을 언급하기는 했지만 이를 법적·정치적 제도를 체계적으
로 재구성하기 위한 기초로, 도덕적으로 옳은 행위와 그른 행위를 구별
하는 기준으로 사용한 최초의 인물은 벤담이었다.

　벤담이 언급한 공리의 원리는 밀의 『공리주의』 2장에 거의 그대로

등장한다. 벤담 또한 공리의 원리를 '최대 행복의 원리'라고 부르기도
하는데, 이 원리는 다음과 같다.

이 원리는 어떤 행위든 간에 그것이 관련되는 당사자의 이익으로서의 행
복을 증가시키는 성향을 지니는가 아니면 감소시키는 성향을 지니는가에
따라 그 행위를 시인하거나 부인하는 원리이다 … 나는 여기서 그 어떤 것
이든 모든 행위라고 말했으므로, 이 원리는 각 개인의 모든 행위뿐만 아니
라 정부의 모든 정책에 대해서도 적용된다. (Bentham 1970: 12 [I, 2])

벤담은 행복과 불행을 오직 양수로 표시되는 쾌락과 음수로 표시되
는 고통의 총합으로 여겼다. '한 개인이 느끼는 쾌락의 총합을 증가시
키는 것 또는 마찬가지로 그가 느끼는 고통의 총합을 감소시키는 경향
을 지니는 것은 이익을, 특히 그 개인을 **위한** 이익을 증진하는 것이라
고 말할 수 있다'(Bentham 1970: 12 [I, 5]).

공리의 원리에 부합하는 행위는 반드시 행해야만 하는 행위로, 또는
최소한 행해져서는 안 되는 행위는 아닌 것으로 여겨진다. 즉 그것은
옳은 행위, 또는 최소한 그르지는 않은 행위이다. 벤담에 따르면 '이런
방식으로 해석할 때만 당위, 옳고 그름, 그리고 이런 유형에 속하는 다
른 단어들이 의미를 지니게 된다. 이와 달리 해석할 경우 이런 단어들
은 아무런 의미도 지닐 수 없다'(Bentham 1970: 13 [I, 10]).

벤담은 이 원리가 어떤 직접적인 증명도 필요로 하지 않는다고 말한
다. '왜냐하면 이 원리는 다른 모든 것들을 증명하는 데 사용되는 것으
로서 그 자체는 증명될 수 없기 때문이다. 증명의 연쇄는 반드시 어디
엔가에서 시작되어야 한다. 이 시작점을 증명하는 일은 불가능할 뿐만
아니라 불필요하다'(Bentham 1970: 13 [I, 11]). 『공리주의』 4장에서

밀은 스스로 '공리의 원리에 대하여 과연 어떤 종류의 증명이 가능한가'라는 질문을 던진다. 밀은 벤담에 동의하여 이에 대한 자신의 '증명'이 더욱 기본적인 어떤 전제들로부터 도출되지는 않는다는 점을 인정하지만 지성인들에게 확신을 줄 만한, 공리의 원리에 대한 어떤 증명이 존재한다고 주장한다.

　벤담은 몇몇 학자들이 공리의 원리를 받아들이지 않는다는 점을 알고 있었다. 이들은 이 원리의 진정한 의미를 파악하지 못한 채 이를 위험한 원리라고 부르면서 무조건 이 원리에 반대한다. 이 원리가 위험하다는 말은 결국 이 원리의 수용이 나쁜 결과를 낳는다는 말인데, 고통에 빠지고 쾌락을 잃는 것 외에 다른 무엇을 나쁜 결과라고 부를 수 있는가? 다른 학자들은 자신의 편견이나 감정을 옳고 그름의 기준으로 제시하면서 공리주의에 반대한다. 밀은 도덕철학의 영역에서 바로 이런 학자들을 자신의 대표적인 논적으로 삼는다 — 이들은 도덕감을 통해서 옳고 그름을 직접 직관할 수 있다고 주장하지만 밀이 보기에 이들은 그저 자신이 속한 사회의 기준을 반영하는 데 그칠 뿐이다.

　앞으로 살펴보겠지만 이 원리에 대한 밀의 '증명'은 벤담이 『도덕과 입법의 원리 서설』의 첫머리에서 인상적으로 제시한 주장에 뿌리를 둔 심리학에 기초한다. 벤담은 다음과 같이 선언한다.

　자연은 인류를 고통과 쾌락이라는 두 군주의 지배 아래 두었다. 우리가 앞으로 무엇을 하게 될 것인가를 결정하고 무엇을 해야만 하는가를 지적하는 것은 모두 이 두 군주에게 달려 있다 … 공리의 원리는 이런 지배를 인정하고 이를 도덕 체계의 기초로 여기는데, 이 체계의 목표는 이성과 법률의 손을 통해서 행복의 구조를 제대로 세우는 것이다. (Bentham 1970: 11 [I, 1])

여기서 벤담은 두 가지 이론을 명시하는데, 이들은 각각 '윤리적 쾌락주의'와 '심리적 쾌락주의'라고 불린다. '쾌락주의'(hedonism)라는 단어는 '쾌락'을 의미하는 그리스어 *hedone*에서 유래했다. 윤리적 쾌락주의는 쾌락과 고통이 행위를 옳거나 그르게 만드는 기준을 산출한다는 견해이다. 심리적 쾌락주의는 쾌락과 고통이 행위를 결정하는 궁극적인 동기로서의 힘을 지닌다고 보는 이론이다. 『공리주의』 4장에 대한 해석 중 하나는 심리적 쾌락주의가 윤리적 쾌락주의를 지지하는 설득력 있는 논증의 기초를 제공한다는 것이다.

만일 쾌락과 고통이 우리가 행할 바를 결정한다면 우리가 무엇을 행해야만 하는가를 지적하는 일은 불필요한 듯이 보인다. 하지만 이들 사이의 관계는 그리 단순하지 않다. 어떤 행위자가 눈앞의 쾌락을 선택했는데, 이것이 미래의 더 큰 쾌락을 잃게 하거나 미래의 더 큰 고통으로 귀결되는 일이 얼마든지 일어날 수 있다. 사려 깊은 개인은 미래의 더 큰 쾌락을 얻거나 미래의 더 큰 고통을 피하기 위하여 현재 눈앞의 쾌락을 포기할 것이다. 또한 사려 깊은 개인은 미래의 더 큰 고통을 피하거나 미래의 더 큰 쾌락을 얻기 위하여 현재의 고통을 감수하기도 한다. 이런 예는 흔히 발견된다. 내가 학생이라면 오늘 공부하는 것이 그리 쾌락을 주지 않을지라도 내일 시험을 잘 보기 위해서는 그렇게 해야 한다. 내게 어떤 병이 있다면 미래의 더 큰 고통을 피하기 위하여 현재의 고통스러운 치료를 참아야 한다.

내가 지금 행하는 행위가 미래에 낳을 결과들을 확실하게 예측할 수는 없다. 이 때문에 벤담은 자신의 이론을 합리적으로 적용할 수 있게 해 주는 '쾌락' 또는 '행복'의 계산법을 발전시켰다. 벤담의 분석에 따르면 쾌락 또는 고통은 시간상의 모든 지점에서 어떤 강도를 지니며 또한 시간적 지속성도 지닌다. 이 두 요소가 특정한 쾌락 또는 고통의 양을 결정하며, 따라서 그것의 본질적 가치도 결정한다. 벤담이 이 두 요소를 활용하여 실제로 어떤 도표를 그리지는 않았지만, 만일 그렸다면 쾌락과 고통의 경험을 표시하는 도표는 이 둘을 기본 축으로 삼았을 것이다. 예를 들면 가로 축은 경험의 지속성을 나타내며, 세로 축은 쾌락과 고통의 강도를 나타내는 식의 도표를 그릴 수 있다. 이 도표에서 세로 축 0인 지점으로부터 가로 축을 따라 직선을 긋는다면, 이는 어떤 경험이 쾌락과 고통 사이의 중립 지점에 있음을 — 즉 우리가 그 경험을 좋아하지도 싫어하지도 않으며 단지 무관심할 뿐이라는 점을 — 나타낸다. 무관심성을 나타내는 직선 위쪽으로 어떤 선을 그리면 이 선은 어떤 순간에 우리가 느끼는 쾌락의 강도를 표시하며, 아래쪽으로 어떤 선을 그리면 이 선은 고통의 강도를 표시한다. 이제 무관심성의 직선과 고통을 나타내는 곡선 사이의 넓이를 무관심성의 직선과 쾌락을 나타내는 곡선 사이의 넓이에 빼면 우리는 어떤 경험이 낳는 '순전한' 쾌락을 (또는 전자의 넓이가 더 넓을 경우에는 고통을) 얻게 된다. 하지만 앞으로 살펴보게 되듯이 밀은 이런 계산법을 더욱 복잡하게 만든다. 밀은 쾌락과 고통이 양뿐만 아니라 '질'에서도 서로 다르며, 양보다 질이 쾌락과 고통의 본질적 가치에 더 큰 영향을 미친다고 생각한다. 그렇다면 밀의 견해는 세 축을 포함하는 도표를 필요로 할 것이다.

여러 행위는 우리가 그 행위에 대하여 바로 느끼는 쾌락이나 고통의 감정을 넘어서서 쾌락과 고통이라는 결과를 낳는다. 이렇게 미래에 발생할 결과를 지금 확실히 인식할 수는 없지만 결과의 확률을 예상하는 것은 가능하다. 어떤 행위 또는 경험이 어떤 주어진 분량의 쾌락을 산출할 확률이 50%라면, 그 행위 또는 경험은 같은 분량의 쾌락을 산출할 것이 확실한 행위 또는 경험의 절반에 해당하는 도구적 가치를 지닌다. 현대적인 용어로 표현하면 전자는 후자의 절반에 해당하는 '기댓값̈(expected value)을 지닌다. 어떤 행위 또는 경험이 쾌락이 아닌 고통을 산출할 확률을 지닐 수도 있다. 이 경우 쾌락을 산출할 기댓값에서 고통을 산출할 기댓값을 뺀 것이 그 행위 또는 경험이 지닌 순수한 기댓값이 된다. 더욱이 어떤 행위나 경험은 다른 사람들에게 쾌락이나 고통을 일으키기도 한다. 이 점을 고려하면 어떤 행위로부터 영향을 받는 각 개인에게 할당되는 순수한 기댓값은 그 행위의 전체 기댓값을 산출하는 데 반드시 포함되어야 한다. 벤담은 모든 도덕 판단이나 입법 및 사법 절차에서 이런 과정이 엄격하게 적용되기를 기대하기는 어렵다고 말하면서도 진정한 절차는 이런 이상을 향하여 접근해 나가야 한다고 여긴다.

벤담은 쾌락과 고통을 분석하면서 오직 감각적 쾌락과 고통만을 대상으로 삼지 않는다. 그는 매우 폭넓은 쾌락의 목록을 제시한다. 감각적 쾌락뿐만 아니라 부유함, 뛰어난 능력, 명성, 권력, 신앙심, 자비심 등에 기인한 쾌락을 제시하며 — 이 목록은 무려 14개의 범주에 이른다. 그리고 이들 대부분에 대하여 그에 상응하는 고통도 존재한다. 하지만 벤담은 이런 모든 종류의 쾌락과 고통이 공약 가능하다고 — 즉 이들 각각이 어떤 강도나 지속성을 지니며 이를 양적인 단위로 환원할 수 있으므로 쾌락 또는 고통의 총량을 요약하여 제시할 수 있다고 가정한다. 반면 밀의 생각은 이렇게 단순하지 않다.

벤담은 심리적 쾌락주의 이론을 — 즉 쾌락과 고통이 모든 행위의 동기로 작용한다는 이론을 — 주장하므로 쾌락과 고통이 행위를 변화시키는 '제재'의 역할을 한다고 생각한다. 벤담은 모두 네 가지 제재를 열거하는데, 이들은 물리적·정치적·도덕적·종교적 제재이다. 물리적 제재는 단지 자연에서 발견되는 인과 관계를 의미하는데, 이를 통하여 사람들은 무엇이 쾌락과 고통을 일으키는지를 배운다. 정치적 제재는 판사나 다른 공무원들이 할당하는 쾌락과 고통을 의미한다. 도덕적 또는 '대중적' 제재는 사회 안에서 형성되는 개인적인 인간관계로부터 비롯되는 쾌락과 고통을 의미한다. 종교적 제재는 눈에 보이지 않는 절대적 존재가 부과하는, 현세 또는 내세에 경험할 것으로 예상되는 쾌락과 고통을 의미한다. 밀도 『공리주의』 3장에서 제재에 관한 이론을 제시하는데, 그는 벤담이 주장한 모든 제재를 '외적인' 것으로 여기면서 벤담과는 다소 다른 견해를 드러낸다. 밀은 이른바 도덕의 '내적인' 제재라고 불리는 것을 도입한다.

밀은 벤담의 공리주의를 다양한 방식으로 변형한다. 그는 쾌락과 고통을 분석하면서 질적인 측면을 도입하고, 도덕적 제재를 분석하여 더욱 확장된 형태로 제시한다. 또한 우리가 목적으로 추구하기에 바람직한 것이 오직 행복뿐이라는 논증을 더욱 정교하게 다듬고, 벤담을 능가하는 도덕적 권리 이론을 주장한다. 하지만 벤담과 밀의 철학 사이에는 차이점보다는 유사점이 더 많다. 이 둘은 모두 전형적인 공리주의자이며, 직관주의나 신의 명령 또는 자연에 기초한 윤리 이론을 내세우는 학자들에게 철저히 반대하는 철학을 주장한다.

2 장
주제들의 개관

밀의 『공리주의』는 '도덕의 기초'에 관한 저술이다. 밀은 도덕의 기초에 대한 공리주의적 접근을 옹호하는 것을 목표로 삼는다. 우리는 어떻게 한 도덕 이론을 옹호할 수 있는가? 기본적으로 세 가지 방식이 있는 듯하다. 첫째, 한 이론을 제시하고 그것에 대한 반박에 답하는 방식이 있다. 둘째, 적극적인 자세로 그 이론이 지닌 장점을 부각할 수도 있으며 셋째, 그 이론을 대신할 만한 이론들을 반박할 수도 있다. 밀은 『공리주의』 2장과 5장에서 공리주의에 대한 반박에 답하려고 노력한다. 3장과 5장에서는 자신이 공리주의의 장점으로 여기는 바를 제시한다 — 즉 공리주의 원리들에 따르려는 동기가 존재하며 공리주의 '원리'를 지지하는 심리학적 논증이 성립한다는 점을 강조한다.

『공리주의』에서 밀은 공리주의를 대신할 만한 이론들에는 그리 큰 관심을 보이지 않는다. 그는 1장에서 '직관적인' 윤리 이론들을 잠시 소개하고 이들을 비판하는 정도에 그친다. 2장에서는 공리주의의 '기본 이론'을 소개하고 이에 대한 다양한 반박들, 예를 들면 공리주의가 돼지에게나 어울리는 이론이라는 주장 등을 검토한 후 이에 답한다. 이런 대답을 통하여 그는 행복이 윤리학의 궁극 목표라는 주장을 펴고, 이 목표를 성취하기 위한 올바른 행위에 적용되는 '부수적 원리들'을 제시한다.

5장에서 밀은 정의(正義)가 공리와 무관할 뿐만 아니라 상충할 수도 있다는 주장을 다룬다. 이 논의를 통하여 그는 주로 정의의 개념이 공리에 반대되는 단순 개념이 아니라 '정의감'과 '행위 규칙'으로 나뉘는 복합 개념임을 보이려는 분석을 시도한다. 더 나아가 '행위 규칙'도 단순하지 않다. 실제로 정의의 원리들 사이에서도 상충이 발생하며 각각의 원리들이 서로 경쟁 관계를 형성하기도 한다. 구체적인 영역에 어떤 원리가 적용되어야 하는지를 결정하려면 더욱 궁극적인 기준이 필요한데, 밀은 이 기준이 바로 공리의 원리라고 주장한다. 따라서 사실상 정의는 공리에 의존한다. 정의의 실행과 정의의 규칙들, 기본권으로 여겨지는 정의 등은 공리주의 도덕을 구성하는 가장 강력한 요소들이다.

3장에서는 도덕적으로 행위할 동기의 근거를 제공하는 문제와 관련하여 공리주의가 다른 윤리 체계에 비하여 장점을 지닌다는 주장이 전개된다. 문명의 진보와 사람들의 상호 의존이라는 측면에서 이를 통해 발생하는 이익을 확인할 필요성이 점차 증가하기 때문이다. 4장에서는 공리주의의 기초를 형성하는 쾌락주의를 지지하는 심리적인 논증이 등장한다. (쾌락주의는 쾌락을 추구하고 고통에서 벗어나는 것이 본질적 가치를 지닌다고 보는 이론이다.) 밀은 모든 사람들이 행복을 바라며, 이들이 수단이 아닌 목적으로서 바라는 모든 것을 향한 욕구는 이들의 행복을 (그리고 불행의 회피를) 구성하는 '부분들'로 여기는 것들을 향한 욕구라고 주장한다.

이 책에서는 이런 논증들을 각각 상세히 설명할 예정이다. 더불어 밀의 분석이 적절한지, 그의 가정이 정당하고 그의 추론이 타당한지 등의 비판적인 물음도 제기할 것이다.

『공리주의』 1장에서 밀의 설명은 매우 간략하다. 그는 경험에 호소하는 '귀납적' 또는 경험적 윤리 이론으로서의 공리주의를 우리가 도덕 규칙들을 제공하는 도덕감이나 도덕적 추론 능력을 지닌다고 주장하는 '경험과 무관한' 또는 직관적 윤리 이론과 비교한다. 이에 관한 밀의 논의는 지나치게 간략하므로 나는 밀의 다른 저술들에 등장하는 내용으로부터 논의의 구조를 이끌어 내려 한다. 밀은 다른 저술에서 직관주의에 반대하는 논증을 더욱 확장된 형태로 제시하며, 또한 자연이나 신의 의지에 호소하여 윤리학의 기초를 마련하려는 이론들을 반박한다.

2장에서 밀은 공리주의에 대한 다양한 반박들을 검토한다. 이들 중 가장 중요한 반박은 쾌락과 고통을 인간 삶의 본질적 가치를 평가하는 기준으로 삼는 공리주의가 인간을 비하하는, 돼지에게나 어울리는 이론이라는 주장이다. 이에 답하면서 밀은 인간이 동물적 욕망의 만족 이외에는 다른 어떤 종류의 쾌락과 고통도 느낄 수 없다고 생각하여, 공리주의에 반대하는 사람들이야말로 진정 인간을 비하하는 자들이라고 말한다. 여기서 밀은 쾌락과 고통의 양뿐만 아니라 경험을 통해서 파악되는 쾌락과 고통의 '질'에도 어떤 차이가 있다는 생각을 도입한다. 이는 밀이 벤담의 공리주의 이론과 결별하는 중요한 분기점으로서 후에 심각한 논의의 대상이 된다.

공리주의에 대한 또 다른 중요한 반박으로 행위하기에 앞서 선택 가능한 여러 행위의 결과를 계산할 시간이 없으므로 행위자는 어떤 행위가 최선의 결과를 낳을지를 공평하게 고려하기보다는 자신의 이익을 추구하는 행위를 선택하게 된다는 것이 있다. 이런 반박에 접하여 밀은 다양한 종류의 행위들이 일반적으로 좋은 결과를 낳았는지 아니면 나쁜 결과를 낳았는지를 알려 주는 과거의 경험에 비추어 형성된 '부차적 원리들'(secondary principles)에 주목한다. 이런 부차적 원리들은 과거 세대로부터 전해진 도덕 규칙이다. 이들은 변화하거나 개선되기는 하지만 결코 사라지지 않는다. 이런 부차적 원리들의 역할은 밀을

'행위 공리주의자'라기보다는 '규칙 공리주의자'로 만드는 듯하다. 밀의 규칙 공리주의에 관해서는 도덕을 넘어서는 그의 '삶의 이론'과 관련하여 논의할 예정이다. 이 이론에는 행위 결과로 드러나는 쾌락과 고통에 기초한 사려와 아름다움의 추구, 탁월함 등이 포함되는데, 이들은 처벌이나 책임, 비난 등에 의해서 강요되지는 않는다.

『공리주의』 2장에는 다음과 같은 반박들도 등장한다. 즉 행복에 도달하는 것이 불가능하다는 반박, 반드시 행복에 이르지 못해도 사람들은 그럭저럭 살아간다는 반박, 사람들이 항상 사회 전체의 이익을 증진하려는 동기에서 행위하기를 바라는 것은 지나친 기대라는 반박, 공리주의가 사람들을 동정심이 없는 냉정한 인물로 만든다는 반박 등이 제기된다. 밀은 이들 각각에 차례로 답하는데 대부분의 경우 공리주의를 더욱 명확히 해명하는 방식을 택한다. 예를 들면 첫 번째 반박과 관련하여 밀은 행복이 의미하는 바는 결코 황홀함이 계속되는 삶이 아니라 다양한 쾌락을 최대한 느끼고 일시적인 고통을 최소화하는 삶이며, 이런 생각을 삶 전체의 기초로 삼아 삶이 우리에게 제공하는 것 이상을 기대하지 않는 삶이라고 말한다. 두 번째 반박에 답하면서 밀은 공리주의가 사람들이 항상 보편적인 자비심이라는 동기에 따라 행위할 것을 요구하지는 않는다고 말한다. 우리의 행위는 대부분 자비심이 아닌 다른 동기로부터 등장하는데, 의무의 규칙이 이런 동기를 비난하지 않는 한 얼마든지 이런 동기에 따라서 행위해도 된다. 이 책에서는 이런 다양한 반박과 이에 대한 밀의 대답을 상세히 살펴볼 것이다.

3장에서 밀은 어떤 동기가 도덕적일 수 있는지, 특히 사람들로 하여금 공리주의의 도덕 체계를 따르도록 만드는 것은 어떤 동기인지를 논의한다. 이에 대하여 벤담은 다양한 '제재들'을 — 즉 우리를 도덕적 행위로 이끄는 보상과 처벌을 제시했다. 밀은 벤담이 제시한 모든 제재들이 — 법률, 여론, 신이 보상하리라는 기대와 신이 내릴 처벌에 대한 두려움 등이 — '외적인 제재'에 그친다고 본다. 그러면서 밀 자신은 '내적인' 제재에 — 즉 양심의 함양, 비도덕적인 행위를 상상하면서 느끼는 고통, 자신의 의무를 다했다는 생각에서 느끼는 쾌락 등에 — 더 큰 관심을 보인다. 그는 이를 도덕의 궁극적인 제재라고 부른다. 그는 문명이 발전할수록 사람들이 서로 일체감을 느끼면서 공리주의 도덕을 증진해 나갈 것이라고 주장한다.

4장에서 밀은 쾌락주의를 — 쾌락 추구 및 고통에서의 해방이 인간 행위의 궁극 목적이라는 이론을 — 옹호하기 위한 논증을 제시한다. 그는 자신의 논증이 일상적 의미에서의 '증명'은 아니지만 '지성이 확신하는 바'라고 말하는데, 이 논증은 심각한 논쟁의 대상이 된다. 이 책에서는 밀의 논증에 대하여 제기되어 온 몇몇 비판들을 살펴볼 것이지만, 공정하게 해석할 경우 이들 중 어떤 것도 밀의 논증을 약화시키지는 못한다는 결론을 이끌어 내려 한다.

5장은 『공리주의』에서 가장 분량이 많은 동시에 가장 복잡하기도 하다. 여기서 밀은 정의(正義)가 공리와 무관하게 요구되거나 어쩌면 공리와 상충할 수도 있는 요소가 아니라 오히려 공리와 일치하는 부수적인 것임을 보이려고 한다. 그는 우선 '정의감'과 '행위 규칙'으로서의 정의를 구별한다. 그는 정의감이 공리와 무관한 일종의 본능으로부터 생겨난다는 점을 인정하면서도, 이것이 행위 규칙과 일치하는 형태로 변형되어 도덕의 영역 안으로 들어와야 한다고 주장한다. 밀은 행위 규칙을 파악하기 위해 정의의 개념을 더욱 상세히 분석하는데, 이를 통하여 결국 정의가 권리 이론과 일치하는 것임을 확인한다. 정의는 권리를 존중하는 것이며, 불의는 권리는 침해하는 것이다. 하지만 사람들이 어떤 권리를 소유해야만 하는가는 결국 다양한 권리들이 인정되고 주장

될 경우 어떤 결과를 낳는가라는 문제와 연결된다. 따라서 권리는 공리
주의적 기초에 의존한다.

  하지만 처벌이나 세금 부과, 공동 이익의 분배와 같은 특수한 영역에
서는 여전히 정의에 호소할 수밖에 없는 주장들이 성립하는 듯하다. 예
를 들면 다른 잠재적인 범죄자들의 범죄를 방지하기 위하여 한 범죄자
를 처벌하는 일이나 오직 범죄자의 교화와 갱생을 목표로 삼는 처벌은
과연 정의로운가? 세금과 관련하여 수입이 많은 사람들은 큰 부담 없
이 세금을 납부할 수 있다는 이유로 수입이 많을수록 더 높은 세율의
세금을 부과하는 것이 과연 정의로운가? 밀은 오직 정의에 호소하여
이런 질문들에 답할 수는 없다고 말한다. 왜냐하면 이와는 다른 대답들
도 모두 나름대로 정의를 내세울 수 있기 때문이다. 따라서 밀은 정의
를 내세운 주장들이 상충할 경우 이들 사이에서 어떤 결정을 내릴 더욱
근본적인 기준이 있어야 한다고 생각한다. 그리고 이 기준이 바로 공리
라고 주장한다.

  밀은 정의를 도덕의 다른 요구와는 구별되는 특유한 것, 즉 개인들이
정당하게 주장할 수 있는 권리들의 체계로 여긴다. 하지만 정의의 실체
에 해당하는 이런 권리들은 공리의 가장 기본적인 요소로서 개인의 안
전을 보장하는 것과 관련된다. 다른 요구들은 대부분 개인에 따라 또는
시대에 따라 달라지기도 한다. 하지만 다른 사람들이 일으키는 해악으
로부터 자신을 보호하는 일은 모든 시대, 모든 사람들이 필요로 하는
바이며, 삶을 살아가면서 다른 모든 선을 향유하기 위해서도 반드시 필
요하다. 따라서 밀은 자신이 정의가 공리와 무관한 요소가 아니라 공리
아래 놓이는, 공리를 구성하는 가장 중요한 요소임을 보였다고 굳게 믿
는다.

  요약해서 말하면 나는 『공리주의』 1장에 대한 해설에서 밀이 자신의

공리주의에 대한 대안으로 여긴 이론들을 제시하고, 이들에 대한 밀의 비판을 소개하려 한다. 2장에 대한 해설에서는 밀 자신이 제기한 공리주의에 대한 반박들을 논의하면서, 특히 그가 새롭게 제시한 쾌락의 질에 관한 주장과 부차적 원리들이 담당하는 역할에 초점을 맞추려 한다. 3장에 대한 해설에서는 밀이 '제재들'이라고 부르는, 도덕적으로 행위할 동기에 관하여 주로 설명하려 한다. 4장에 대한 해설에서는 욕구를 심리적으로 분석함으로써 쾌락주의적 가치 이론을 지지하려는 밀의 노력을 살펴보려 한다. 마지막으로 5장에 대한 해설에서는 권리 체계로서의 정의에 대한 밀의 분석을 다루고, 어떻게 정의가 공리주의 도덕 체계 안으로 포섭되는지를 검토하려 한다.

개관: 각 장의 주제

『공리주의』는 모두 다섯 장으로 구성된다. 밀은 처음 네 장을 도덕의 기초를 다루려는 의도에서 썼다. 반면 정의에 관한 다섯 번째 장은 독립적으로 쓴 것이다. 밀은 출판을 위해 이들을 한데 묶고 수정했다. 1장 '일반적 고찰'에서 밀은 도덕의 기초를 둘러싼 논쟁이 현재 어떤 상태인지를 소개하면서 공리의 원리에 대한 증명의 개념이 무엇인지도 소개한다. 이 개념은 넓은 의미에서 4장의 주제를 형성하는 것이기도 하다. 2장 '공리주의란 무엇인가'에서 밀은 공리주의 '이론'의 정식을 간결한 형태로 제시한 후 이에 반대하기 위해 등장한 여러 반박들에 대답한다. 그는 이런 반박들이 대부분 공리주의의 진정한 의미를 잘못 해석한 데 기인한다고 주장한다. 3장 '공리의 원리가 가하는 궁극적 제재에 관하여'에서는 전체의 행복에 기초한 도덕에 따라 행위할 동기의 근원이 무엇인가에 관한 논의가 이루어진다. 4장의 제목은 '공리의 원리에 대하여 어떤 종류의 증명을 제시할 수 있는가에 관하여'이다. 여기서는 '공리의 원리'가 행복을 목표로 삼는데 행복은 도덕의 유일한 목표이며, 다른 모든 가치들은 행복을 구성하는 '부분들'이거나 아니면 행복의 획득 또는 고통의 회피를 위한 도구라는 주장이 등장한다. 가장 긴 마지막 장은 '정의(正義)와 공리 사이의 연결에 관하여'이다.

이 마지막 장은 공리주의에 대한 또 다른 반박에 대답하는 형태를 취하는데, 여기서 등장하는 난점은 2장에서와는 달리 공리에 대한 잘못된 해석이라기보다는 정의의 관념과 정의감에 대한 부적절하고 불충분한 분석에 기인한다는 것이 밀의 견해이다. 5장에서 밀의 의도는 정의를 적절하게 이해한다면 정의가 공리에 반대되는 것이 아니라 공리의 중요한 영역 중 하나로서 정의와 일치하며 정의 아래 놓인다는 점을 보이려는 것이다.

1장: 일반적 고찰

개관

『공리주의』의 1장 '일반적 고찰'은 책 전체를 소개하면서 현재 도덕철학이 처한 상황을 논의하고 밀이 자신에 반대되는 것으로 여기는 여러 철학 학파를 확인하는 내용으로 이루어진다. 이 과정에서 밀은 도덕을 과학과 구별되는 실천적 기술(art)로 규정한다. 그는 공리주의 이론을 제대로 이해하고 평가하며 또한 이 이론을 어떤 방식으로 증명할 수 있는지를 다룰 나머지 부분들의 내용을 소개하면서 1장을 마무리 짓는다. 1장을 읽으면서 중요하게 기억해야 할 바는 어떤 윤리 이론을 옹호하려 할 경우 그것의 장점을 제시할 수도 있지만 동시에 그것에 반대하는 사람들의 약점을 부각할 수도 있다는 점이다. 여기서 밀은 자신에 대한 주요 반대자들을 확인하고 이들의 약점을 간략히 지적한다. 나는 이 책에서 다른 반대자들도 제시하고 밀이 그들에게 무어라 말할 것인지도 고찰하려 한다.

I. 1

밀은 옳고 그름을 결정하는 기준과 관련하여 사람들이 현재 상황보다
는 더 큰 발전이 이루어졌기를 기대했으리라고 주장하면서 논의를 시
작한다. 그런데 철학자들은 여전히 같은 깃발 아래를 맴돌 뿐이라고 주
장한다. 왜냐하면 이미 이천 년도 훨씬 넘은 과거에 플라톤의 대화편
『프로타고라스』(*Protagoras*)에 등장하는 소크라테스가 이른바 소피스
트들의 통속적인 도덕에 맞서 공리주의 이론을 주장했기 때문이다. 밀
은 소크라테스의 논변을 언급하지 않지만 간단히 요약하면 다음과 같
다. 소크라테스는 쾌락은 본질적으로 좋고, 고통은 본질적으로 나쁘다
고 주장한다. '나는 다른 종류의 결과를 낳지 않는다면 모든 것들은 쾌
락을 낳는 한 좋고, 고통을 낳는 한 나쁘다고 말하려 한다'(Plato
1937: 120). 뒤이어 소크라테스는 이런 견해에 대한 강력한 반박에 답
한다. 사람들이 때로 먹고 마시는 데서 얻는 쾌락에 압도되어 중독 상
태에 이르기도 하는데, 이는 쾌락이 때로 나쁜 것일 수도 있음을 의미
하지 않는가? 이런 반대 논증에 맞서 소크라테스는 여기서 등장하는
악은 사람들이 직접 얻는 쾌락 때문이 아니라 그들의 탐닉이 낳는 고통
스러운 결과 때문이라고 주장한다. 고통스러운 좋음은 그 어떤 이유로
도 결코 진정으로 좋은 것일 수 없으며, 오직 고통보다 더 큰 쾌락을 낳
거나 더 큰 고통을 제거하고 방지할 수 있을 경우에만 좋은 것이 된다.
소크라테스는 만일 당신이 쾌락을 다른 어떤 목적이나 기준과 관련하
여 악이라고 부르려면 '당신은 이런 기준이 무엇인지를 보여야 한다.
하지만 당신은 아무런 기준도 제시하지 않았다'고 말한다. 그리고 '만
일 쾌락과 고통이 아닌 다른 어떤 기준에 의거하여 실제의 고통을 좋은
것이라고 말하려면 당신은 그 기준이 무엇인지를 보여야 한다. 하지만
당신은 그렇게 할 수 없다'고 덧붙인다(같은 곳). 다른 대화편들에서

플라톤은 소크라테스가 여기서 옹호한 **쾌락주의**(즉 쾌락과 고통이 목적으로서의 좋고 나쁨을 판단하는 유일한 기준이라는 이론)를 거부한다. 밀은 플라톤 또는 소크라테스가 시종 일관 쾌락주의를 내세웠다고 주장하지는 않는다. 그가 이 대목을 인용한 까닭은 쾌락주의에 기초한 공리주의 도덕과 이에 반대하는 이론 사이의 논쟁이 고대 그리스 시대까지 거슬러 올라갈 수 있음을 보이기 위해서이다.

I, 2

밀은 자연과학과 수학의 원리를 둘러싼 논쟁도 벌어진다는 사실을 지적한다. 그가 구체적인 예를 들지는 않지만 '수란 무엇인가?' 라는 문제를 생각해 볼 수 있다. 숫자는 비물질적인 추상적 실재를 지칭하는가? 만일 그렇다면 우리의 두뇌는 숫자를 어떻게 인식하는가? 이는 수리철학에서 벌어지는 논쟁이다. 또한 과학철학과 관련된 논쟁도 얼마든지 일어난다. 밀은 수리철학과 과학철학에 속하는 이론들에 대한 동의가 이루어지지 않고도 수학과 자연과학 연구는 얼마든지 수행될 수 있다고 말한다. 특수한 진리들이 일반 이론에 선행한다. 그러면서 밀은 이를 도덕과 입법 같은 실천적 활동과 대비한다. '모든 행위는 어떤 목적을 추구하며, 행위 규칙은 스스로 따라야만 하는 이런 목적으로부터 자신의 모든 성격과 색채를 얻게 된다고 생각하는 것이 당연한 듯하다' (206 [I, 2]). 뒤이어 밀은 다음과 같이 말한다. '옳고 그름의 판정 기준은 무엇이 옳고 그른가를 확인하는 수단이어야 하며, 이미 옳거나 그르다고 확인된 바의 결과여서는 안 된다고 생각한다' (같은 곳). 여기서 밀은 이론을 통해서 설명되는 사실들의 집합인 과학과 자신이 어떤 목적을 성취하기 위한 노력이라고 주장하는 실천적 기술을 대비한다. 그렇다면 무엇이 목적인가에 관한 이론은 어떻게 이 목적을 성취할 것인가에 관한 모든 사실들에 선행한다.

　실천적 기술을 이런 식으로 규정하는 밀의 주장은 과연 옳으며, 도덕은 진정 과학보다는 일종의 기술에 더 가까운가? 시를 짓거나 음악을 작곡하는 것과 같은 창조적 기술은 창조적 시작법이나 작곡 이론을 모르더라도 얼마든지 이루어질 수 있는 듯하다. 효과적인 시작법이나 작곡법의 여러 요소를 분석하는 일은 문학 비평가나 음악 이론가의 몫으로 보인다. 밀이 실천적 기술을 규정한 바에 따르면 이런 기술을 구성하는 여러 요소들이 반드시 기술의 실천에 선행하지는 않지만, 기술의 실천이 추구하는 목적에 관한 이론은 반드시 존재해야 한다. 그렇다면 이런 기술은 왜 과학과 다른가? 과학 탐구 중에도 효과적인 탐구가 존재하듯이 기술의 실천 중에도 효과적인 실천으로 인정되는 것이 분명히 존재한다. 도덕 또는 입법이 실천적 기술이라면 도덕 판단과 입법 활동이 실제로 이루어져야 하는데, 이 또한 과학 탐구가 실제로 이루어지는 것과 마찬가지이다. 실천에 앞서 일련의 기준을 제시하기보다는 실천 자체로부터 분석을 시작해야 하는 도덕 판단과 입법적 결정은 왜 과학과 다른가?

　『논리학 체계』에서 밀은 기술과 과학 사이의 차이를 다음과 같이 분명히 언급한다.

모든 기술에는 하나의 제일 원리가 존재하는데 … 이는 그 기술이 추구하는 목표를 명확히 밝히고 그것이 바람직한 목표임을 확인해 준다 … 과학의 명제는 어떤 사실을 주장한다 … [실천적 기술의] 명제는 무엇이라도 존재한다는 사실을 주장하는 것이 아니라 무언가가 존재해야만 한다는 점을 부과하거나 추천한다. 이런 명제들은 나름대로 하나의 계층을 형성한다. 일반적으로 술어에 **해야만 한다**거나 **해야 할 것**이라는 표현이 등장하는 명제는 **이다** 또는 **일 것이다**라는 표현이 등장하는 명제와 구별된다 (Mill 1843 : 949 [6권, 12장, 6절]).

반면 과학의 임무는 어떤 원인으로부터 어떤 결과가 일어나는지를 보이는 것이다.

실천적 기술은 어떤 목적을 규정하며, 이런 기술을 실행하는 데 적용되는 규칙은 그 목적을 성취하기 위한 수단인 과학에 기초한다는 밀의 주장이 옳다면, 이런 정의에 따를 경우 과연 도덕이 일종의 기술**인가**라는 질문이 제기되지 않을 수 없다. 예를 들면 특별한 상황을 제외하고는 살인하거나, 훔치거나, 속이거나, 강요하는 것은 그르다는 도덕적 진리가 성립하지 않는가? 이들은 도덕적 진리가 아닌가? 도덕적 언어에 대한 밀의 분석에 따르면 이들은 사실에 관한 진술인 듯이 보이지만 실제로는 명령에, 즉 너는 살인하지 말라, 훔치지 말라는 등의 명령에 가깝다. 따라서 이들은 사실에 관한 진술이라기보다는 계율이나 규칙에 속한다. 물론 이들이 제멋대로 정해진 것은 아니다. 이런 규칙 또는 계율을 옹호하기 위한 논증이 제시될 수 있는데, 옳고 그름의 기준을 정당화하는 검토 과정을 통해서 이들을 지지하는 것이 바로 도덕철학의 임무이다. 밀의 이론은 오늘날 '도덕 실재론'으로 불리는 이론, 즉 도덕과 과학 사이에 더욱 밀접한 유사성을 이끌어 내려는 이론과 대비된다. 밀은 '살인은 도덕적으로 그르다'는 것과 같은 도덕 판단은 '너는 살인하지 말라'는 명령으로 해석되어야 한다고 주장한다. 하지만 '행복은 바람직한 것이며 목적으로 바람직한 유일한 것이다'라는 명제는 어떤가? 『공리주의』 4장에서 이 명제를 다루면서 밀은 심리학에 호소한다. 그 대목에서 밀은 실천적 기술자라기보다는 과학자처럼 보인다. 즉 그는 무엇이 바람직한가를 규정하면서 욕구에 대한 분석을 응용

하는 듯이 보인다. 그렇다면 밀을 **도덕** 판단과 관련해서는 반실재론자
로, **가치** 판단과 관련해서는 실재론자로 해석할 수 있을 듯하다.

I, 3

밀은 옳고 그름의 기준이 행위들이 지닌, 행복과 불행을 산출하는 성향
에서 발견된다고 주장하려 한다. 그는 자신의 주장에 반대되는 대표적
인 이론으로, 우리가 어떤 자연적 능력 또는 감각이나 본능 같은 것을
지니는데 이 능력을 통해서 대부분의 경우 행위가 어떤 결과를 낳는지
를 살펴보지 않고도 그 행위의 옳고 그름을 바로 알 수 있다고 여기는
이론을 든다. 살인은 명백히 그르다. 훔치는 일 또한 명백히 그르다. 누
군가가 왜 그르냐고 묻는다면 '당신은 그런 행위가 그르다는 점을 명
백히 안다'고 대답하면 충분하다. 이에 대하여 밀은 이런 이론을 주장
하는 사람은 우리의 다른 감각 능력이 실제로 존재하는 빛이나 소리를
구별하듯이 도덕적 능력이 눈앞의 구체적인 상황에서 무엇이 옳고 그
른지를 구별해 주리라는 기대를 접을 수밖에 없다고 말한다. '사상가
라는 이름으로 불릴 만한 모든 학자들의 해석에 따르면 우리의 도덕적
능력은 오직 도덕 판단의 일반 원리를 제공할 뿐이다. 이 능력은 이성
의 한 부분이지 감각적 능력의 일부가 아니다. 따라서 이 능력에 의지
하여 추상적 도덕 이론을 얻을 수 있을지는 몰라도 구체적 상황에서 옳
고 그름을 지각할 수는 없다'(206 [I, 3]).

   하지만 이런 사상가들은 어쩌면 너무 성급하게 '개별주의'(particu-
larism, 즉 도덕이 일반 규칙보다는 개별적 경우에 관한 판단으로 구성
된다는 이론)를 포기했는지도 모른다. 도덕 판단은 분명히 개별적인
상황에서 이루어진다. 그리고 이런 상황은 매우 복잡하다. 만일 내게
실제로 도덕감이 있다면 내가 처한 특별한 상황에서 도덕감이 무엇이

옳고 그른지를 알려 줄 수는 없는가? 나는 거의 임종을 맞이한 사람에게 그의 나쁜 건강 상태나 그의 자녀가 저지른 범죄 행위에 대하여 거짓말을 하는 편이 옳지 않은가? 나는 이런 상황에서 어떤 일반 규칙을 형성할 수는 없지만 나의 행위가 옳거나 그르다고 느낄지도 모른다. 또한 내가 말기 질병을 앓는 사람의 자살을 돕는 일은 옳은가 그른가? 이런 상황에는 매우 복잡한 많은 요소들이 등장한다. 만일 내게 나의 행위를 옳거나 그르다고 느끼는 도덕감이 있다면, 이 도덕감을 통해서 내가 접한 개별적인 경우의 고유한 특성을 명확하게 파악하는 것으로 충분하고, 굳이 항상 어떤 규칙을 적용할 필요는 없지 않은가?

　밀은 이런 이론을 적극적으로 반박하지는 않는다. 그는 어떤 논증을 제시하지 않고 이 이론을 무시한다. 그 대신 밀은 우리가 일반 법칙을 직관적으로 파악할 능력을 지닌다고 믿는 학자들을 언급한다. 그는 이런 직관주의 윤리학파를 '귀납주의' 학파, 즉 도덕 법칙이 관찰과 경험에 의존한다고 보는 공리주의와 대비한다. 직관주의 학파에 따르면 윤리학의 원리들은 아프리오리(*a priori*)하다. 여기서 '아프리오리'의 의미는 경험에 '앞선다'는 것인데 윤리학의 원리들이 시간상 경험에 앞선다는 의미가 아니라 경험과 무관하게 인식된다는 의미이다. 일반적인 분석에 따르면 아프리오리한 지식의 예로 산술적 진리를 들 수 있다. '4 + 5 = 9'라는 등식은 어떤 대상 네 개를 세고 다른 대상 다섯 개를 센 후 이들을 모두 합하여 세면 아홉 개가 된다는 경험에 기초하지 않는다. 토끼 네 마리를 (암수를 섞어) 한 우리에 넣고 다시 토끼 다섯 마리를 (마찬가지로 암수를 섞어) 다른 우리에 넣어 두면, 몇 주 후에는 아홉 마리가 아니라 그보다 훨씬 많은 토끼를 얻게 된다는 우스갯소리가 있기는 하지만, 우리는 넷에 다섯을 더한 것이 아홉이 아니라는 결론을 이끌어 낼 수는 없다. 그러나 '4 + 5 = 9'는 대상의 수를 세는 경험이 아니라 수의 체계 안에서 이루어진 '4', '5', '9', '+', '='에 대한 정의에 기초하여 성립한다. 밀은 이와 마찬가지로 직관주의자들의 견해에 따를 경우 도덕 원리가 동의를 얻기 위해서 필요한 바는 오직 원리를 구성하는 용어의 의미뿐이라고 말한다. '무고한 사람을 죽이는 것은 그르다'는 원리는 어떤 윤리 체계 안에서 '무고한', '사람', '죽이다', '그르다'라는 단어가 지니는 의미에 기초한다.

하지만 이것은 단지 직관주의의 한 가지 형태에 지나지 않는다. 또 다른 형태는 단어의 의미가 아니라 우리가 직접 지니는 정서적 느낌, 즉 어떤 종류의 행위는 옳으며 다른 종류의 행위는 그르다는 '직감적인 반응'에 호소한다. 하지만 다른 형태의 직관주의와 마찬가지로 이런 형태 또한 사람들의 직관 사이에 큰 차이가 있다는 사실을 제대로 설명하지 못한다는 비판을 받지 않을 수 없다. 그리고 도덕이 새로운 경험에 기초하여 변화할 수 있는 개혁적인 것이어야 한다는 밀의 비판도 유효하다.

밀은 자신이 언급한 직관주의와 귀납주의가 모두 도덕이 원리들로부터 도출되어야 한다는 점에 동의한다고 말한다. 하지만 직관주의자들은 도덕 체계의 '전제로 작용해야 할 아프리오리한 원리들의 목록을 제시하려는 시도는 좀처럼 하지 않으며, 이런 다양한 원리들을 하나의 제일 원리나 의무의 공통적인 근거로 환원하려는 시도는 더더욱 하지 않는다 … 하지만 이들의 주장이 나름대로 인정받기 위해서는 모든 도덕의 근거가 되는 하나의 근본 원리 또는 법칙이 존재해야 한다. 만일 이런 원리 또는 법칙이 여러 개라면 이들 사이에 우선순위가 명확히 규정되어야 한다'(206 [I, 3]). 또한 이들은 자명해야 한다.

여기서 밀은 자신이 생각하는 도덕 체계를 반대자들에게도 강요하려는 태도를 보인다. 왜 자명한 하나의 원리 또는 상충하는 여러 원리들 사이의 대립을 조정하기 위한 결정 절차가 반드시 필요한가? 진정한 도덕적 딜레마가 존재할지도 모른다. 20세기 중반에 활동한, 프랑스 실존주의 철학자 사르트르(Jean-Paul Sartre, 1905-1980)가 제시한 유명한 예에서 드러나듯이 우리는 실제로 의무의 상충에 직면한다. 2차 대전 중에 한 프랑스 청년은 나이 든 어머니를 남겨 두고 집을 떠나 나치의 점령에 대항하는 레지스탕스에 참여해야 하는가? 아니면 집에 남아 어머니를 돌봐야 하는가? 사르트르는 이런 딜레마를 해결할 합리적인 방법은 없다고 생각한다. 이 청년은 그저 선택해야 할 뿐이며 자신의 선택에 대한 적절한 합리적 근거를 제시할 수는 없다. 이에 대하여 직관주의자는 진정으로 의무의 상충이 발생하며 이를 해결할 수 있는 합리적 방법은 없다고 말할지도 모른다. 이 청년이 어떤 선택을 하더라도 의무 중 하나만을 수행할 수 있고 다른 하나는 수행할 수 없으며 두 의무 사이의 우선순위를 결정할 방법도 없는 듯하다. 반면 공리주의는 선택 가능한 행위들 각각이 낳을 수 있는 결과를 심사숙고해야 한다고 주장함으로써 이 문제에 접근하는 방식을 비교적 명확하게 제공하는 듯하다. 하지만 밀은 직관주의가 유일한 원리나 상충하는 여러 원리들 사이의 우선순위를 제시하지 못한다는 이유를 들어 직관주의를 반박하지는 않는다.

I, 4

밀은 공리의 원리가 심지어 이 원리의 권위를 가장 경멸하는 학자들의 도덕 이론에도 폭넓게 영향을 미친다고 주장한다. 그러면서 이에 대한 예로 칸트의 '정언 명령' 중 하나인 '네가 따르려는 도덕 규칙이 모든 이성적 존재가 법칙으로 채택하기에 적절하도록 오직 그런 규칙에 따라 행위하라'는 것을 든다. 독일 철학자인 칸트(Immanuel Kant,

1724-1804)는 오직 이성에 기초하여 도덕을 구성하려 했다. 그는 단지 유전이나 환경적 영향에 기초하여 행위한다면 우리는 어떤 도덕적 신뢰도 얻을 수 없을 것이라고 — 설령 얻는다 해도 그것은 도덕적 행위자로서가 아니라 우리가 받은 교육 때문일 것이라고 — 주장했다. 그는 이성적 인간을 자기 자신에게 법칙을 부여하는 존재로 여겼다. 자신에게 법칙을 부여하기 위해 개별적인 행위자는 자신이 다른 사람에게 부과하기를 원하는 규칙들을 자신에게는 적용하지 않는 예외를 허용할 수 없다. 따라서 그는 유전이나 환경에 기초한 요소들이 자신에게 어떤 영향을 미치더라도 보편화 가능성이 요구하는 바를 자신의 동기와 의도로 삼아야 한다. 그리고 칸트는 이것이 순전히 이성적 기준이라고 생각했다. 도덕적 행위자는 자신의 동기와 의도가 보편화 가능성의 요구를 모순 없이 만족시키는지를 항상 물어보아야 한다. 칸트는 모든 의무가 이런 절차를 거쳐 확립되리라고 보았다. 예를 들어 그는 어떤 행위자가 어려움에 빠진 다른 사람을 결코 돕지 않겠다는 규칙을 채택하면 반드시 모순에 빠지고 만다고 주장했다. 왜냐하면 이 규칙은 그런 행위자 자신이 어려움에 빠졌을 때 누구로부터의 도움도 받을 수 없다는 점을 함축하기 때문이다. 하지만 이는 모순이 아니라 결국 개인에게 달린 것이 아닌가? 나는 모든 사람이 오직 자립적으로 살기를 원할 수는 없는가? 밀은 칸트가 모든 이성적 존재들이 가장 극단적인 비도덕적 규칙을 — 예를 들면 모두가 이기적인 규칙을 — 채택하더라도 어떤 모순이 발생한다는 점을 제대로 보이지 못했다고 주장한다. '칸트는 기껏해야 모든 사람이 보편적으로 그런 규칙을 채택한다면 어느 누구도 일어나기를 바라지 않는 **결과**에 이를 것이라는 점을 보일 뿐이다' (207 [I, 4]).

앞에서 암시했듯이 밀은 도덕감을 주장하는 학자들을 자신의 주요 논적으로 생각한다. 직관주의자들은 일반적으로 우리가 받아들이는 도덕 규칙을 이미 주어진 것으로 여기는데, 이는 공리주의자가 옹호하려는 바와 어떤 유사성을 지니는 듯도 하다. 그리고 이들이 도덕감 자체의 속성 때문에 비판의 대상이 되는 것은 아니다.

> 도덕감 이론이 참인지 거짓인지는 도덕을 고정된 것으로 보는가 아니면 발전하는 것으로 보는가에 달려 있다. 만일 우리에게 무엇이 옳고 그른지를 결정하는 감각이 실제로 주어졌다고 가정한다면, 이로부터 우리의 도덕 판단과 감정은 어떤 방식으로도 향상될 수 없다는 사실이 도출된다 … 반면 공리 이론에 따르면 무엇이 우리의 의무인가라는 질문은 다른 모든 질문과 마찬가지로 얼마든지 논의의 대상이 될 수 있으며 … 이 문제에 대한 우리의 의견은 다른 모든 문제와 마찬가지로 지성의 진보나 더욱 확장된 진지한 경험, 그리고 행위 규칙의 변경을 요구하는, 인류가 처한 상황의 변화에 따라 크게 달라질 수 있다는 점이 충분히 예견된다. (Mill 1835: 73–74)

I, 5

밀은 현재 시점에서 다른 이론들에 관하여 더 이상 상세하게 논의하지는 않으려 한다고 말한다. 하지만 그는 다른 저술들에서 이런 논의를 시도한다.

밀이 도덕감 이론과 마찬가지로 간접적으로 비판적 평가를 내리는 다른 두 이론은 자연에 호소하는 이론과 '신의 명령'에 호소하는 이론이다. 신의 명령에 호소하는 이론은 두 가지 형태를 취한다. 밀은 정의로운 신이 도덕적 의무를 명령하며, 우리가 그런 신의 의지를 알 수 있다면 그런 지식을 통해서 도덕적 선을 파악하게 되리라는 믿음에 반대하지 않는다. 이 이론이 지닌 문제는 신이 무엇을 명령하는지, 아니 신

이라는 최고의 존재가 과연 실제로 존재하는지를 둘러싼 수많은 논쟁
이 결코 그치지 않는다는 점이다. 설령 신의 의지가 성서를 통해서 우
리에게 전해진다는 사실을 믿더라도 성서 중 어떤 부분이 신의 의지를
계시하는지 또한 그렇게 여겨지는 부분에 대한 해석 중 어떤 것이 옳은
지를 놓고 수많은 논쟁과 대립이 발생하는 문제는 어떻게 해결할 것인
가? 그리고 신의 의지를 알 수 있다고 주장하는 사람들은 이성적인 비
판 자체를 아예 허용하지 않는 방식으로 자신들의 믿음을 강요한다. 신
의 명령에 호소하는 다른 형태의 이론은 신의 명령이 도덕적 의무와 덕
을 **구성하며**, 모든 도덕적 기준이 오직 신의 의지에 의존하므로 신이 원
하는 것은 무엇이든 도덕적으로 올바르다고 주장한다. 이 이론에 대한
비판 중 하나는 '신은 선하고, 의롭고, 올바르다'는 언급이 단지 신의
의지는 신의 의지임을 의미하는 동어 반복에 지나지 않는다는 것이다.
이 이론에 대한 또 다른 비판으로 신의 **권능** 이외에는 다른 어떤 도덕
적 근거도 존재하지 않는다는 점을 들 수 있다. 즉 '힘이 곧 정의가 되
고 만다'. 초자연적인 신을 도덕의 기초로 도입하는 위의 두 형태 모두
어떤 비판도 수용하지 않겠다는 태도를 보인다. 하지만 밀은 발전적인
도덕, 즉 새로운 지식의 진보를 반영하고 기존의 편견에서 벗어나려는
도덕을 옹호한다. 따라서 도덕을 신의 의지로 여긴다면 현재의 지배적
도덕은 어떤 경험적 비판도 받지 않게 된다. 또 다른 문제는 만일 신을
우주의 창조자로 생각한다면 도덕적 창조자로서의 신이 존재한다는 믿
음과 밀이 자연의 '극악무도한 잔학 행위와 난폭한 불의'(Mill 1874c :
423)라고 표현한 바를 조화시키기 어렵다는 점이다.

이를 거쳐 밀은 자신이 『공리주의』가 아닌 다른 저술에서 논의하는,
공리주의에 반대하는 또 다른 이론, 즉 자연에 호소하는 이론에 이른
다. 어떤 의미에서는 일어나는 모든 일들, 즉 인간의 행위나 인간과 무

관한 사건 모두가 자연법칙에 따르는 자연의 일부이다. 만일 자연을 이런 의미로 해석한다면 '자연'은 인간의 의도와 무관한 것이다. 하지만 밀은 이런 이론은 비합리적일 뿐만 아니라 비도덕적이라고 주장한다. 이 이론이 비합리적인 까닭은 '모든 인간 행위는 무엇이든 간에 자연의 일반적인 흐름을 변경하기 마련이며, 모든 유용한 행위는 그런 흐름을 개선하려는 것이기 때문이다'. 또한 이 이론이 비도덕적인 까닭은 '자연 현상의 흐름은 만일 인간이 그런 일을 저지른다면 가장 혹독한 혐오의 대상이 될 만한 것들로 가득 차 있으므로 자연의 흐름을 모방하는 행위를 하려고 애쓰는 사람은 누구를 막론하고 어디에서나 가장 사악한 인물로 여겨질 것이며 그렇게 낙인찍힐 것이기 때문이다'(Mill 1874: 402).

예를 들면 살인은 '인간의 법률에서 가장 큰 범죄 행위로 규정되는데, 자연은 한꺼번에 살아 있는 모든 것을 죽이기도 한다. 더욱이 대부분의 경우 오랫동안 끔찍한 고통을 가하다가 죽인다 …'(Mill 1874: 385).

밀은 또한 자연스러운 것에 호소하려는 이론이 참혹한 사회적 결과를 낳음으로써 발전을 방해한다고 생각한다. 그가 가장 큰 관심을 보인 문제 중 하나는 인구 과잉이었다. 이 영역에서 '자연스러운' 것에 호소한다면 매우 파괴적인 결과를 낳을 것이 분명하므로 이런 주장은 반드시 철회되어야 한다. 밀은 '사람들이 가난해지는 까닭은 다른 대부분 사회악의 경우와 마찬가지로 아무 진지한 생각 없이 동물적 본능에만 따르기 때문 …'(Mill 1848: 367-8 [2권, 13장, 1절])이라고 말한다. 밀은 열일곱 살 때 산아 제한을 장려하는 소책자를 배포하다가 체포된 일이 있으며, 그 후 평생 동안 결혼한 부부에게 의사가 산아 제한에 관한 내용을 충고해야 한다는 주장을 굽히지 않았다(Packe 1954: 56-9).

『여성의 종속』에서 밀은 여성의 종속이 '자연스러운' 것이라는 주장에 관하여 논의한다. 밀은 노예를 거느린 주인들은 자신의 권위가 자연스럽다고, 절대 왕정을 지지하는 학자들은 절대 왕정만이 유일하게 자연스러운 정부 형태라고, 정복자들은 피정복자들이 자신에게 복종하는 것이 자연의 명령이라고 주장한다는 점을 지적한다. 일반적으로 권력을 손에 쥔 사람은 그것이 자연스러운 권리라고 주장한다. '지금까지 지배 권력을 잡은 사람 중에 그것이 자연스럽지 않다고 주장한 경우가 단 한 번이라도 있었던가?' (Mill 1869: 269 [1장, 9절]) 따라서 밀은 자연이나 자연권, 자연법 등에 호소하는 모든 주장은 도덕적, 사회적 발전에 방해가 될 뿐이라고 생각한다.

　1장의 마지막 두 문단에서 밀은 이후 다른 장들의 주제로 등장할 문제들을 소개한다. 4장의 제목은 '공리 원리에 대하여 어떤 종류의 증명을 제시할 수 있는가에 관하여'인데, 그는 여기서의 '증명'이 일상적인 의미의 것은 아니라고 말한다. 즉 이 증명은 여러 전제로부터의 연역은 아니라는 것이다. 하지만 그는 '지성이 (공리주의) 이론에 동의할지 아니면 그렇게 하지 않을지를 결정하기에 충분할 정도로 여러 요소를 고려할 것인데, 이는 증명과 동일하다' (208 [I, 5])고 말한다. 또한 밀은 무엇이 목적으로 바람직한지에 대한 증거는 사람들이 실제로 무엇을 목적으로 바라는가가 될 것이라고 주장한다. 그는 사람들이 행복을 목적으로 바라며, 그 외에 사람들이 바라는 모든 것은 행복 또는 그것의 '부분'에 대한 수단으로 바라는 것임을 논증한다. 따라서 이는 도덕의 목표가 최대의 행복이라는 점에 대한 심리학적 논증에 해당한다.

I, 6

여기서 밀은 2장의 임무, '공리주의란 무엇인가'를 설명한다. 그는 이 이론을 명확하게 제시하고, 공리주의의 의미를 잘못 해석한 데서 비롯된 반박들에 대처하려 한다.

핵심 논점은 다음과 같다. 『공리주의』와 다른 저술들에서 밀은 자신의 공리주의에 반대하는 여러 이론들을 확인했다. 과연 그는 도덕을 과학과 구별되는 실천적 기술이라고 말함으로써 이들을 제대로 반박했는가? 과연 그는 그저 일반 법칙을 부여하는 것이 아니라 특수한 경우들에 대하여 도덕 판단을 내리는 도덕감의 가능성을 배제했는가? 도덕감 이론을 지지하는 학자들이 모든 도덕의 근원에 해당하는 하나의 근본 원리를 제시하지 못했다는 주장은 도덕감 이론에 반대하는 적절한 논증인가? 공리의 원리가 도덕감에 따른 많은 판단들을 지지한다는 지적은 도덕감 이론에 반대하고 공리주의를 옹호하는 증거가 될 수 있는가? 윤리 이론을 발전 지향적이어야 하며, 따라서 그렇지 않은 다른 이론들은 틀렸다고 말할 수 있는가? 신의 의지 또는 자연에 호소하는 이론들에 반대하는 밀의 논증은 효과적인가? 이런 모든 질문들은 충분히 검토해 볼 만한 것들이다. 하지만 설령 밀이 공리주의에 반대하는 이론들을 제대로 반박하지 못했다 할지라도 그 자신의 이론이 여전히 최선의 것일 수도 있다. 뒤이은 여러 장들에서 밀은 자신의 이론에 대한 여러 반박에 답함으로써 공리주의의 장점을 부각하려 한다.

연구를 위한 물음들

윤리 이론은 반드시 발전 지향적이어야 하는가?

윤리 이론은 모든 도덕의 근원으로 하나의 근본 원리를 지녀야 하는가?

2장: '공리주의란 무엇인가'

개관

『공리주의』의 2장 '공리주의란 무엇인가'에서 밀은 공리주의가 무엇인지를 명확히 드러냄으로써 이 이론에 대한 여러 반박에 답하려 한다. 밀은 이런 반박들이 공리주의라는 용어 자체나 그것이 지시하는 바에 대한 오해 때문에 등장한다고 생각한다. 하지만 그는 자신의 이론을 '명확하게 제시하는' 과정에서 벤담으로부터 물려받은 이론을 수정한다. 가장 중요한 수정 내용은 쾌락과 고통에 '질적' 차이가 있으므로 '분량'과 상관없이 어떤 쾌락이 다른 쾌락보다 우월할 수도 있다는 주장이다.

밀이 제시한 공리주의를 분석하는 데 중요한 요소는 그가 공리의 원리를 특수한 상황의 개별적인 행위에 적용하는 '행위 공리주의자'인가 아니면 공리의 원리를 최선의 결과를 낳는 일련의 도덕 규칙들을 확인하는 기준으로 사용하고, 개별적인 행위의 옳고 그름은 이런 규칙들을 준수하는가 아니면 위반하는가에 따라서 결정된다고 생각하는 '규칙 공리주의자'인가라는 질문이다.

2장은 공리주의에 대한 일련의 반박에 대답하는 내용으로 구성된다. 이런 반박들은 서로 밀접하게 연결되므로 이들을 엄밀하게 분리하기란 그리 쉬운 일이 아니다. 하지만 대체로 다음과 같이 나열할 수 있을 듯하다. 1) 삶의 목적으로 쾌락 이상의 것을 생각하지 않는 이론은 단지 돼지에게나 어울리는 이론이다. 2) 행복에 도달하는 일은 불가능하기 때문에 행복은 인간 삶의 합리적 목적이 될 수 없다. 3) 사람들은 행복이 없이도 잘 살아갈 수 있으며 오히려 그런 삶이 더 고귀하다. 4) 사람들에게 항상 사회 전체의 이익을 증진하려는 동기로부터 행위하라고 요구하는 것은 지나친 일이다. 5) 공리주의는 사람들을 냉담하고 동정심이 없게 만든다. 6) 공리주의 이론은 신을 인정하지 않는 이론이다. 7) 공리주의는 원리보다는 편의성을 강조하는 이론이다. 8) 행위하기에 앞서 어떤 유형의 행위가 전체의 행복에 기여하는 결과를 낳는지를 계산할 시간이 부족하다. 9) 공리주의자는 자신의 특수한 경우를 도덕규칙에 대한 예외로 여기려는 성향이 강하다. 밀은 이런 반박들 각각에 대하여 차례대로 답하려 한다.

II, 1

밀은 자신이 '공리주의' 라는 용어들 도입한 데 대하여 나름대로 긍지를 느끼기도 하지만, 사실 그가 옹호하려는 철학이 공리주의라는 용어로 표현된 것은 다소 아쉬운 일이기도 하다. 이 용어는 행위를 평가할 경우 **결과**가 중요하다는 사실에 주목하도록 만들지만, 삶의 중요한 목적이 **행복**이라는 점을 전달하기에는 부족하다. 밀은 자신의 주장을 '행복 이론' 이라고 표현하기도 하지만 '공리주의' 라는 용어를 더욱 자주 사용한다.

일반적으로 '공리주의적' 이라는 용어는 미적인 요소 등을 무시하고 기계적으로 목적을 향한 효율성만을 추구하는 태도를 의미한다. 첫 문단에서 밀은 이런 오해를 바로잡으려 한다 ― 철학적 공리주의자는 쾌락을 계산하면서 아름다움, 탁월한 인물이나 여가의 오락 등이 주는 쾌락을 결코 배제하지 않는다. 밀은 고대 그리스 철학자인 에피쿠로스(Epicurus)를 인용하는데, 그의 이름은 자주 역설적으로 그의 철학과는 정반대되는 태도를 지칭하는 데 사용되기도 한다. 현재 '에피쿠로스적' 이라는 말은 비싼 포도주나 사치스러운 음식에 탐닉하면서 미래를 생각하지 않는 태도를 의미한다. 에피쿠로스 자신은 쾌락 추구와 고

통에서의 해방이 삶의 궁극적 가치라고 주장한 철학적 쾌락주의자이기
는 했지만, 오히려 일반적으로 생각하는 쾌락 추구와 고통에서의 해방
과는 반대되는 내용을 사람들에게 충고했다. 그는 우리가 비용을 감당
할 수 없는 사치스러운 취향에 물들지 않으려면 값싼 음식을 먹고 마시
는 검소한 삶을 유지해야 한다고 주장했다. 에피쿠로스가 내세운 중요
한 덕은 행위의 결과를 정확히 계산하는 것으로서, 우리는 이를 통해
술이나 음식에 탐닉하여 중독이나 소화 불량 같은 고통에 빠지는 일을
피해야 한다.

II, 2

이 문단에서 밀은 공리주의의 정식을 제시한다.

> 행위들은 행복을 증진하는 성향을 지니는 정도에 비례하여 옳으며, 행복
> 에 반대되는 것을 산출하는 성향을 지니는 정도에 비례하여 그르다. 행복
> 이란 쾌락, 그리고 고통의 부재를 의미하며, 불행이란 고통, 그리고 쾌락
> 의 결핍을 의미한다. (210 [II, 2])

이 정식과 관련하여 수많은 질문들이 제기된다. 우선 밀은 여기서 개
별적 행위들을 지칭하는가 아니면 행위 유형을 지칭하는가? 만일 개별
적 행위들을 지칭한다면 밀은 공리주의 기준을 개별적 상황에서 일어
나는 각각의 경우에 적용하는 '행위 공리주의자'가 될 것이다. 하지만
이 장의 끝부분에서 살펴보게 되듯이 밀은 '어떤 부차적 원리를 포함
하지 않는 의무는 결코 존재하지 않는다 …' (226 [II, 25])고 말한다.
이런 언급은 밀을 규칙 또는 '부차적 원리'를 전개하는 데 공리주의 기
준을 적용하고, 개별적 행위는 유용한 규칙과 일치하기 때문에 도덕적

의무라고 판단하는 '규칙 공리주의자'로 만드는 듯이 보인다.

또 다른 질문은, 행위들은 행복 또는 불행을 증진하는 **성향**을 지니는 정도에 비례하여 옳거나 그르다는 밀의 언급에서 '성향'이 과연 무엇을 의미하느냐는 것이다. 이에 대한 해석 중 하나는 어떤 행위 또는 어떤 유형의 행위가 낳은 결과는 행복을 산출하고 다른 행위가 낳은 결과는 불행을 산출한다면, 이런 결과를 그 행위 또는 그런 유형의 행위가 지닌 성향으로 볼 수 있다는 것이다. 그렇다면 행위는 이런 성향에 **비례**하여 옳거나 그르게 된다. 하지만 다른 방식의 해석도 있는데, 이는 방금 언급한 해석을 완전히 배제하지는 않으면서도 우리가 행위 또는 행위 유형이 낳는 결과를 확실하게 알 수는 없다는 점에 주목한다. 우리는 단지 과거 경험에 비추어 행위 결과를 예상할 수 있을 뿐이다. 『논리학 체계』에서 밀은 다음과 같이 말한다.

> 우리는 실제적인 예측에 크게 미치지 못하는 수준의 지식도 자주 상당한 실천적 가치를 지닌다는 점을 기억해야 한다. 어떤 주어진 순간에 현상을 결정하는 원인에 관한 매우 불완전한 지식을 가지고도 현상에 영향을 미치는 큰 힘을 발견하기도 한다. 따라서 어떤 수단은 어떤 결과를 산출하는 **성향**을 지니며, 다른 수단은 그런 결과를 방해하는 성향을 지닌다는 점을 인식하는 정도로 충분하다. (Mill 1843: 869 [6권, 5장, 4절])

그리고 '세지윅 교수의 강연'(Sedgwick's Discourse)이라는 제목의 다른 글에서 밀은 행위의 우연적 결과와 자연적 결과를 구별한다. 공리주의자는 각각의 개별적 행위가 낳는 모든 결과를 예견해야 한다는 반박에 답하면서 밀은 다음과 같이 말한다. '어떤 행위가 낳는 결과 중 일부는 우연적인 것이며, 다른 일부는 우리에게 알려진 자연법칙에 따르

第3장 본문 읽기 **69**

는 자연적인 것이다. 행위의 결과 중 대부분을 차지하는 전자는 우리가 예견할 수 없다. 하지만 인간의 삶은 전반적으로 후자를 예견할 수 있다는 사실에 기초하여 전개된다'(Mill 1835 : 63). 따라서 나는 밀이 여기서 사용하는 행위의 성향이라는 용어가 우연적 결과는 배제하고 오직 우리가 어떤 행위 또는 행위 유형의 자연적 결과로 인식할 수 있는 바만을 포함한다고 생각하는데, 이런 자연적 결과는 단지 어느 정도의 확률로 주어지더라도 우리의 행위를 인도하기에 충분하다. 또한 이 결과를 행위 또는 행위 유형의 **예견 가능한** 결과라고 표현할 수도 있다.

밀은 '행복을 **증진하는** 성향'과 '행복에 반대되는 것을 **산출하는** 성향'이라는 표현에서 '증진하다'(promote)와 '산출하다'(product)라는 용어를 사용한다. 이를 통하여 그는 우리가 불행은 '산출하는' 반면 오직 행복만을 '증진할 수' 있음을 암시하는가? 우리가 무엇이 행복을 산출하는가에 대해서보다 무엇이 불행을 산출하는가에 대해서 더욱 많은 지식을 지닌다는 점은 분명한 사실이다. 왜냐하면 개인들은 무엇이 쾌락을 일으키는가에 대해서보다 무엇이 고통을 일으키는가에 대해서 훨씬 더 유사한 의견을 보이기 때문이다. 이런 사실은 특히 개인의 취향에 따라 큰 차이를 보이는 비물질적인 쾌락과 관련하여 더욱 선명하게 드러난다. 따라서 밀이 이런 구별을 시도한다고 해석할 수도 있을 듯하다. 하지만 나는 여기서 밀이 그저 같은 용어의 반복을 피하려는 문체상의 이유로 서로 다른 용어를 사용한다고 생각한다.

밀의 저술 중 이 대목과 다른 곳에서 그가 행복과 불행을 쾌락과 고통으로 환원하는 것에 대하여 비판적인 질문이 제기된다. 일상적인 용법에 따르면 '행복'은 통상 우리의 삶에서 오래 지속되는 만족을 의미하는 반면 '쾌락'은 순간적인 것으로 생각된다. 이에 관해서는 '상위의' 쾌락과 '하위의' 쾌락을 구별하는 밀의 논의를 검토하면서 더욱 자세히 살펴보려 한다.

　이 문단에서 밀은 또한 '공리주의에 의해 정립된 도덕적 기준'과 '공리주의 도덕 이론이 근거로 삼는 인생관' 사이의 구별을 도입한다. 밀에 따르면 모든 행위 또는 행위 유형은 옳거나 그르다는 도덕적 평가의 대상이 되지는 않는다. 최근의 논의에서는 공리주의를 도덕적 '극대화' 이론으로 보기도 한다. 즉 어떤 행위가 공리를 극대화하면 옳은 행위이고, 그렇게 하지 못하면 그른 행위라고 해석한다. 하지만 밀의 이론은 도덕적 극대화 이론이 아니다. 밀은 예상 가능한 최선의 결과를 낳지 못한 모든 행위가 도덕적 비난의 대상이 되어서는 안 된다고 분명히 밝힌다. 『콩트와 실증주의』에서 밀은 의무로 요구되는 바와 선하기는 하지만 의무의 요구를 넘어서는 바 사이의 구별을 지지하는 논증을 전개한다. '개인들이 다른 사람의 의견에 따라 칭찬받을 만한 모든 일을 행하는 것은 결코 바람직하지 않다. 모든 사람이 반드시 행해야 하는 바와 이를 넘어서서 의무는 아니지만 칭찬받아 마땅한 바를 구별하는 이타주의의 기준이 분명히 존재한다'(Mill 1865a: 337).

　이런 논의는 현재 자주 '초의무적임'(supererogation)에 관한 이론으로 불린다. 성인과 영웅들의 행위는 일반인에게 기대되는 바를 크게 넘어선다. 이들의 행위는 충분히 칭찬받아 마땅하지만 이들의 기준에 따라 살지 못한다고 해도 비난받지는 않는다. 밀은 우리가 기대할 수 있는 최소한의 의무를 행하지 않은 경우에 대해서만 도덕적 비난을 할 수 있다고 굳게 믿는다.

　『논리학 체계』를 비롯한 다른 저술에서 밀은 이 문단에서 언급한 '인생관'에 대하여 더욱 상세히 설명한다. 『논리학 체계』에서 그는 우리의 인생관이 '세 영역, 즉 도덕, 타산 또는 수단, 그리고 미학의 영역으로 구성되는데, 이들은 인간의 행위와 활동에서 각각 올바름, 편리함, 아름다움 또는 고귀함에 해당한다'고 말한다(Mill 1843 : 949 [6권, 12장, 6절]). 이 세 영역에 모두 적용되는 모든 실천 규칙들이 반드시 따라야 하며 또한 이들을 검증하는 기준이 되는 일반 원리는 '그들이 인류의, 아니 더 나아가 쾌락과 고통의 지각 능력을 지닌 모든 존재의 행복에 얼마나 기여하는가이다'(Mill 1843 : 951 [6권, 12장, 7절]). 이 세 영역 모두에서 가치 판단은 '쾌락, 그리고 고통에서의 해방이 목적으로 바람직한 유일한 것이고, 모든 바람직한 것들은 (다른 모든 도덕 체계에서와 마찬가지로 공리주의자에게도 이런 것은 무수히 많은데) 그 자신 안에 쾌락을 포함하거나 아니면 쾌락의 증진과 고통의 방지를 위한 수단이 되기 때문에 바람직하다'고 여기는 인생관에 의해 규정되어야 한다(210 [II, 2]).

하지만 앞으로 5장을 검토하면서 밝혀지듯이 도덕적 의무인 것과 일반적으로 이익이 되는 것, 바꾸어 말하면 도덕적으로 요구되지는 않지만 좋은 결과를 낳는 것은 서로 구별된다. 도덕은 일차적으로 규칙들, 즉 그것에 따르지 않을 경우 처벌받게 되는 규칙들의 지배를 받는다. 삶의 다른 영역들에서는 탁월성이라는 가장 높은 기준을 만족시킬 경우 칭찬받지만 그 기준에 이르지 못한다고 해도 처벌받지는 않는다.

II, 3-9

밀이 벤담의 공리주의를 수정하는 가장 중요한 요소들을 제시하는 것은 바로 이 부분에서이다. 벤담은 쾌락과 고통이 오직 강도와 지속성이라는 두 측면만을 지닌다고 분석했다. 이 부분에서 밀은 쾌락과 고통에 상위와 하위의 '질적' 차이가 있다는 주장을 재확인한다. 또한 공리주의가 '단지 돼지에게나 어울리는 이론'이라는 반박에 답하면서 새로운 구별을 도입한다(210 [II, 3]). 이런 반박에 대하여 밀은 '인간 본성을 가장 경멸하는 형태로 제시하는 사람은 오히려 (공리주의를) 비난하는 사람들이다. 왜냐하면 이들의 비난은 인간이 돼지가 누리는 쾌락 이외의 다른 쾌락을 누릴 수 없다는 점을 전제하기 때문'이라고 답한다(210 [II, 4]). 뒤이어 그는 다음과 같이 주장한다. '인간은 동물의 욕망보다는 훨씬 상위의 능력을 지니므로 이 능력을 한번 자각하기만 하면 이를 만족시키지 않는 어떤 것도 행복으로 여기지 않는다'(210–11 [II, 4]). 그는 '단순한 감각적 쾌락보다 훨씬 더 높은 가치를 지닌 쾌락'의 예로 '지성, 감정과 상상력, 도덕적 정서 등이 주는' 쾌락을 인용한다(211 [II, 4]). 밀은 공리주의자들 전반이 이런 쾌락을 우월한 것으로 강조하는 까닭은 이들이 더 큰 영속성과 안전성을 지니며 큰 비용이 들지 않기 때문이라고 말한다 — 이들에 비하여 육체적 쾌락은 순식간에 사라지며 자주 고통이 뒤따른다. 밀은 이런 평가에 동의하면서도 다른 종류의 쾌락보다 더욱 바람직하고 더욱 가치 있는 어떤 **종류**의 쾌락이 있다고 생각한다. '다른 모든 것을 평가할 때는 양(量)뿐만 아니라 질(質)도 고려하면서, 유독 쾌락을 평가할 때는 오직 양에만 의존해야 한다는 주장은 불합리하다'(같은 곳). 밀이 '양'이라는 용어를 사용하면서 벤담이 고려했던 쾌락의 강도와 지속성을 염두에 두었음은 명확하다. 벤담이 생각한 쾌락과 고통을 이차원의 도표로 그릴 수 있다면, 밀이 추가한 질은 삼차원의 도표를 필요로 한다.

밀은 질적 차원이 필요한 근거를 다음과 같이 주장한다.

두 종류의 쾌락을 전부 경험한 사람들 모두 또는 거의 모두가 반드시 한쪽을 선호해야 한다는 도덕적 의무감에 전혀 구애받지 않고 어느 한쪽을 선호한다는 결정을 내린다면 그쪽이 더욱 바람직한 쾌락이다. 그리고 두 쾌락을 모두 잘 아는 누군가가 사람들이 선호하는 쪽보다 다른 한쪽을 훨씬 높이 평가하고, 이런 평가가 상당히 큰 불만을 동반하리라는 사실을 잘 알면서도 또한 사람들이 본성적으로 선택하는 다른 쾌락의 양이 아무리 크다고 해도 이런 평가를 포기하지 않는다면, 그가 그런 쾌락의 향유를 선호하는 까닭은 질적으로 우월하고 또 질이 양을 압도하기 때문이므로 질과 양을 비교할 때 양을 크게 고려하지 않아도 된다고 정당하게 말할 수 있다. (211 [II, 5])

하지만 여기서 일종의 모호함이 발견된다. 밀은 훌륭한 철학 책을 읽는 지적 쾌락도 누릴 수 있고 배고픔을 달래기 위해 음식을 먹거나 성행위를 즐기는 육체적 쾌락도 누릴 수 있는 모든 경우에 두 종류의 쾌락을 경험한 사람은 지적 쾌락을 선호하리라고 말하는 듯하다. 이것이 그가 의미하는 바라면, 그의 주장은 명백히 불합리하다. 따라서 밀의 언급을 다소 너그럽게 해석할 필요가 있다. 그는 '지성, 감정과 상상력, 도덕적 정서 등이 주는 쾌락'을 — 즉 인간만이 느끼는 고유한 쾌락을 — 충분히 경험한 사람은 아무리 양이 많은 육체적 쾌락이 얻을 수 있다 할지라도 인간의 고유한 쾌락을 **모두** 포기하지는 않으리라고 말하는지도 모른다. 이런 해석은 다음 문단에 등장하는 내용을 통해서 지지되는데, 그곳에서 밀은 '두 종류의 쾌락을 모두 잘 알고 똑같이 평가하고 향유할 수 있는 사람이라면 상위의 능력을 사용하는 **삶의 방식**을 명백히 선호하리라고' 말한다(211 [II, 6], 강조 표시는 필자의 추가). 또한 그는 설령 야수나 바보, 악당이 되면 아무리 큰 쾌락을 보장받는다 할지라도 하위의 동물이 되기를 선호하는 사람은 거의 없고, 어떤 지적인 개인도 바보가 되기를 바라지 않으며, 양심을 지닌 어떤 개인도 이기적이고 천박한 사람이 되기를 원하지 않을 것이라고 말한다. 그렇다면 밀은 상위의 쾌락과 하위의 쾌락을 하나씩 직접 비교하는 것이 아니라 동물 수준의 천박한 쾌락을 추구하는 삶과 오직 상위의 쾌락만을 추구하지는 않지만 그런 쾌락을 포함하는 삶을 비교하는 듯이 보인다. 이런 관점에서 보면 그의 주장은 훨씬 그럴듯해진다.

　이렇게 두 가지 삶의 방식을 비교하는 것으로 보더라도 과연 우리가 하위의 쾌락이 아무리 양이 많더라도 상위의 쾌락을 위해 이를 기꺼이 포기하는가라는 질문을 던지면 밀의 주장은 또 다른 문제에 직면한다. 상위와 하위의 쾌락을 모두 경험한 사람은 과연 최소한의 지적인 쾌락을 누리기 위해 모든 동물적 쾌락을 포기하면서도 만족을 느낄 것인가? 과연 우리는 배고플 때 먹고, 목마를 때 마시고, 피곤할 때 쉬고, 필요하다고 느낄 때 운동하고, 추울 때 따뜻함을 얻고, 더울 때 시원함을 얻고, 성행위를 즐기는 등의 쾌락을 모두 포기하고 최소한의 지적인 쾌락을 추구할 것인가? 인간이 누리는 상위의 쾌락, 예를 들면 아름다움이나 대화, 성취에서 얻는 쾌락은 감각적 쾌락을 — 보고, 듣고, 냄새 맡고, 맛보고, 만지고, 움직이는 데서 오는 쾌락을 — 항상 필요로 한다. 또한 인간의 고유한 면을 제외하고 보면 인간 또한 동물이며 육체적 감각을 즐기는 존재이다. 밀은 공리주의가 돼지에게나 어울리는 이론이라는 주장을 반박하면서 이런 사실을 과소평가하지 않는가? 인간의 가장 풍성한 삶은 대부분 육체적 감각의 쾌락을 포함하는 다양한 쾌락들로 이루어진다.

　밀은 상위 수준의 삶을 선호하는 까닭이 이른바 품위감(a sense of dignity)이라는 말로 가장 적절히 표현될 수 있는 요소를 지니기 때문이라고 말하는데, '이 품위감은 모든 사람이 이런저런 형태로 지니는 것으로서 … 품위감을 강하게 느끼는 사람에게 품위감은 행복의 본질적인 부분에 해당하므로 아무것도 품위감과 상충하지 않는다. 품위감과 상충하는 것은 순간적으로는 몰라도 진정한 욕구의 대상이 될 수 없다' (212 [II, 6]).

몇몇 학자들은 여기서 밀이 쾌락 및 고통과 무관한 가치 판단을 도입한다고 — 즉 자신의 순수한 쾌락주의를 훼손한다고 — 주장한다. 하지만 밀은 쾌락주의적 설명을 이어 나간다. 우월한 존재가 열등한 존재보다 더 행복한 것은 아니라고 생각하는 사람은 행복과 만족이라는 서로 전혀 다른 두 개념을 혼동하기 때문에 그렇게 생각한다. 하위의 향유 능력을 지닌 존재는 이런 능력을 충분히 만족시킬 기회가 훨씬 더 많다. 하지만 행복은 단지 만족한 상태 또는 불만이 없는 상태가 아니다. '만족한 돼지보다는 불만에 찬 인간이, 만족한 바보보다는 불만에 찬 소크라테스가 되는 편이 더 낫다. 이에 대하여 바보나 돼지는 다른 의견을 보일지도 모르는데, 그 까닭은 이들이 이 문제와 관련하여 오직 자신의 수준밖에는 모르기 때문이다. 하지만 바보나 돼지와 대비되는 상대방은 양쪽을 모두 안다' (같은 곳).

밀이 만족한 돼지보다 불만에 찬 인간이 '낫다'고 말하면서 의미한 바는 단지 우리가 인간을 돼지보다 높이 평가한다는 점이 아니라 인간이 돼지보다 더 높은 수준의 행복을 누린다는 점이다. 인간이 만족한 돼지의 상태가 어떤지를 진정으로 인식할 수 있는지, 또는 지적인 사람이 만족한 바보의 상태가 무엇인지를 인식할 수 있는지는 의문스럽다. 하지만 설령 돼지가 인식하는 쾌락과 인간이 돼지의 쾌락으로 인식하는 바가 일치하지 않더라도 인간이 돼지의 쾌락 중 일부를 인식할 수 있다는 밀의 주장은 옳다. 그리고 인간은 돼지가 되기보다는 인간이 되는 쪽을 선호한다.

밀은 품위감에 호소하는데 나는 이 품위감을 쾌락주의적으로 해석하는 일이 설령 밀이 실제로 말한 바를 다소 넘어설지 몰라도 충분히 가능하다고 생각한다. 인간의 심리는 복잡하다. 우리는 단지 즐거움과 괴로움을 느끼는 데 그치지 않는다. 우리는 즐거움을 주는 것에서 쾌락을 얻고, 괴로움을 주는 것에서 고통을 느낀다. 우리는 돼지 수준의 쾌락을 즐기면서, 예를 들면 일광욕을 하면서 자신의 피부를 그을리는 데서 쾌락을 느끼고 동시에 피부암을 걱정하면서 고통을 느끼기도 한다. 또한 휴가를 얻어 푹 쉰다는 생각에 쾌락을 느끼는 동시에 시간을 더 생산적으로 사용하지 못하고 낭비한다는 생각에 고통을 느끼기도 한다. 또한 우리는 소크라테스처럼 삶의 의미를 깨달으려고 몸부림치기도 하고 집 없는 사람들을 위한 집을 짓는 데 휴가를 바치기도 하면서 자신이 무언가 가치 있는 일을 한다고 생각한다. 그 어떤 쾌락이나 고통이라도 동반하는 자아상(self-image)은 '이차적인' 쾌락 또는 고통의 원천이 된다. 나는 바로 이것이 밀이 제시한 품위감의 역할이라고 생각한다. 만일 우리가 상위 능력을 발휘하는 일에 몰두함으로써 쾌락을 주는 자아상을 지닌다면, 우리는 정신적 능력이나 미적인 공감, 사회적 감정이나 도덕적 정서에서 얻는 '일차적인' 쾌락과 더불어 자신을 그런 생각과 감정을 지니는 존재로 여기는 데서 얻는 '이차적인' 쾌락까지도 느끼게 된다. 반면 우리가 먹고, 마시고, 성행위를 즐기는 데서 얻는 '일차적인' 쾌락에 지나치게 탐닉하여 자신의 가치를 떨어뜨린다면 우리는 자신이 그렇게밖에 못한다는 생각에서 '이차적인' 고통을 느끼게 된다. 이렇게 일차, 이차적인 쾌락 및 고통이 결합하여 우리의 전체 경험을 형성하는데, 전체 경험에서 쾌락의 질은 (그리고 양은) 오직 일차적 쾌락의 질과 (그리고 양과) 서로 다르다.

밀의 '질적 쾌락주의'를 비판적으로 고찰할 경우 (최소한) 세 가지 문제를 지적할 수 있다. 첫째, 쾌락 자체로서의 쾌락들 사이에 질적 차이가 존재하는가 아니면 단지 질적 차이만이 존재하는가? 둘째, 만일 질적 차이가 존재한다면 질에 근거하여 어떤 쾌락이 다른 쾌락보다 우월해지는가? 셋째, 만일 어떤 쾌락이 쾌락으로서 질적으로 우월하다면 이 쾌락은 독특한 인간 능력과 서로 관련되는가?

밀은 내성(introspective) 심리학에 기초하여 쾌락에는 질적 차이가 있다고 주장한다. 밀은 만일 우리가 '자기의식과 자기관찰의 습관을' (214 [II, 10]) 더욱 발전시켜 자신의 경험을 성찰한다면, 쾌락이 양뿐만 아니라 질에서도 차이가 있다는 점을 인식할 수 있으리라고 생각한다. 예를 들어 십자낱말 퍼즐을 풀 때 느끼는 쾌락이 어떤지를 성찰해 보면, 이 쾌락이 지쳤을 때 편히 누워 쉬면서 느끼는 쾌락과 **쾌락으로서의** 질이 다르다는 점을 알 수 있다. 나는 밀의 이런 주장이 옳다고 생각한다. 어떤 학자들은 **쾌락**의 감각은 동일한데 쾌락이 단지 서로 다른 비쾌락적인 느낌을 동반할 뿐이라고 주장한다. 이 경우 쾌락은 어쨌든 쾌락이라는 독특한 느낌을 유지하면서 단지 강도와 지속성에서만 차이를 보이는 것이 된다. 나는 독자들이 다음 질문을 곰곰이 생각해 보기 바란다. **쾌락**에 대한 서로 다른 느낌이 존재하는 것이 아닌가?

다른 학자들은 쾌락이 감각 자체가 아니라 감각을 **좋아하는 것**(liking)이라고 주장한다. 이들은 우리가 감각을 느끼는 방식은 서로 다르지만 감각이 주는 **쾌락**은 동일하다고 — 즉 쾌락은 또 다른 특별한 감각이 아니라 감각을 좋아하는 정도라고 — 주장한다. 이 경우 좋아하는 강도가 쾌락의 정도가 될 것이며, 쾌락의 **종류**에는 차이가 없을 것이다. 나는 다시 한 번 독자들이 다음 질문을 생각해 보기 바란다. 모든 쾌락의 경우에 내가 그 감각을 — 예를 들면 십자낱말 퍼즐을 풀거나 지쳤을 때 누워 쉬면서 느끼는 감각을 — 좋아한다는 점은 분명하다. 하지만 쾌락은 단지 감각을 좋아하는 것에 지나지 않는가, 아니면 그 감각이 쾌락을 주기 때문에 나는 그것을 좋아하는가? 나는 어떤 경험을 좋아하는 것뿐만 아니라 쾌락의 감각도 존재한다고 생각한다.

　　내성 심리학은 자기의식과 자기관찰에 호소한다. 만일 서로 다른 두 사람이 자신의 자기의식과 자기관찰을 서로 다르게 설명한다면 논쟁을 해결하기란 몹시 어려운 듯하다. 하지만 나는 이것이 쾌락의 질적 차이에 관한 주장을 분석하는 유일한 방법이라고 생각한다.

　　쾌락이라고 불리는 경험이 무척이나 다양하다는 사실은 내성을 어렵게 만드는 또 다른 요소이다. 우리는 흔히 어떤 일이, 예를 들면 특정 후보자가 선거에서 당선되는 일이 일어나면 '즐겁다고'(being pleased) 말한다. 그런데 이것이 어떤 일이 일어났을 때 **쾌락**을 느끼는 것과 같은지 다른지는 분명하지 않다. 즐겁다는 것은 특정한 시간 사이에 일어나는 감각 또는 일련의 감각이라기보다는 '마음의 상태'에 가까운 듯이 보인다. 하지만 어쩌면 마음의 상태는 우리가 어떤 사건이 일어났다는 사실에 주의를 기울일 때마다 쾌락을 감각하는 성향일지도 모른다.

　　쾌락에 질적 차이가 있는지 그렇지 않은지는 고통의 경우를 고려해 보면 더욱 분명히 결정할 수 있다. 육체적 고통은 대체로 일종의 감각으로 인정된다. 그리고 육체적 고통의 질적 차이를 언급하는 표현들이 흔히 사용된다. 예를 들면 '칼로 찌르는 듯한' 고통과 '전체적인 아픔'은 분명히 서로 다르다. 칼로 찌르는 듯한 고통을 더 극심한 것으로 본다면 이들 둘 사이에는 양적인 차이가 있다. 그뿐만 아니라 질적인 차이도 성립한다. 매우 심한 두통과 같은 극심한 고통은 쐐기풀에 쏘인 경우와 같은 작고 '날카로운' 고통보다 훨씬 더 아프게 느껴진다. 그리고 두통과 위통은 서로 다르게 느껴지는데, 그 까닭은 그것을 느끼는 신체상의 위치뿐만 아니라 강도나 지속성과 무관하게 고통의 종류가 아예 다르기 때문이다. 또한 슬픔이나 실망 같은 심리적 고통도 존재한다. 이런 모든 고통들은 서로 다르게 느껴지는데 그 차이는 그저 우리가 이들을 좋아하지 않는다는 단순한 문제가 아니다. 나는 내성적 분석을 통하여 여러 종류의 쾌락과 고통 사이에 질적인 차이가 있다는 결론에 반드시 이르리라고 생각한다. 독자들 스스로 자신의 내면을 들여다보고 판단을 내리길 바란다.

쾌락들 사이에 질적인 차이가 있다는 점을 전제할 때 과연 질에 기초하여 어떤 쾌락이 다른 쾌락보다 우월하다고 말할 수 있는가? 나는 어떤 종류의 쾌락을 다른 종류의 쾌락보다 선호한다. 예를 들면 나는 음악을 혼자 연주하는 것보다 다른 사람들과 함께 연주하는 것을 좋아한다. 하지만 이것은 질적 우월성 때문인가, 아니면 양적 차이 때문인가? 나는 함께 연주할 때 더욱 **강력한** 쾌락을 누릴 수도 있다. 또 다른 문제는 사람들의 취향이 서로 다르다는 점이다. 따라서 서로 다른 사람들이 모인 집단에서 일관된 선호를 발견하는 것은 불가능하다. 또한 동일한 한 사람도 살아가는 동안 선호가 변하기 마련이다. 그리고 어떤 쾌락이 지닌 본질적 가치와 도구적 가치를 분리할 수 없다는 문제도 제기된다. 이와 관련하여 밀은 충분한 능력과 자격을 갖춘 정당한 판단자에 호소하면서 그가 '도덕적 속성이나 결과와 무관하게 …' (213 [II, 8]) 두 쾌락 중 어떤 쪽을 선호하는가에 따라야 한다고 주장한다. 하지만 이는 만족시키기 어려운 요구이다. 예를 들면 우리는 건강을 위한 운동을 즐기는데, 이때 얻는 쾌락은 부분적으로 운동이 건강에 좋다는 믿음에 의존한다. 밀이 말하는 정당한 판단자는 이런 경험을 할 기회를 얻고 또 자기의식과 자기관찰의 습관을 갖는 것에 더하여, 어떤 활동이나 경험의 바람직한 성격을 그것이 구성하는 여러 가치들로 분석하는 것과 본질적 가치와 도구적 가치, 도덕적 의무감과 도덕과 무관한 만족감을 분리하는 것에 능숙해야 한다.

어떤 쾌락이 질적으로 우월하기 때문에 선호된다는 점을 전제할 때, 이런 쾌락은 밀의 주장대로 동물적 욕망이나 '육체적 쾌락'과 대비되는, 특히 인간적이고 '정신적인' 쾌락과 밀접하게 관련되는가? 우월한 쾌락과 열등한 쾌락 사이의 구별은 정신적 쾌락과 육체적 쾌락 사이의 구별과 밀접하게 관련되는가? 인간적인 쾌락은 모두 '정신적인' 쾌락이며 그 역도 성립하는가? 육체적 쾌락은 모두 동물적 욕망의 만족이며 동물적 욕망은 모두 육체적인가? 분명히 인간은 누리지만 동물은 누리지 못하는 쾌락, 예를 들면 인간이 언어를 사용하여 누리는 쾌락 등이 존재한다. 동물은 십자낱말 퍼즐을 풀 수 없다. 하지만 몇몇 동물들은 매우 호기심이 많으며 호기심을 만족시키는 데서 쾌락을 얻는 듯이 보인다. 많은 동물들이 다른 동물이나 주인을 향한 사회적 감정이나 분노, 불안, 처벌의 두려움, 보상의 기쁨 등의 정서를 드러낸다. 따라서 동물적 쾌락과 육체적 쾌락은 정확히 일치하지는 않는다. 인간에 대해서도 정신적 쾌락과 육체적 쾌락 사이의 구별을 유지하기란 쉽지 않다. 인간은 먹고, 마시고, 성행위를 하면서 단지 욕망의 충족만을 탐하지는 않는다. 이런 행위는 '하위 욕망'을 만족시키는 동시에 '상위 능력'도 포함한다. 음악이나 미술 감상에서 얻는 쾌락 같은 수많은 쾌락에는 지적이고 정서적인 반응뿐만 아니라 육체적 감각도 포함된다. 따라서 이 구별은 서로 배타적인 범주에 속하기보다는 많은 부분이 겹치는 정신적 쾌락과 육체적 쾌락의 스펙트럼 사이의 어딘가에 위치한 것일 뿐이다. 쾌락주의가 돼지에게나 어울리는 이론이라는 비판을 반박하기 위해서라면 이 구별은 유용하다. 하지만 이 구별은 어떤 쾌락이 우월하고 어떤 쾌락이 열등한지에 대한 일련의 범주를 제시하는 기준으로서는 비판의 대상이 된다. 육체적 쾌락 사이에서도 질적 차이 및 질적 우월함과 열등함이 존재하지 않는가? 그리고 육체적 쾌락 및 동물적 욕망의 만족 또한 인간이라는 이성적 동물의 풍성한 삶을 구성하는 중요한 요소가 아닌가?

II, 7

밀은 '상위의 쾌락을 누릴 능력을 지닌 많은 사람들이 때로 유혹을 이기지 못하여 상위의 쾌락을 미루고 하위의 쾌락에 빠진다' (212 [II, 7])는 반박을 소개한다. 이에 대하여 밀은 남자든 여자든 나약한 성격 때문에 가치가 낮다는 것을 알면서도 가까이 있는 선을 선택하고 마는 경우가 종종 일어난다고 답한다. 하지만 그는 다음과 같이 주장한다.

> 사람들이 상위의 쾌락을 선호하면서도 자발적으로 하위의 쾌락을 선택한다고는 볼 수 없다. 나는 오직 하위의 쾌락에만 몰두하는 사람들은 그에 앞서 이미 상위의 쾌락을 누릴 능력을 상실했다고 생각한다 … 여전히 두 계층의 쾌락을 모두 동등하게 느낄 수 있는 사람이 알면서 일부러 하위의 쾌락을 예사롭게 선택할지는 무척 의문스럽다. 모든 시대에 걸쳐 많은 학자들이 두 쾌락을 결합하려 했지만 그들의 시도는 성과 없이 실패로 끝나고 말았다. (212-3 [II, 7])

여기서 등장하는 첫 번째 논점은 밀이 모든 정당한 판단자가 모든 선택의 경우에서 항상 상위의 쾌락을 선호한다고 주장한 것은 아니라는 점이다. 오히려 그는 정당한 판단자라면 단지 하위의 쾌락만을 추구하는 삶을 선호하지는 않으리라는 주장을 편다. 하지만 이조차도 과연 참인가? 다른 저술들에서 밀은 사람들의 취향이 다양하다는 점을 인정한다. 록 음악과 오페라를 모두 잘 알고 감상할 능력을 지니면서도 오페라보다 록 음악을 좋아하는 사람이 있듯이, 모든 종류의 쾌락을 향유할 능력을 지니면서도 예술이나 사회 활동에서 얻는 지적 쾌락보다 감각적인 쾌락에 탐닉하는 삶을 선호하는 사람이 있을 수 있지 않은가? 밀은 아버지로부터 무척 엄격한 교육을 받았으므로 그런 '하위의' 쾌락을 자발적으로 선택하는 사람을 상상조차 할 수 없었을지 몰라도 밀이 말하는 상위의 쾌락을 추구할 능력을 지니면서도 자발적으로 하위의 쾌락을 선택하는 사람의 수 또한 셀 수 없을 정도로 많다 — 물론 지적, 예술적, 사회적 쾌락을 완전히 배제하지는 않지만 삶 전반에서 하위의 쾌락에 훨씬 더 큰 관심을 보이는 사람이 많다.

질적으로 우월한 쾌락이 존재한다는 밀의 주장은 그의 다른 사상적 영역에서도 중요한 역할을 한다. 벤담은 쾌락의 양이 같다면 (아이들이나 하는) 푸시핀(pushpin) 놀이도 시 감상과 똑같이 좋다고 말했다. 하지만 벤담 자신조차도 우리가 이 두 가지에 시간을 소비하는 것이 어떤 결과를 낳는지를 고려해야 한다고 지적했다. 푸시핀 놀이는 오락으로 재미있을지는 모르지만 시 감상이 낳는 것과 같은 그 이상의 쾌락을 낳지는 않으므로 장기적으로 볼 때 시 감상이 푸시핀 놀이보다는 바람직하다. 밀은 질적으로 우월한 쾌락이 존재한다는 자신의 이론을 활용하여 시 감상이 더욱 바람직하다는 데 대한 논증을 추가한다. 시 감상이 주는 쾌락은 우리의 특유한 인간적 능력을 더 크게 사용하여 얻는 것이므로 장기적으로 볼 때 쾌락의 양이 더 많을 뿐만 아니라 쾌락의 질도 더욱 높다.

밀은 『자유론』에서 질적으로 우월한 쾌락이라는 용어를 사용하지는 않지만 이런 쾌락에 중요한 역할을 부여한다. 이 저술의 핵심 주장은 성숙하고 문명화된, 건전한 정신을 지닌 개인이라면 다른 사람들에게 해를 입히지 않는 한 자신의 삶의 계획을 스스로 자유롭게 선택할 수 있어야 한다는 것이다. 이 저술에 등장하는, 이 주장을 옹호하기 위한 복잡한 논증들을 여기서 모두 소개할 수는 없지만, 여기서 도입되는 가정 중 하나는 사람들이 다른 사람의 습관이나 선호에 따르도록 강요당한다면 이들은 자신의 상위 능력을 발휘하지 못한다는 점이다. 오직 그들에게 자유로운 선택이 허용되어 그들이 독창적이고 창조적으로 이론 및 실천적 문제의 진정한 해결책에 대한 결정을 내리고, 다른 개인들과의 자발적인 연대에 적극적으로 참여할 경우에만 그들은 최대의 행복을 얻을 수 있다. 밀에 따르면 최대의 행복은 제대로 파악하기 쉽지 않은, 단지 **현존하는** 욕구의 충족이 아니다. 최대의 행복이란 질과 양 모두의 관점에서 측정된 쾌락, 특히 한 개인이 자신의 능력을 충분히 발휘함으로써 얻게 되는 상위의 쾌락을 향한 욕구의 만족이다. 따라서 그는 어린이들에게 상위의 쾌락을 추구할 능력을 가르친다는 측면에서는 의무 교육에 찬성하지만, 동시에 그것이 대안적인 삶의 방식을 실험하려는 사람들에게 일정한 형식의 삶을 강요하는 '다수의 횡포'가 될 수도 있음을 경고한다. 틀에 박히지 않은 삶을 사는 사람들이 오히려 다수가 예상할 수 없는 상위의 쾌락을 누릴지도 모르기 때문이다.

II, 8

여기서 밀은 자기관찰 및 분석의 습관과 더불어 다양한 쾌락과 고통을 경험한 정당한 판단자의 중요성을 마지막으로 다시 한 번 강조한다. 정당한 판단자는 쾌락의 질적 차이뿐만 아니라 양적 차이도 충분히 고려한다.

> 두 개의 고통 중에 어떤 쪽이 더 극심한지, 쾌락을 주는 두 개의 감각 중에 어떤 쪽이 더 강렬한지를 결정하는 데 모두를 잘 아는 사람의 일반적인 판단 이외에 다른 어떤 수단이 있겠는가? … 특정한 고통을 감수하면서도 특정한 쾌락을 추구할지를 결정하는 데 경험 많은 사람의 감정과 판단 이외에 다른 어떤 방법이 있겠는가? (213 [II, 8])

II. 9

여기서 밀은 고결한 성품을 지닌 인물이 그 고결함으로 인해 항상 다른 사람보다 행복한지는 다소 의문스러울지 몰라도 그 사람의 고결함이 다른 사람들을 행복하게 만든다는 점은 의문의 여지가 없다고 말한다. 따라서 질적으로 우월한 형태의 쾌락이라는 개념이 없이도 최대의 행복을 추구하는 공리주의자는 고결한 성품 또한 옹호하지 않을 수 없다. 이는 밀이 제시한 쾌락주의뿐만 아니라 공리주의 전반과 관련하여 매우 중요한 논점을 형성한다. 지성과 양심을 갖춘 개인은 설령 이로부터 얻는 쾌락이 본질상 우월하지 않더라도 다른 사람들의 행복에 더 크게 기여할 능력을 지닌다. 그리고 이런 기여는 설령 어떤 동물적 쾌락이 인간의 고유한 쾌락보다 더 우월하다 할지라도 인간적 쾌락이 없는 삶은 다른 사람들의 삶에 악영향을 미칠지도 모른다는 점을 암시한다. 만일 어떤 사람이 매일 먹고 자기만 하는 순전히 나태한 삶을 산다면 그는 오직 다른 사람들에 기대서 생존할 뿐, 다른 사람들의 복지에 조금도 기여하지 못할 것이다. 만일 어떤 마약 중독자가 항상 마약에 취해 황홀경을 넘나든다면 설령 그가 다른 어떤 경우보다 큰 쾌락을 느끼는 상태라 할지라도 그는 다른 사람의 노동에 기생하는 존재에 지나지 않으며, 다른 사람의 행복에 조금도 기여하지 못하거나 아니면 기여할 만한 가치가 없을 것이다. 쾌락주의적인 공리주의에 반대하는 논거 중 하나로 만일 두뇌에 어떤 장치를 연결하여 일상의 삶에서 느끼는 쾌락보다 더 큰 쾌락을 제공하는 기계가 있다면 공리주의자는 그런 기계의 사용을 기꺼이 옹호할 텐데, 이는 좋은 삶에 대한 우리의 직관에 위배된다는 것이 있다. 이런 쾌락 기계가 등장하는 '사고 실험'은 다양하게 변형되었다. 그중 하나에 따르면 평생 계속 쾌락 기계를 사용한 사람은 오직 가상적인 삶만 살아가는, 거의 통 안에 든 뇌와 같이 변하게 된다.

그 사람은 과학 기술이 좋은 삶을 제공하리라고 지나치게 확신하게 되며, 기계를 비롯한 다른 것들에 전적으로 의존하게 될 것이다. 하지만 이에 대하여 우리가 과학 기술을 그 정도로 신뢰하지는 않으며, 다른 사람들이 만들어 제공하는 도구에 그렇게 의존하기를 바라지는 않는다는 점을 들어 반박할 수 있다. 이를 통하여 공리주의자는 자신의 이론이 그런 쾌락 기계의 사용을 허용하지 않는다고 말할 근거를 확보하게 된다. 하지만 우리가 쾌락 기계에 완전히 중독되지 않고 평범한 삶을 살면서 여가 시간에 단지 휴식을 위해 가끔 그 기계를 사용하여 약간의 쾌락을 얻을 수도 있다. 이런 경우를 좋은 삶에 대한 우리의 직관에 위배되는 나쁜 것으로 볼 수는 없지 않은가? 오히려 이렇게 하는 것이 음주보다는 건강에 훨씬 더 좋을지도 모른다.

II, 10
쾌락 및 고통의 질적 차이를 도입한 후 밀은 최대 행복의 원리를 다시 언급한다.

> 다른 모든 것들이 그것과 관련되고 또 그것을 목표로 삼기 때문에 바람직하게 되는 (우리 자신의 선을 고려하든 아니면 다른 사람들의 선을 고려하든 간에) 궁극 목적은 양과 질 모두의 관점에서 가능한 한 고통에서 벗어나는 동시에 쾌락을 충분히 누리는 것이다. 그리고 질을 판정하기 위한 기준과 양을 측정하기 위한 규칙은 충분히 많은 경험을 하고 여기에 자기의 식과 자기관찰의 습관을 더함으로써 비교의 수단을 가장 잘 갖춘 사람들의 선호에 달려 있다. (214 [II, 10])

이런 궁극 목적은 곧 인간 행위의 목적이므로

또한 필연적으로 도덕의 기준이기도 하다. 이 기준은 인간 행위를 위한 규칙과 계율로 정의될 수 있는데, 이를 준수함으로써 우리는 위에서 말한 고통의 회피와 쾌락의 향유를 인류 전체에게 가능한 한 최대로 보장할 수 있을 것이다. 아니 단지 인류뿐만 아니라 존재의 본성이 허용하는 한에서 쾌락과 고통의 감수 능력을 지닌 모든 피조물에게까지도 보장할 것이다. (214 [II, 10])

여기서 밀이 인간중심적이 아니라는 ― 즉 도덕적 논의 대상을 단지 인간에 대한 관심으로 제한하지 않는다는 ― 점을 지적할 필요가 있다. 쾌락과 고통을 경험할 수 있는 한 감수 능력을 지닌 모든 존재는 공리주의적 계산에 포함되어야 한다. 하지만 이 주장은 과연 옳은가? 쾌락과 고통을 경험할 수 있는 한 인간이 아닌 동물들도 고려 대상이 되어야 하는가? 환경 윤리에 관심이 있는 대부분의 공리주의자들은 인간이 아닌 동물도 고려되어야 한다고 말한다. 하지만 우리는 들쥐나 생쥐를 인간에게 피해를 주는 성가신 동물로 여기거나 아니면 인간에게 유용한 의학적 발견을 위한 실험용 동물로 사용한다. 이렇게 하면서 쥐들의 쾌락과 고통을 인간의 그것과 비교하여 측정하고 그들의 쾌락과 고통도 고려해야 한다고 주장하기는 몹시 어렵다. 하지만 몇몇 공리주의자들은 특히 동물에게 고통을 일으키는 공장식 동물 사육과 동물 실험에 반대하는 목소리를 높이기도 했다.

다른 한편으로 밀은 식물 종이나 생태계 같은 감수 능력이 없는 존재들에 대하여 본격적으로 논의하지 않았으며, 또한 그가 이들이 본질적 가치를 지닌다는 점을 암시한 대목을 발견하기란 어렵다. 밀은 아마 어떤 종의 멸종을 인간이 그 종을 탐구할 기회를 잃는다는 점에서 손실로 여길 것이다. 밀은 아마추어 식물학자로서 매우 다양한 식물에 대하여 잘 알고 있었다. 어떤 식물이나 동물 또는 어떤 생태계의 멸종이 인간과 인간은 아니지만 감수 능력을 지닌 존재의 쾌락과 고통에 영향을 미친다면 이는 당연히 고려 대상이 되어야 한다. 하지만 밀이 어떤 종의 존속 자체를 가치 있는 것으로 여겼음을 암시하는 대목은 발견되지 않는다. 설령 밀의 관점에 대한 이런 해석이 옳다 할지라도 과연 그의 관점 자체는 옳은가? 어떤 종의 멸종이 낳는 손실은 도구적 가치가 아니라 본질적 가치의 문제가 아닌가? 문화적 가치를 지닌 인공물은 어떤가? 현재 많은 언어들이 사라져 간다. 그 언어를 사용하는 사람들을 비롯하여 어느 누구도 큰 불편을 느끼지 않는다 할지라도 이는 일종의 손실이 아닌가? 이를 인류학자나 언어학자가 관심을 갖고 탐구할 인간 문화의 다양성 중 일부가 사라지는 것으로 볼 수도 있지만, 이는 그 자체로 커다란 손실이 아닌가?

II, 11-14
밀이 공리주의에 대한 주된 반박 중 두 번째로 고찰하는 것은 행복에 도달하는 것이 불가능하고, 인간은 행복 없이도 살아갈 수 있으며, 행복을 배제하는 금욕적 삶이 오히려 모든 덕의 필요조건이기 때문에 행복이 인간 삶과 행위의 합리적 목적일 수 없다는 주장이다.

II, 12
밀은 공리가 행복의 추구뿐만 아니라 불행의 방지와 완화까지도 포함한다는 점을 지적한다. 독일의 시인 겸 철학자인 노발리스(Novalis, 1772-1801)는 어떤 상황 아래서는 자살을 권했지만, 최소한 인간으로 살아가는 것이 적절하다고 생각한다면 결코 자살로 도피해서는 안 된다고 말했다.

행복에 이르는 것이 불가능하다는 말에 대하여 밀은 이것이 행복 개념을 오해한 결과라고 생각한다. '만일 행복이 쾌락을 주는 고도의 흥분 상태가 지속되는 것을 의미한다면 이런 행복은 명백히 불가능하다'(215 [II, 12]). 하지만 행복이 삶의 목적이라고 생각하는 사람들이 의미하는 행복은 '결코 황홀한 삶이 아니다. 그것은 작고 일시적인 고통과 크고 다양한 쾌락으로 이루어지고, 능동적 쾌락이 수동적 쾌락보다 압도적으로 우세하며, 삶이 우리에게 부여할 수 있는 바 이상을 기대하지 않는 것을 삶 전체의 기초로 삼는 순간들의 연속이다'(같은 곳).

밀은 이런 삶이 수많은 사람들의 인생 대부분을 차지해야 한다고 주장한다. 하지만 '현재의 열악한 교육과 열악한 사회 환경은 거의 모든 사람들이 이런 상태에 이르는 것을 방해하는 유일한 실제적인 장애물로 작용한다'(같은 곳).

밀은 사회 개혁가였다. 그는 '철학적 급진주의'라는 사회 개혁 운동에 적극적으로 참여했는데, 이 운동을 주도한 인물들은 값싼 식품을 공급하는 것이 노동 계층에게 이익이 되리라는 생각에서 수입 곡물에 붙는 관세 철폐를 주장했으며, 또한 노동 계층이 선거를 통하여 입법권을 얻어 자신들의 이익을 더 잘 반영할 수 있어야 한다는 생각에서 선거권을 노동 계층에까지 확대해야 한다고 주장했다. 밀은 1848년 처음 출판된 후 생전에 7판까지 이어졌던 『정치 경제학 원리』에서 다양한 형태의 재산 소유권, 융자, 자원의 할당, 산업 및 농업 생산성의 변화 등이 노동 계층에게 미치는 영향에 특히 주목했다. 또한 그는 주로 재산의 소유에 의존하는 부의 생산에 관한 법률과 인간의 의지에 더욱 크게 의존하는 분배 방식을 구별하려 했다. 분배 방식은 자연의 필연성이 아니라 현존하는 사회의 합의와 관련되는 것이므로 사회적 발전과 진보에 따라 얼마든지 변경될 수 있다. 내가 이 책을 쓰는 올해의 통계를 보면 전 세계 인구 중 부유한 2%가 부의 절반을 소유한 반면 가난한 50%가 소유한 부는 전체의 1%에 지나지 않는다고 한다. 이런 부의 분배 상황은 최대의 행복을 추구하는 공리주의자의 관점에서 보면 소름 끼칠 만한 일이다. 왜냐하면 가난한 사람들은 더 큰 부를 얻음으로써만 행복을 증진할 수 있고, 가장 부유한 사람들은 부가 약간 줄어들어도 그리 큰 영향을 받지 않기 때문이다.

　이는 사회의 상황이 크게 잘못되었음을 보여 주는 징후임이 분명하다. 밀 또한 잘못된 사회적 상황 때문에 더 많은 사람들이 행복을 누리지 못한다고 분명히 지적한다. 『정치 경제학 원리』의 판이 거듭될수록 밀은 점점 더 사회주의에 공감하며 당시 사회 현실에 비판적인 모습을 보였다. 하지만 그는 내심 혁명적인 마르크스주의자가 아니라 19세기 중반의 '유토피아적' 사회주의자를 꿈꾸었던 듯하다. 그는 마르크스를 몰랐으며, 혁명적인 사회주의자를 새로운 사회 질서를 도입하려는 비현실적인 희망에서 과격한 폭력을 옹호하는 위험한 인물로 여겼다. 밀은 자신이 공감했던 사회주의자들조차도 사회 전반의 획일성을 주장하면서 자유를 지나치게 억압하는 인물들로 보고 우려를 표명했다. 더욱이 밀은 이들의 사상이 현실적으로 검증되어야 한다고 생각했다. 그는 개인이 누려야 하는 최대한의 행위 자유와 천연자원의 공동 소유권을 어떻게 적절히 결합할 것인가와 공동 노동이 낳는 이익을 어떻게 전체에게 평등하게 분배할 것인가가 미래의 중요한 사회 문제로 부각될 것이라고 말한다. 여기서 그가 세계의 천연자원이 — 토지와 산림, 광물과 물 등이 — 근본적으로 공동 소유가 되어야 한다고 주장하는 점은 주목할 필요가 있다. 그는 개인 소유의 재산을 사회가 전용할 경우 반드시 보상이 이루어져야 한다고 생각했지만, 동시에 상속권은 크게 제한되어야 한다고 믿었다. 어느 누구도 개인적으로 안락한 삶을 유지할 수준 이상의 재산을 우연의 산물인 상속이나 증여를 통해서 얻어서는 안 된다. 자신이 축적한 부를 고스란히 자손에게 물려주는 것은 전체의 행복에 반하는 일이다. 하지만 독자들은 이런 밀의 제안들이 공리주의를 적용한 결과라고 생각하는가? 과연 이들은 최대의 행복에 기여하는가?

밀이 심각하게 여긴 또 다른 잘못된 사회 질서는 여성에 대한 억압이었다. 그는 『여성의 종속』에서 여성에게 결혼 후 평등한 관계, 완전한 시민권, 더욱 큰 경제적 기회 등을 부여해야 한다고 역설했다. 그는 의회 활동을 하면서 남성에게 적용되는 것과 똑같은 근거에서 여성에게도 투표권을 확대해야 한다는 법안을 제출하기도 했다. 그는 사회의 불공정한 대우 때문에 인구의 절반을 차지하는 여성이 행복을 공유할 기회를 상실한다고 생각했다. 하지만 여성의 종속에 대한 밀의 관심은 과연 옳은가? 여성은 어쨌든 아이를 낳아야 하는데 가정과 직업을 동등하게 여길 수 있겠는가? 여성들은 어머니와 배려자로서의 역할을 자연스러운 것으로 받아들여야 하지 않는가? 과연 결혼과 직업에서 여성에 대한 불공정한 대우가 존재하는가?

밀에 따르면 행복을 모두가 공유하는 데 가장 큰 걸림돌이 되는 두 가지는 보편적인 교육과 가족계획이 제대로 이루어지지 않는 것이다. 밀은 어린이들에 대한 의무 교육을 옹호하면서 교육비를 스스로 지불할 수 없는 사람들에게는 공적 보조금을 지원해야 한다고 주장했다. 보편적 교육을 통하여 사람들은 더 나은 직업을 얻을 기회뿐만 아니라 상위의 쾌락에 접근함으로써 더 나은 삶을 누릴 기회까지도 얻게 된다. 가족계획을 통해서는 어린이들에게 더 많은 것을 제공할 수 있을 뿐만 아니라 사회의 실업률도 낮출 수 있다. 만일 노동력이 부족하다면 노동자들은 더 많은 임금을 받게 될 것이고 더 높은 수준의 삶을 영위할 것이다. 또한 가족계획은 여성들을 자녀 양육의 부담에서 벗어나게 함으로써 여성들에게 더 큰 자유를 부여할 것이다. 밀의 이런 주장은 옳은가?

II, 13

밀은 만족스러운 삶이 평정과 흥분의 결합으로 구성된다고 말한다. '수준 높은 평정심과 더불어 사람들은 매우 적은 쾌락에도 만족할 수 있다. 커다란 흥분과 더불어 사람들은 상당한 분량의 고통도 참을 수 있다' (215 [II, 13]).

그는 또한 불행의 주요 원인도 분석한다. 겉보기에 어느 정도의 행운을 누리는 사람들이 불행해지는 원인은 바로 이기심이다. 행복의 커다란 원천 중 하나는 다른 사람들의 행복에 대한 공감인데, 그런 공감에서 쾌락을 발견한다면 우리는 암울한 고통의 시기를 견딜 수 있다. 밀은 이기심 다음으로 정신적 계발의 부족을 불행의 원인으로 꼽는다. '충분히 계발된 정신은 우리 주변의 모든 것에서 그치지 않고 흥미와 관심의 원천을 발견한다. 이를테면 자연의 대상, 예술품, 시적 상상력, 역사상의 사건, 과거에서 현재에 이르는 인류의 발자취, 미래에 대한 전망 등 모든 것에서 흥미와 관심을 느낀다' (216 [II, 13]).

II, 14

밀은 문명국가에서 태어난 모든 사람이 지적인 사람에게 이런 대상들에 대한 관심을 불러일으키기에 충분한, 높은 수준의 정신적 계발을 계승하지 못할 이유가 전혀 없으며, 또한 누구든 오직 자신만 고려하는 이기주의자가 될 필연성도 전혀 없다고 생각한다. '단 이런 사람이 악법이나 다른 사람의 의지에 종속되어 자신의 능력 안에 있는 행복의 원천을 사용할 자유를 빼앗기지 않는 한에서 그렇다 …' (216 [II, 14]). 가장 중요한 문제는 정신적, 육체적 고통의 대표적 원인인 가난, 질병, 사랑하는 사람을 일찍 여의는 일 등을 피하는 것이다. 그리고 밀은 이런 일들을 피하고 이들에서 벗어나는 것이 충분히 가능하리라 믿는다.

II, 15-17

다음으로 밀은 공리주의에 대한 또 다른 반박, 즉 사람들에게 행복 없이 살아갈 의무가 있다고 주장하는 반박을 다룬다. 그도 행복 없이 살아가는 것이 가능하다는 점을 인정한다. 많은 사람들이 실제로 어쩔 수 없이 그렇게 살아가며, 영웅이나 순교자는 자신이 행복보다 소중히 여기는 무언가를 위해 스스로 행복 없는 삶을 택하기도 한다. 밀은 다른 사람의 행복을 위해 자신의 행복을 기꺼이 희생하려는 정신이 인간에게서 발견되는 최고의 덕이라는 점은 공리주의자도 분명히 인정한다고 말한다. 하지만 공리주의는 이런 희생이 그 자체로 선하다는 점은 부정한다. '행복의 총량을 증가시키거나 증가시키는 성향을 지니지 않는 희생은 무용지물에 지나지 않는다. 공리주의가 칭찬하는 유일한 자기희생은 다른 사람의 행복 또는 행복에 이르는 수단을 위해 헌신하는 경우뿐이다. 여기서 다른 사람은 인류 전체일 수도 있고 인류의 집합적 이익의 범위 안에 속하는 개인일 수도 있다' (218 [II, 17]).

II, 18

여기서 밀은 공리주의가 옳은 행위의 기준으로 내세우는 행복이 행위자 자신의 행복이 아니라 관련자 전체의 행복이라는 점을 독자들에게 상기시킨다. '행위자 자신의 행복과 다른 사람들의 행복 사이에서 선택을 내려야 할 경우 공리주의는 행위자가 이해관계에 얽매이지 않는 자비로운 관망자로서 엄격한 공평성을 유지할 것을 요구한다. 나사렛의 예수께서 말씀하신 황금률에서 우리는 공리의 윤리가 완벽하게 구현됨을 발견한다. 너희는 남에게서 바라는 대로 남에게 해 주고, 네 이웃을 네 몸같이 사랑하라는 것은 공리주의 도덕의 완전한 이상을 표현한다' (218 [II, 18]). 공리주의자는 또한 모든 개인의 이익과 전체의 이익이 조화를 이루도록 만드는 법률과 사회 질서를 지지하며, 교육과 여론을 통하여 각 개인의 행복과 다른 사람들의 이익이 서로 일치하도록 만들기 위해 애쓴다.

II, 19

방금 언급한 내용으로부터 등장하는, 공리주의에 대한 또 다른 반박은 공리주의가 사람들에게 항상 전체의 행복을 증진하는 동기에 따라 행위할 것을 요구함으로써 지나치게 많은 것을 기대하는 이론이라는 것이다. 이에 답하면서 밀은 두 가지를 지적한다. 첫째, 한편으로 옳은 행위와 그른 행위의 기준과 다른 한편으로 사람들로 하여금 자신이 원하는 행위를 하도록 이끄는 다양한 동기를 구별해야 한다. 밀은 다음과 같이 말한다. '윤리학의 임무는 우리의 의무가 무엇인지 그리고 어떤 판정 기준을 거쳐 의무를 인식하게 되는지를 밝히는 것이다. 하지만 어떤 윤리 체계도 모든 행위의 유일한 동기가 의무감이 되어야 한다고 요구하지는 않는다. 이와는 정반대로 우리의 모든 행위 중 99%는 다른 동기로부터 행해지지만, 이들이 의무의 규칙을 위반하지 않는 한 아무런 문제도 되지 않는다' (219 [II, 19]).

예를 들면 우리는 그저 자신의 직업상 주어진 업무를 잘 수행하거나 건강에 좋은 음식을 먹으려는 동기에서 일상적인 많은 일들을 행할 뿐,

그것이 우리의 의무인지에 대해서는 특별히 신경 쓰지 않는다. 우리의 기본 동기는 어쩌면 자존감인지도 모른다. 만일 직업상 업무를 잘 수행하지 못하면 나는 직장을 잃을 것이다. 만일 건강에 좋은 음식을 먹지 못하면 나는 병들 것이다. 나는 일상적인 일들이 다른 사람들에 대한 나의 의무와 상충하지 않는 한 이들이 전체의 행복을 최대화하는지 그렇지 않은지를 생각할 필요가 없다. 두 번째로 밀은 다음과 같은 점을 지적한다. '심지어 의무라는 동기로부터, 따라서 원리의 준수로부터 직접 행위하는 경우에도 세계 또는 사회 전반의 이익을 고려하는 보편성을 항상 염두에 두어야 한다는 요구가 반드시 필요하지는 않다. 선한 행위 대부분은 세계 전체의 이익을 위해서가 아니라 개인 자신의 이익을 위해서 행해지며, 세계의 이익은 결국 개인의 이익들로 구성된다 …' (220 [II, 19]).

이어서 밀은 다음과 같이 말한다. '어느 누구든 (천 명에 한 명쯤을 제외하고는) [다른 사람의 이익을] 광범위하게 추구하는 능력 안에서 덕을 발견하는 경우는 흔하지 않다. 바꾸어 말하면 공공의 복리를 추구하는 사람은 예외적이다. 이렇게 예외적인 경우에만 공공의 이익을 생각하고, 다른 대부분의 경우에는 개인의 효용, 즉 매우 적은 몇몇 사람의 행복이나 이익을 고려하는 것만으로도 충분하다' (220 [II, 19]).

따라서 공리주의자는 지구상의 멀리 떨어진 지역에서 어려움을 겪는 사람을 돕기 위해 우리 자신이나 가족의 복지를 희생할 것을 요구하지 않는다. 공리주의자도 자선 행위를 의무로 여기지만 우리와 가깝고 우리가 조금만 주의를 기울이면 바로 도움을 줄 수 있는 사람을 외면하면서까지 자선을 베풀 필요는 없다고 생각한다. 우리는 일반적으로 적정선을 넘어서서 전체 인간이나 동물을 위해 기부하기보다는 우리에게 의존하거나 우리가 상대방의 어려움을 바로 인식할 수 있는 사람들, 예를 들면 가족이나 친구, 가까운 지인을 도움으로써 더 큰 이익을 산출할 수 있다. 하지만 이런 생각은 논쟁의 대상이 된다. 이에 대하여 어쩌면 우리의 도움을 필요로 하는 가까운 사람들을 도움으로써 멀리 있는 사람들의 매우 심각한 어려움을 돕지 않는 비도덕적인 행위를 합리화하려 한다는 주장을 펼 수 있을지도 모른다. 지구상에서 가장 가난한 사람들의 어려움을 효과적으로 알리고 돕기에 적절한 책임 있는 기관이 이미 존재하지 않는가? 내가 지역의 자선 단체보다는 이런 기관에 기부하는 편이 전체의 행복에 더 크게 기여하지 않겠는가? 그리고 공정하게 고려할 때 내가 자신의 안락한 삶을 위해 돈을 쓰기보다는 자선 단체에 더 많이 기부하는 편이 전체의 행복에 더 큰 도움이 되지 않겠는가?

또한 밀은 다음과 같이 말한다. '공리주의 도덕철학자는 설령 동기가 행위자의 가치를 크게 좌우할지라도 행위의 도덕성과는 아무 관련이 없다는 점을 다른 누구보다도 강력히 주장해 왔다. 물에 빠진 동료를 구한 사람은 그의 동기가 의무감이든 아니면 자신의 행위에 대하여 보상받으려는 희망이든 간에 도덕적으로 옳은 행위를 한 것이다 …' (219 [II, 19]).

그렇다면 밀이 공리주의 도덕철학자로 여기는 사람들은 밀의 시대든 현대든 간에 대중적인 도덕과는 반대되는 주장을 펴는 셈이 된다. 일반적으로 행위의 동기는 행위의 옳고 그름을 결정하는 데 중요한 부분을 차지한다고 생각된다. 그리고 이런 사실은 '덕 윤리'와 공리주의 사이의 중요한 차이점을 드러낸다. 덕 윤리는 어떤 행위가 적절한 동기를 드러내는가 아니면 부적절한 동기를 드러내는가에 따라 그 행위를 옳은 것 또는 그른 것으로 정의한다. 반면 밀은 행위의 결과에 따라 행위를 옳거나 그른 것으로 정의하면서 행위의 동기는 오직 행위자에 대한 평가와 관련되는 것으로 여긴다. 공리주의자도 어떤 동기는 좋으며 다른 동기는 나쁘다고 생각한다. 즉 좋은 결과를 낳는 성향이 있는 동기는 좋으며, 나쁜 결과를 낳는 성향이 있는 동기는 나쁘다. 좋은 동기를 지닌 행위자는 칭찬받으며, 나쁜 동기를 지닌 행위자는 비난받는다.

　동기가 행위와 관련되는가 그렇지 않은가라는 문제는 행위를 어떻게 기술하는가라는 문제와 연결된다. 나의 동료 한 사람이 아플 경우 내가 진심으로 그의 몸 상태를 걱정하고 그를 격려하기 위해 전화한 행위와 그가 회복해서 일터에 돌아온 후 전화도 한번 안 했느냐고 불평하는 것을 듣기 싫어서 전화한 행위는 과연 동일한 행위인가? 전자는 다정함을 드러내는 행위인 반면 후자는 괜한 자존심을 드러내는 행위이다. 두 경우 모두 내가 한 행위는 아픈 동료의 몸 상태를 묻고 염려하는 행위지만 과연 이것만으로 내 행위를 완전하게 기술할 수 있는가? 밀은 『공리주의』 개정판 각주에서 물에 빠진 사람을 의무감에서 구하는 경우와 물에 빠진 사람을 고문하기 위하여 구하는 폭군의 경우 사이의 차이를 논의한다. 밀은 행위자의 **의도**와 행위자의 **동기**를 구별함으로써 이 문제에 답한다. 의도란 행위자가 **하려고 하는** 바이다. 동기는 행위자로 하여금 그것을 원하도록 만드는 감정이다. 아픈 동료에게 전화를 거는 경우를 놓고 밀은 의도에 근거하여 행위를 구별하려는 듯하다. 전자의 경우 나의 의도는 동료를 격려하려는 것이다. 반면 후자의 경우 나의 의도는 곤란한 상황을 피하려는 것이다. 하지만 과연 우리가 하려고 하는 바와 우리가 하려고 하는 바를 원하도록 만드는 '감정'을 서로 분리할 수 있는가? 다정함이 동기일 — 일종의 감정일 — 뿐만 아니라 어떤 종류의 행위를 하려고 하는 의도로 작용하는 것이 아닌가? 자선 또한 일종의 동기 — **다른 사람들의 복지를 바라는** 동기 — 이다. 독자들은 동기와 의도 사이의 구별이 유지될 수 있는지 곰곰이 생각해 보길 바란다. 하지만 어떤 경우에는 동기에 관한 설명과 행위에 관한 설명을 구별하는 것이 유용하다. 우리는 나쁜 동기에서 행해진 좋은 행위나 좋은 동기에서 행해진 나쁜 행위 등의 예를 얼마든지 들 수 있다. 자녀를 과잉보호하는 부모는 자녀의 자신감을 떨어뜨리는 양육 방식을 선택할 위험성이 있다. 부모의 동기는 (또는 의도는) 좋다. 자녀의 안전하고 안락한 삶에 대한 관심이 (그런 의도와 더불어) 동기로 작용한다. 하지만 이런 동기가 의도한 바와는 정반대의 결과, 즉 역효과를 낳는다면 이는 잘못된 자녀 양육 방법이라고 말할 수 있다. 우리는 부모의 동기에 대해서는 칭찬할지 몰라도 부모의 행위에 대해서는 비난하지 않을 수 없다.

이 문단의 두 번째 논점에 — 우리의 행위는 대부분 의무감이 아닌 다른 동기로부터 행해진다는 주장에 — 관하여 밀은 대부분의 경우 개인적인 효용, 즉 몇몇 사람의 이익 또는 행복이 우리가 고려해야 할 전부라고 말한다. 하지만 그는 다음과 언급을 더한다. '어떤 행위의 결과가 특수한 경우에는 이익이 되기도 하지만 사람들이 도덕적 측면을 고려해서 금지하는 행위들이 있다 — 그 행위가 일반적으로 행해질 경우 대체로 손실을 낳으리라는 점과 이것이 그 행위를 금지할 의무의 근거라는 점을 제대로 인식하지 못하는 사람은 지성을 갖춘 행위자라고 불릴 자격조차 없다' (220 [II, 19]). 이는 밀을 분명히 규칙 공리주의자로 여기게 만드는 대표적인 언급이다. 만일 어떤 행위를 **일반적으로 행한** 결과가 나쁘다면, 그리고 이것이 그 행위를 도덕적 관점에서 반대하는 근거라면 우리는 **'설령 그 행위의 결과가 특수한 경우에는 이익이 되더라도'** (같은 곳, 강조 표시는 저자가 첨가) 그 행위를 금지할 의무의 근거를 확보한다. 여기서 밀은 어떤 행위를 일반적으로 행하는 것을 도덕적 고려의 대상으로 삼음으로써 공리의 원리를 특수한 경우들에 적용하려 하는, 철저한 행위 공리주의의 관점을 명백히 거부한다.

II, 20-21

공리주의에 대한 또 다른 반박은 이 이론이 사람들을 오직 행위의 결과
만을 중요시하는 냉정하고 무감각한 인물로 만들며, 그 행위를 행하는
사람의 성품을 전혀 고려하지 않는다는 것이다. 밀은 행위의 도덕성과
그 행위를 수행하는 사람의 성격을 구별함으로써 이 반박에 답한다. 행
위는 그것을 행한 동기가 아니라 그것이 낳는 결과 때문에 옳거나 그른
것이 된다. 밀은 공리주의 이론이 사람들에게 행위의 옳고 그름 이외에
도 우리의 관심을 끄는 다른 요소들이 있다는 사실을 전혀 부정하지 않
는다는 점을 상기시킨다. 스토아학파는 (고대 그리스와 로마의 전통
철학에 속하는) 행위자의 덕을 도덕의 기준뿐만 아니라 행위자의 가치
를 평가하는 기준으로 삼으려 했지만, 공리주의를 포함한 다른 대부분
의 도덕 체계에서는 이런 생각이 통용되지 않는다. '공리주의자는 덕
이외에도 다른 바람직한 성향과 성품이 있다는 사실을 매우 잘 알고 있
으며, 또한 이들이 충분한 가치를 지닌다는 점을 기꺼이 인정하려 한
다' (221 [II, 20]). 밀은 몇몇 공리주의자들이 행위의 도덕성에만 지나
치게 집중하여 인간을 사랑받고 존경할 만한 존재로 만드는 아름다운
성격을 다소 소홀히 했다는 점을 인정한다. 하지만 다른 도덕 체계를
지지하는 사람들과 마찬가지로 공리주의자들 중에도 '자신의 기준을
엄격하게 적용하는 사람도 있고 다소 느슨하게 적용하는 사람도 있어
서 상당한 정도의 차이를 허용해야 한다' (221 [II, 21]).

II, 22

공리주의에 대한 또 다른 반박은 그것이 **신을 인정하지 않는** 이론이라

는 것이다. 밀은 이런 반박이 우리가 신성(神性, Deity)의 도덕적 성격
에 대하여 어떤 관념을 형성하는가와 관련되는 문제라고 생각한다.
'만일 신이 무엇보다도 자신이 창조한 피조물들의 행복을 바라고 또한
바로 이것이 신이 세계를 창조한 목적이라고 생각하는 것이 참된 신앙
이라면, 공리주의는 무신론이 아닐 뿐만 아니라 다른 어떤 이론보다도
더욱 종교적이다'(222 [II, 22]). 이를 통하여 밀은 공리주의가 무신론
이라는 비난에서 진심으로 벗어나려 한다. 공리주의 안에 신에 대한 믿
음과 양립 불가능한 요소는 없다고 말할 수 있을지 몰라도 종교를 도덕
의 기초로 삼는 이론들과는 달리 공리주의는 도덕의 기준이나 도덕적
제재와 관련하여 신에 대한 믿음에 조금도 의존하지 않는다. 밀의 생애
와 공리주의의 대안들에 대한 논의에서 암시되었듯이 밀은 초자연적인
존재를 전혀 믿지 않았으며, 기독교 도덕을 포함한 모든 종교적 도덕이
우리를 잘못된 방향으로 이끈다고 생각했다. 밀은 이웃을 네 몸 같이
사랑하라는 그리스도의 가르침을 무척 존경했다. 하지만 이런 훌륭한
가르침이 신의 섭리가 역사와 인간의 삶을 지배한다는 기독교적 전통
과 믿음에 의해 변질되었다고 생각했다. 죄 지은 사람을 영원한 처벌로
정죄하는 신의 보복이 존재한다는 전통 교리, 인위적인 산아 제한 같은
인습에 얽매이지 않는 다양한 행동 양식을 금지하는 자연법이 성립한
다는 믿음 등은 밀의 철학이 특히 주요한 공격 대상으로 삼은 바였다.
밀이 존경할 수 있는 유일한 신은 아마도 자비로운 신인 듯한데, 그는
자연의 흐름 어디에서도 자비의 증거를 발견하지 못했다. 이 세계를 설
계한 어떤 지적인 존재도 피조물의 고통에 무관심하거나 아니면 극도
로 제한된 능력을 지녔음이 분명하다. 밀은 구원의 복음을 믿고 신을
세계의 창조자로 여겨 숭배하는 사람은 그런 정도에 비례하여 이런 교
리가 오직 궤변과 왜곡을 통해서 형성되었을 수도 있다고 무시하는 셈

이다. 기독교 도덕철학자는 오류로 가득 찬 논리를 받아들이거나 도덕
적으로 모순에 해당하는 결론을 이끌어 낸다. '어떤 교파든 아니면 개
인이든 간에 종교로부터 도덕을 이끌어 내려는 사람들에 대해서는 거
의 항상 그들이 논리적으로 뛰어날수록 도덕적으로는 타락하고 만다는
말이 뒤따랐다'('종교의 유용성'(Utility of Religion), 425). 따라서 만
일 신을 세계 전체에 행복을 낳기 위하여 애쓰는 제한적인 존재로 여긴
다면 공리주의를 종교적 이론이라고 말할 수 있을지 모르지만, 이것이
공리주의가 무신론이라는 비판의 핵심은 아니다. 만일 신을 세계의 창
조자이며 모든 사건의 흐름을 결정하는 주재자로 여긴다면 공리주의는
철저히 반종교적인 이론이다. 사실 밀은 같은 시대에 활동했으며 서로
편지를 주고받기도 했던 프랑스 사회학자 콩트의 주장, 즉 전통적인 초
자연적 종교를 인류교로 대체해야 한다는 주장에 상당히 공감했다. 콩
트는 현재 초자연적인 존재를 숭배하는 방향을 취하는 종교적 감정이
인류애의 이상과 인간중심적인 관심사를 향하도록 재편된다면 인간에
게 훨씬 유익하리라고 생각했다.

II, 23

밀이 언급하는, 공리주의에 대한 또 다른 반박은 공리주의에 그저 편의
주의라는 이름을 붙이고 이를 원리와 대비함으로써 공리주의를 비도덕
적인 이론으로 낙인찍는 것이다. 이런 반박에 접하여 밀은 옳음과 반대
되는 것으로 여겨지는 편의가 일반적으로 의미하는 바를 해명하려 한
다. 다른 곳에서 밀은 '편의적'이라는 용어를 통하여 도덕이 요구하는
바에서뿐만 아니라 도덕이 요구하는 바를 넘어서서도 좋은 결과를 낳
는 모든 것을 의미하며, 『공리주의』 5장에서도 이 용어를 이런 의미로
사용한다. 하지만 지금은 이를 폭이 좁은 경멸적인 의미로 사용한다.

따라서 이 용어는 특정한 행위자 자신에게는 이익이 되지만 전체의 복지에 반하는 것 또는 어떤 눈앞의 목적이나 일시적인 목표에는 유용하지만 전체의 공리에 기여하는 규칙, 즉 모든 사람이 준수할 경우 좋은 결과를 낳는 규칙을 위반하는 것을 의미한다. 뒤이어 밀은 순간적으로 난처한 상황을 모면하기 위해 거짓말하는 경우를 이런 편의적인 것의 예로 들면서 다음과 같이 말한다.

> 하지만 우리가 곧 성실함의 주체라는 예민한 감정을 우리 자신 안에 계발하는 일은 우리의 행위가 목표로 삼는 가장 유용한 것 중 하나이고, 이 감정을 약화시키는 것은 가장 해로운 것 중 하나이다. 그리고 진실로부터 벗어나 조금이라도 거짓말을 한다면 이는 설령 의도적이 아니었더라도 사람들의 주장에 대한 신뢰를 크게 떨어뜨리게 될 것인데, 이런 신뢰는 현재의 사회적 복지 전반을 지탱해 온 중요한 기반일 뿐만 아니라 이런 신뢰가 사라지면 문명과 덕을 비롯하여 인간의 행복이 광범위하게 의존하는 모든 것들이 더 이상 단 하나도 존재하지 않게 될 것이다. 이런 점들을 고려할 때 눈앞의 이익에 눈이 멀어 이런 탁월한 편의성의 규칙을 위반하는 것은 진정한 편의성이 아니며, 자기 자신이나 다른 어떤 개인의 편리를 위해 제멋대로 행위하여 서로가 다른 사람의 말을 믿는 데서 생기는 크고 작은 신뢰에 포함된 선을 인류에게서 빼앗고 악을 확산하는 사람은 인류에게 최악의 적이 된다고 생각한다. (223 [II, 23])

여기서 밀은 단지 진실을 말하는 것을 칭찬하고 거짓말을 비난하는 정도에 그치지 않는다. 우리는 밀이 행위 공리주의와 규칙 공리주의를 구별하는 근거를 거의 무시한다는 점을 발견한다. 즉 유용한 규칙에 따르는 행위는 그 규칙에 따르는 유용한 습관을 강화하며, 유용한 규칙을 위반하는 행위는 그 규칙에 따르는 유용한 습관을 약화한다. 더 나아가 유용한 규칙에 따르는 행위는 그 규칙이 사회 전반에 통용되는 데 기여하며, 유용한 규칙을 위반하는 행위는 그 규칙이 사회 전반에 통용되는 것을 방해한다.

이와 같은 밀의 주장이 행위 공리주의와 규칙 공리주의라는 두 형태의 공리주의 사이의 구별을 무너뜨린다고 생각하지 않는 사람은 한 차례 거짓말을 하는 행위가 진실을 말해야 한다는 사회적 관행에 뚜렷한 영향을 미치지 않는다는 점을 지적할 수 있을 듯하다 ─ 즉 이런 사회적 관행에 영향을 미치려면 상당히 많은 거짓말이 필요하므로 행위 공리주의자는 특수한 경우에 거짓말하는 것이 진실을 말하는 것보다 더 나은 결과를 낳는다면 거짓말을 해도 좋다고 주장할 것이다. 그런데 결국 개별적인 거짓말들이 모여서 진실성에 대한 신뢰를 무너뜨리는, 상당히 많은 거짓말의 집합을 형성하게 된다면 과연 개별적인 거짓말의 결과를 어떻게 할당해야 하는가? 이에 관하여 밀은 다른 곳에서 다음과 같이 말한다. '만일 백 번의 규칙 위반이 그 규칙의 폐기라는 큰 손실을 낳는다면, 설령 각각의 규칙 위반이 낳는 결과를 제대로 추적할 수 없더라도 그들 각각에게 손실에 대한 백 분의 일만큼씩 책임이 있다고 보아야 한다. 그리고 이런 백 분의 일의 책임은 대체로 개별적인 규칙 위반 행위가 낳으리라고 기대되는 어떤 이익보다도 더 큰 비중을 차지한다'(Mill 1852: 182).

하지만 이런 '결과의 할당'이라는 개념은 상당한 논란거리가 된다. 백 번의 거짓말이 진실성에 대한 신뢰를 잃게 만드는, 측정 가능한 손실의 원인이 되기에 충분하다 할지라도 실제로는 백 번이 아니라 천 번의 거짓말이 이루어질 수도 있다. 그렇다면 천 번의 거짓말 각각은 손실에 대하여 천 분의 일을 책임져야 하는가, 아니면 백 분의 일을 책임져야 하는가? 어떻게 할당하든 문제가 발생한다. 천 분의 일을 책임져야 한다면 이는 아마도 개별적인 거짓말이 낳으리라고 기대되는 이익보다 더 큰 비중을 차지하지 못할 것이다. 백 분의 일을 책임져야 한다면 개별적인 경우에 어떤 거짓말이 낳는 이익은 규칙이 배제됨으로써 발생하는 손실의 할당량보다 더 큰 비중을 차지하게 될 것이다. 어떤 행위의 집합이 낳는 결과를 개별적 행위에 분배하는 데서 발생하는 이런 문제들은 개별적 행위를 행위 집합의 일부로 여기지 않는다면 의미를 잃게 된다. 만일 어떤 개별적 행위가 규칙을 위반하는 다른 행위와 유형이 전혀 다른 매우 드문 행위라면 어떻게 될 것인가? 행위 공리주의자라면 그런 개별적 행위는 허용된다고 말할 것이다. 하지만 밀은 다른 곳에서 이에 반대하는 논증을 전개한다. '만일 한 개인이 오직 자신의 판단에 따라 규칙을 위반하는 일이 허용된다면 다른 사람들도 그렇게 할 자유를 지닌다는 점을 부정할 수 없을 것이다'(같은 곳). 밀의 도덕 개념은 충분히 사회적이므로 그는 도덕적 관점에서 이른바 '무임승차' 하려는 행위자를 허용하지 않을 것이다. 즉 개별적인 행위자는 법률과 도덕 규칙을 통해서 보호받으면서도 자신은 이들을 지키지 않는 방식으로 행위해서는 안 된다. 밀은 잔인한 행위를 자행하여 사람들을 불행하게 만든 누군가를 죽인 살인자의 경우를 예로 든다. 이 살인자의 행위는 자체만 놓고 보면 사람들의 행복에 기여할지도 모른다. 하지만 공리의 원리에 근거하여 역으로 생각해 보면 이 원리는 '사람들을 죽임으로써 처벌하는 경우가 아니고서는 살인해서는 안 된다고 가르친다. 누군가를 제거하면 이 세계가 더 좋아지리라고 믿는 사람의 행복을 위하여 누군가를 죽이는 일이 허용된다고 생각한다면 어느 누구의 생명도 안전하지 않을 것이다'(같은 곳). 밀은 유용한 도덕 규칙에 대한 예외가 일반화될 수 없는 한 행위자가 공리를 극대화하기 위해 그런 예외를 허용해서는 안 된다고 생각한다. 밀은 도덕이 단지 일인칭의 관점에서 '나는 무엇을 해야만 하는가?' 를 물으면서 다른 사람들의 행위는 그저 다양한 상황에서 발생하는 것 중의 하나로 여겨서는 안 된다고 주장한다. 도덕은 사회적 관점에서 '어떤 도덕이 성립해야만 하는가?' 를 묻는 것이다.

　하지만 밀은 거짓말하지 말라는 것과 같은 도덕 규칙에는 예외가 허용된다고 말한다. 예를 들면 사악한 일을 저지르려고 하는 사람에게 어떤 사실을 알려 주지 않거나 중환자가 더 악화되는 것을 막기 위해 거짓말을 할 수밖에 없는 경우 등이 이에 속한다. '하지만 이런 예외가 필요 이상으로 확대되는 것을 막기 위해, 또한 진실성에 대한 신뢰를 약화시키는 결과를 최소화하기 위해 예외는 충분히 납득되어야 하며 그 범위도 가능한 한 명확히 한정되어야 한다 …' (223 [II. 23]). 따라서 '예외' 는 항상 단지 예외 자체가 아니라 더욱 단순한 규칙으로부터 도출된 바를 적용하는 과정에서 등장하는 더욱 복잡한 규칙에 따르는 것이다. 이런 관점에서 고려하면 밀을 철저한 규칙 공리주의자로 해석할 수 있다. 반면 밀이 '행위자가 도덕적 책임을 지는 한 특수한 상황에 맞추어 적절히 행위할 수 있는 여유 공간을 부여함으로써 법칙의 엄격성을 다소 누그러뜨리는' (225 [II. 25]) 형태의 공리주의를 제시했다고 본다면, 그는 이런 요구를 통해 행위 공리주의적인 추론과 행위를 옹호하는 이론을 주장하는 듯도 하다.

II. 24

밀이 공리주의에 대한 또 다른 반박으로 언급하는 것은 행위하기에 앞서 그 행위가 전체의 행복에 얼마나 기여하는 결과를 낳을지를 계산하거나 평가할 시간이 없다는 주장이다. 이에 답하면서 밀은 다음과 같이 말한다. '계속 충분한 시간이 있어 왔다. 즉 인류가 지금까지 살아온 모든 과거가 우리에게 부여된 시간이다. 이전의 모든 시간 동안 인류는 다양한 행위의 성향들을 경험을 통해 배워 왔다. 삶에 필요한 모든 사려와 분별뿐만 아니라 도덕은 모두 이런 경험에 의존한다'(224 [II, 25]). 여기서 밀의 논점은 우리가 이미 전반적으로 어떤 종류의 행위가 유익하고 해로운지를 잘 안다는 것이다. 그리고 이런 정보가 도덕 규칙의 기초를 형성한다. 뒤이어 밀은 다음과 같이 말한다. '지금까지 인류는 몇몇 행위가 자신의 행복에 어떤 영향을 미치는지에 대하여 많은 확실한 믿음을 얻어 왔음에 틀림없다. 이렇게 이어진 믿음은 대중들에게는 도덕 규칙이 되며, 철학자들도 더 나은 것을 발견하기 이전까지는 이를 받아들인다'(같은 곳).

만일 철학자들이 더 나은 규칙을 발견했다고 생각한다면 어떤 일이 일어날 것인가? 예를 들어 아내는 남편에게 복종해야 하며, 설령 어떤 여성이 사회적 역할을 담당하면 모두에게 크게 유익할 만한 재능을 지니더라도 집안에 머물면서 가사를 돌봐야 한다고 대중들이 믿는 상황에서 한 철학자가 남녀 사이의 평등한 결혼이 다른 누구에게도 해를 입히지 않는 훌륭한 규칙이라는 사실을 발견했다면 그 철학자는 어떻게 할 것인가? 그는 자신의 더 나은 규칙을 실행에 옮기고 다른 사람들도 이에 따르기를 바랄 것이다. 그리고 이것이 실제로 밀이 테일러와 결혼하면서 느꼈던 바이기도 하다. 두 사람의 관계가 다른 누군가에게, 예를 들면 테일러의 남편 생전에 그에게 고통을 주었을지도 모른다. 하지만 두 사람은 더욱 바람직한 남녀 관계의 전형을 제시하는 것이 이런 고통보다 더 중요하다고 믿었는지도 모른다. 하지만 철학자가 발견한 새로운 규칙이 상당한 논란의 대상이 되고 더욱이 현재의 법률에 위배되는 경우는 어떤가? 이런 예로 안락사를 들 수 있다. 많은 철학자뿐만 아니라 일반인들도 회복 불가능한 말기 질병으로 고통받는 환자가 자신의 삶을 마치기를 원한다면 생명 연장 장치를 통하여 환자의 생명을 계속 유지하는 것보다 그의 생명을 종식시키는 편이 더 낫다고 믿는다. 따라서 철학자들은 안락사가 남용되는 것을 막는 법률적 안전장치와 더불어 안락사를 합법적으로 허용하는 법률 개정에 나설 수도 있다. 하지만 현재 안락사가 엄연히 불법인 상황에서 안락사를 적극 옹호하는 사람들은 과연 안락사를 시행해도 좋은가? 이는 더욱 어려운 문제인데 그 까닭은 안락사 시행이 두 가지 규칙을 — 즉 안락사를 금지하는 규칙과 더욱 일반적으로는 현행법을 확실히 준수해야 한다는 규칙을 — 위반하기 때문이다. 더 나아가 이런 범법 행위를 실행하는 데는 세 가지 방식이 있다. 첫째는 안락사를 공개적으로, 공식적으로 시행하고 만일 처벌받는다면 그 결과를 기꺼이 받아들이면서 이런 행위가 악법에 대한 주의를 환기하기를 바라는 것이다. 둘째는 비록 불법적이기는 해도 더 낫다고 생각되는 규칙, 즉 현행 규칙보다 더 나은 결과를 낳는다고 여겨지는 규칙에 따라 안락사를 시행하면서 사람들의 눈길을 끌지 않도록 가능한 한 은밀하게 시행하는 것이다. 셋째는 상당한 기만행위를 통해서 원하는 결과를 얻는 것으로서 환자의 생명을 단축하는 부수적 효과를 낳는 진통제를 처방하는 것 등이 이에 속한다. 이와 같은 여러 상황에서 행위 공리주의적인 추론은 매우 복잡한 요소들을 필요로 할 것이다. 어떤 상황에서는 정당화될 수 있는 요소들이 다른 상황에서는 그렇지 않을 수도 있다. 밀은 철학자들이 현재 실행되는 것보다 더 나은 규칙을 발견했을 때 어떻게 해야 하는지에 대하여 어떤 일반적인 지침을 제공하지는 않지만 현재 통용되는 규칙들이 계속 발전되어야 한다고 강력히 주장한다. '인류는 행위의 결과가 전체의 행복에 어떤 영향을 미치는지에 대하여 여전히 많은 것을 배워야 한다. 나는 이 점을 인정할 뿐만 아니라 진지하게 주장하려 한다. 공리의 원리로부터 도출되는 부차적 규칙들은 모든 실용적 기술의 처방과 마찬가지로 끊임없이 개선되어야 하며, 인간의 정신이 계속 진보하는 한 이런 개선 또한 영구히 계속되어야 한다' (같은 곳).

　밀은 도덕 규칙이 개선될 수 있다고 생각하는 것과 이런 규칙을 무시하고 공리의 제일 원리를 통해서 각각의 개별적 행위를 직접 평가하려는 것은 서로 별개의 문제라고 말한다. 여기서 밀은 행위 공리주의를 거부하고 규칙 공리주의를 지지하는 듯이 보인다. 그는 도덕 규칙을 항해 달력에 비유한다. '어느 누구도 선원들이 천문학적인 계산을 해서 항해 달력을 만들지 못한다는 점을 들어 항해술이 천문학에 기초하지 않는다고 말하지 않는다. 선원들도 이성적 피조물이므로 이미 계산되어 만들어진 항해 달력을 가지고 항해에 나서는 것이다. 마찬가지로 모든 이성적 피조물은 옳고 그름이라는 공통적 문제에 관하여 자신의 생각을 결정하고 삶이라는 항해에 나서게 된다 …' (225 [II. 24]).

II. 25

밀이 검토하는 마지막 반박은 공리주의자가 자신의 특수한 경우를 도덕 규칙의 예외로 여기려는 성향을 드러내면서 어떤 유혹을 받을 경우 도덕 규칙을 지키기보다는 어기는 편이 더 큰 이익을 낳는다고 생각한다는 것이다. 이에 대하여 밀은 어떤 도덕 이론이라도 악행의 구실을 제공하고 양심에 어긋나는 행위를 합리화하는 수단이 되기도 한다고 답한다. 그 까닭은 그 이론에 결함이 있기 때문이 아니라 인간사의 본성이 너무나 복잡해서 단 하나의 예외도 허용하지 않는 행위 규칙으로는 모든 인간사를 규정할 수 없고, 이렇게 만들어진 틈새로 자기기만이나 정직하지 못한 일탈이 끼어들기 때문이다. '행위자의 책임을 유지하면서도 특수한 상황에 맞추어 적절한 여유 공간을 허용함으로써 도덕 법칙의 엄격성을 완화하지 않는 윤리 이론은 존재하지 않는다 … 어떤 도덕 체계에서도 명백히 의무가 서로 충돌하는 경우가 일어나기 마련이다'(225 [II, 25]).

　밀은 공리주의가 이런 경우를 다루는 데 상당한 장점을 보인다고 주장한다. 왜냐하면 공리주의는 여러 권리와 의무가 상충할 때 이에 적용할 수 있는 궁극적인 기준을 지니기 때문이다. 다른 도덕 체계에서는 모든 도덕 법칙들이 독립적인 권위를 주장하므로 이들 사이에 어떤 결정을 내릴 충분한 자격을 지닌 공통의 판정자가 존재하지 않는다. 그리고 이런 결정을 공리에 의해 내리지 않는다면 권리와 의무의 상충은 실제로 흔히 볼 수 있듯이 개인의 욕구와 편견이 난무하는 상황으로 이어질 것이다. 공리주의는 이런 공통의 판정자를 제공한다. 하지만 이 판정자가 단순한 행위 공리주의적 정식은 아니다. 밀은 '어떤 부차적 원리를 포함하지 않는 도덕적 의무는 결코 존재하지 않는다 …'(226 [II, 25])고 주장한다.

비판적 논점

『공리주의』 2장에서 밀은 공리주의에 대하여 제기된 최소한 아홉 가지의 반박을 검토하고 이들 각각에 답하려 한다. 이런 대답들에서 그는 쾌락과 고통이 강도와 지속성뿐만 아니라 성질의 측면에서도 차이를 보인다는 견해를 도입함으로써 벤담의 공리주의 이론을 수정한다. 그는 또한 서로 다른 다양한 쾌락과 고통을 경험함으로써 어떤 것이 우월하고 열등한지를 능숙하게 판단할 만한 자격을 갖춘 사람들이 있다고 주장한다. 따라서 밀은 행복을 우리가 우연히 지니게 된 모든 욕구의 만족으로 여기지 않는다. 그는 사람들이 행복을 누릴 능력을 발전시킬

수 있으며, 가장 충만한 삶은 질적으로 우월한 쾌락을 포함하는 것이라
고 생각한다. 2장에서 밀은 또한 어떤 종류의 행위가 행복을 증진하고
불행을 감소시키는지에 관한 인류의 과거 경험에 기초하여 공리의 원
리로부터 도출된 부수적 규칙인 '부차적 원리들'의 역할에 주목한다.
이런 원리들은 우리가 따라야 하는 도덕 규칙의 기초를 형성한다. 따라
서 밀은 기본적으로 '규칙 공리주의자'인 듯이 보인다. 하지만 그는 모
든 윤리 체계와 마찬가지로 공리주의도 행위자에게 특수한 상황에 적
절히 적응하여 행위할 책임을 부여함으로써 도덕 법칙의 엄격성을 완
화하려 한다는 점을 인정하는데, 이런 경우에는 궁극적인 공리의 원리
를 특수한 경우에 적용하면서 행위 공리주의적인 추론에 호소하는 듯
이 보이기도 한다. 밀은 또한 도덕적 계율과 규칙들이 계속 개선될 수
있다는 점에 동의하면서 이를 통하여 도덕의 발전이 가능하다고 주장
한다. 밀은 과연 자신이 논의한, 공리주의에 대한 반박들에 대해 적절
히 답변했는가? 그는 일관된 쾌락주의자인가, 아니면 행복 및 불행과
는 다른 본질적 가치들을 도입했는가? 그는 행복이 쾌락 그리고 고통
에서의 해방을 의미한다고 말함으로써 행복이라는 용어의 모든 의미를
포착했는가? 질적으로 우월한 쾌락이 있다는 밀의 주장은 옳은가? 도
덕적 문제를 해결할 만한 충분한 능력을 갖춘 판정자가 존재할 수 있는
가? 밀이 바라듯이 교육과 사회적 환경을 개선함으로써 행복에 이를
수 있는가? 행복으로부터 더 큰 선을 얻을 수 없을 경우 행복을 포기하
는 것은 고귀한 일인가? 행위의 동기는 행위의 도덕성과 분리될 수 있
는가? 밀은 공리주의가 행위자를 지나치게 냉담하고 계산적으로 만든
다는 반박에 제대로 답변했는가? 또한 그는 공리주의가 신을 인정하지
않는 이론이라는 반박에 제대로 답변했는가? 그는 공리주의가 편의성
을 내세워 원리를 위반하는 것이나 오직 행위자 자신의 이익을 위한 행

위를 합리화하는 것을 허용한다는 반박에 제대로 답변했는가? 이 장에 서는 이런 내용들을 상세히 다루었는데, 이들 중 많은 것들은 계속 생 각해 볼 만한 충분한 가치를 지닌다.

연구를 위한 물음들

상위의 쾌락과 하위의 쾌락이 있다는 밀의 주장은 쾌락주의와 조화를 이룰 수 있는가?

행위의 동기는 행위의 도덕성과 분리될 수 있는가?

윤리학에서 도덕 규칙은 어떤 위치를 차지하는가?

3장: 공리의 원리가 부과하는 궁극적 제재에 관하여

개관

『공리주의』 3장에서 밀은 공리주의 도덕 체계에 따라야 할 동기는 무엇 인가라는 질문을 던진다. 그는 한 개인이 어떤 도덕적 기준을 **채택**하라 는 요구를 받을 때마다 이런 질문이 제기된다고 지적한다. 교육과 여론 이 거의 신성시해 온 관습적 도덕은 자신을 **그 자체로** 의무적인 것으로 내세우므로, 우리는 더욱 일반적인 어떤 원리로부터 의무를 **이끌어 내 는** 도덕을 수용하라는 요구를 받을 때 이런 요구 자체를 역설적인 것으 로 여긴다. 관습적 도덕은 도둑질이나 살인, 배신과 사기 등을 금지하 는 구체적인 규칙의 준수를 전체의 행복을 증진하는 것보다 더욱 중요 한 의무로 여기면서도 이런 규칙들의 근거로 다시 전체의 행복 증진을 내세우는 듯이 보인다. 하지만 밀은 이런 역설이 특별히 공리주의와 관 련해서만 발생하는 것은 아니며 도덕성을 분석하고 그 기초를 밝히려는 모든 시도에 내재한다고 주장한다. 3장에서 밀이 주장하려는 바는 현재 사람들을 관습적 도덕에 따르도록 이끄는 동기 또는 공리주의가 아닌 다른 어떤 도덕 체계에 기초한 규칙을 준수하도록 이끄는 동기와 정확하게 동일한 동기가 우리를 공리주의 도덕을 따르도록 인도하며, 동기의 형성에는 또 다른 부가적 요소도 작용한다는 것이다. 밀은 우선 '외적' 제재와 '내적' 제재를 구별한다. 내적 제재는 우리에게 '양심'이라는 이름으로 알려진 것인데, 밀은 바로 양심을 모든 도덕이 부과하는 궁극적 제재라고 부른다. 밀은 이런 양심이라는 감정을 분석한 후 양심이 다른 여러 도덕 체계에 비하여 공리주의에서는 제대로 강하게 함양될 수 없다고 생각할 이유가 전혀 없다고 주장한다. 마지막으로 그는 문명이 진보함에 따라 각 개인은 다른 모든 사람들과 일체감을 느끼려는 성향이 더욱 커진다고 말한다. 이런 사회적 감정이 이기적 감정보다 약한 곳에서조차도 사람들은 사회적 감정이 충분히 정당화될 수 있으며, 이런 감정이 없이 살아가기를 원하지는 않는다고 생각한다.

III. 1-2

밀은 우리가 어떤 도덕적 기준을 받아들이더라도 '그 기준이 어떤 제재를 부과하는가?'라는 질문이 뒤따른다고 말한다(227 [III. 1]). 영어에서 제재(sanction)라는 용어는 여러 의미를 지닌다. 적극적인 의미에서 이 용어는 무언가를 승인하고 인가하는 것을 나타낸다. 하지만 법학이나 윤리학에서 이 용어는 보상과 처벌 또는 쾌락과 고통을 통해서 — 소극적인 면을 더욱 강조하여 주로 처벌과 고통을 통해서 — 법률이나 규칙을 강요한다는 의미로 사용된다. 따라서 '공리의 원리는 어떤 제재를 부과하는가'라는 질문을 던짐으로써 밀은 우리를 그 원리의 명령에 따르도록 만드는 동기는 무엇인가를 묻는다.

밀은 한 개인이 도둑질이나 살인, 거짓말을 하지 말라는 규칙과 구별
되는, 도덕의 기초에 놓인 어떤 기준을 채택하라는 요구를 받을 때 '그
것이 어떤 제재를 부과하는가' 라는 질문이 제기된다는 점을 지적한다.
그런데 도덕의 기초로부터 도출된 규칙들이 기초 자체보다 더 큰 권위
를 지니는 듯이 보인다. 이에 대하여 밀은 다음과 같이 말한다.

> 도덕적 성격을 형성하는 데 영향을 미치는 요소들이 행위 결과에 적용되
> 는 원리를 파악할 때까지는 ─ 즉 더욱 발전된 교육을 통하여 동료 인간들
> 과의 일체감이 … 우리의 성격 안에 깊이 뿌리내려, 마치 잘 양육된 평범한
> 젊은이가 당연히 범죄를 두려워하듯이 우리 본성의 완벽한 일부로서 우리
> 자신의 의식 안에 자리 잡을 때까지는 이러한 일이 계속될 것이다. (227
> [III, 2])

밀은 이런 어려움이 특별히 공리주의와 관련해서만 발생하는 것은 아
니며 도덕성을 분석하고 그것을 어떤 원리로 환원하려 하는 모든 시도
에서 등장한다고 주장한다.

III, 3

밀은 다른 모든 도덕 체계가 부과하는 제재를 공리의 원리 또한 지닌다
고 주장한다. 이런 제재에는 외적인 것과 내적인 것이 있다. 밀은 '외
적' 제재로 권위라는 외부적 근거에서 도덕이 강요하는 바를, '내적'
제재로는 행위자 자신의 양심을 언급한다.

벤담은 모든 행위의 동기를 제공하는 쾌락과 고통을 제재의 원천으
로 여겼다. 그는 제재를 네 종류로, 즉 물리적, 정치적, 대중적, 종교적
제재로 분류했다. '물리적' 제재는 다양한 종류의 행위를 적극적으로

나 소극적으로 강화하는 자연법칙을 의미한다. 자연에는 인과 관계가 존재하는데 사람들은 이를 통해 어떤 것이 쾌락을 주고 또 어떤 것이 고통을 주는지를 배운다. 우리는 먹지 않으면 배고픔의 고통을 느낀다. 그러다가 음식을 먹으면 욕구가 만족되는 쾌락을 느낀다. 이것이 물리적 제재의 예에 속할 듯하다. '정치적' 제재는 판사를 비롯한 다른 국가 공무원에 의해서 부과되는 쾌락과 고통을 의미한다. '대중적' 제재는 우리가 접할 수밖에 없는 공동체 안의 여러 사람들이 우리의 행위에 대해서 보이는 반응으로부터 생기는 쾌락과 고통을 의미한다. 사람들은 우리의 행위를 시인하기도 하고 부인하기도 한다. 다른 사람들이 우리의 행위를 시인하면 우리는 쾌락을 느끼고, 반대로 부인하면 고통을 느낀다. '종교적' 제재는 눈에 보이지 않는 종교적 절대자가 현세나 내세에 우리에게 부여하리라고 기대되는 쾌락과 고통을 의미한다.

밀은 벤담의 물리적 제재는 도덕과 상관없는 것으로 무시하고, 정치적 제재와 대중적 제재는 한데 묶어 생각한다. 그는 외적 제재를 다음과 같이 요약한다. 외적 제재란 '우리의 동료나 우주의 지배자가 우리에게 호의를 갖기를 바라고 이들로부터 미움받는 것을 두려워하는 것이며, 이는 또한 우리가 동료에 대해서 공감과 애정을, 우주의 지배자에 대하여 사랑과 경외를 표시하는 것인데 우리가 얻는 이기적 결과와 상관없이 그렇게 하는 것을 포함한다'(228 [III, 3]).

밀은 사람들이 왜 이런 외적 제재가 다른 도덕 체계들에 비해서 공리주의 도덕과 완벽하고 강력하게 결합할 수 없다고 생각하는지 그 이유를 모르겠다고 말한다. 실제로 사람들은 행복을 간절히 바라며, 자신의 행복을 증진한다고 생각되는 행위를 다른 사람들이 해 주기를 원하고 또 그런 행위를 권하기도 한다. 그리고 사람들이 신의 선함을 믿는다면 행복의 증진이 신이 시인하는 바라는 점 또한 반드시 믿을 것이다.

III, 4

하지만 밀은 내적 제재에는 상당한 관심을 보인다. 밀은 내적 제재를 다음과 같이 기술한다. '그것은 우리 자신의 마음 안에서 생기는 일종의 감정으로, 의무를 위반할 경우 다소 강력하게 발생하는 고통이다. 도덕적 본성이 적절하게 계발된 사람은 더욱 심각한 문제에 접할수록 의무를 어기는 일을 더욱 꺼리게 된다'(228 [III, 4]). 밀은 이 점에서 벤담의 심리학에 비판적인 태도를 보인다. 밀은 벤담이 모든 행위가 쾌락과 고통에 대한 **예상**, 즉 우리 행위의 **결과**가 낳을 것으로 기대되는 쾌락과 고통에 의해서 결정된다는 주장을 폈다고 말한다. 그런데 밀은 이런 주장이 틀렸다고 생각한다.

> 우리의 행위를 결정하는 쾌락 또는 고통은 행위에 뒤따르는 것과 같은 정도로 자주 행위의 순간보다 **앞서기도** 한다. 사실 어떤 사람이 범죄를 저지르도록 유혹받는 상황에서 처벌의 두려움이나 양심의 가책 때문에 범죄 행위를 단념하는 일이 **일어나기도 하는데**, 그가 느낄 두려움이나 가책은 범죄 행위를 저지른 **이후에** 겪게 될 바이다 ··· 또한 그가 범죄를 저지를 생각을 하는 것만으로도 크게 위축되는 일이 일어날 수도 있으며 이럴 가능성은 무척이나 크다. 자신이 두려움과 가책에 빠지리라는 생각이 너무나 큰 고통을 일으키고 이를 곱씹다가 범죄를 저지르려는 순간에 신체의 힘을 잃을 수도 있다. 이때 그의 행위는 고통에 의해서 결정된 것이다. 하지만 그 고통은 행위에 앞서는 것이지 행위에 뒤따르리라고 예상되는 것이 아니다. 이런 일이 실제로 일어날 수 있을 뿐만 아니라 실제로 일어나지 않는다면 그 사람은 진정으로 덕을 갖춘 사람이 아니다. (Mill 1833: 12)

밀은 아마도 우리가 덕이 있는 행위를 생각하면 그 행위를 하기에 앞서 쾌락을 느끼리라고 여겼을 듯하다. 3장의 마지막 부분에서 다른 사람들과의 연대감에 관하여 논의하면서 밀은 나와 그들과 이익이 일치한다는 긍정적인 감정이 그들의 이익에 반대되는 것에 대한 반발심만큼이나 중요하다고 말한다.

밀은 이런 내적 제재가 극도로 복잡하다고 말한다. 내적 제재는 우리가 마땅히 해야 할 바를 행한다는 순수한 의무의 관념과 연결될 경우 '양심'으로 불린다. 하지만 양심은 사실상 다음과 같은 모습으로 현존한다. '양심이 존재한다는 단순한 사실은 일반적으로 다양한 부수적인 요소들이 연상 작용을 일으켜 형성되는데, 이들은 공감과 사랑, 심지어 두려움이나 모든 형태의 종교적 감정, 어린 시절과 과거 모든 삶에 대한 기억, 자존심과 다른 사람들로부터 존경받으려는 욕구, 그리고 때로는 심지어 자기 비하로부터 도출되기도 한다'(228 [III, 4]).

밀은 양심이 이렇게 극도로 복잡한 형태를 지니므로 일종의 신비적인 성격을 띠게 되고, 이 때문에 사람들은 우리의 현재 경험 중에 이런 신비적 성격을 불러일으키는 대상이 아닌 다른 어떤 것과도 양심을 연결 짓지 않으려 한다고 주장한다.

III, 5-6

밀은 우리 마음 안에 있는 이런 주관적 감정을 — 즉 인류가 지닌 양심이라는 감정을 — 모든 도덕의 궁극적 제재라고 부르면서 양심이 공리주의 도덕의 궁극적인 동기가 될 수 없다는 견해가 왜 제기되는지 그 이유를 알 수 없다고 말한다. '양심이 다른 모든 도덕 체계의 규칙과 관련해서는 강력하게 함양될 수 있지만 공리주의와 관련해서는 그럴 수 없다는 점을 보여 주는 단 하나의 이유도 지금까지 제시되지 않았다' (229 [III, 5]). 양심은 이를 함양한 사람에게만 구속력을 지닌다. 양심이라는 감정을 소유하지 않은 사람에게는 오직 외적 제재만 적용될 것이다. 하지만 이는 공리주의뿐만 아니라 다른 모든 도덕의 경우에도 마찬가지이다.

이런 밀의 주장은 과연 옳은가? 『공리주의』 2장에서 살펴보았듯이 공리주의 도덕은 공리의 원리로부터 구체적인 규칙들을 도출하는 반면, 관습적 도덕이나 직관적 도덕은 규칙들 자체를 일종의 의무로 여긴다. 그런데 도둑질이나 거짓말하지 말라는 의무와 관련해서 그런 일을 해서는 안 된다는 의무감이 그런 일을 하면 전체의 불행이 발생하리라는 생각보다 더욱 강할 수도 있지 않은가? 밀은 현재의 도덕적 상황에서 이것이 사실임을 인정한다 — '나는 내가 도둑질이나 살인, 배신이나 사기 등의 행위를 저질러서는 안 된다고 느낀다. 하지만 왜 나는 전체의 행복을 증진해야만 하는가?' (225 [III, 1]). 공리주의 도덕이 관습적 도덕이나 직관적 도덕만큼 의무감과 양심을 강하게 활용할 **가능성**은 열려 있다. 하지만 이럴 가능성이 과연 얼마나 되는가?

도덕적 의무를 순전히 주관적인 것으로 생각하기보다는 객관적인 실재로 여기는 편이 의무를 준수할 가능성을 더욱 높인다고 말하는 사람들이 있다. 만일 나를 압박하는 것이 내 마음 안의 감정에 불과하다고 생각한다면 나는 그 감정을 제거할 수도 있을 것이다. 밀은 공리주의만이 이런 위험을 지니는 것은 아니라고 말한다. '나는 양심에 따라야 하는가'라는 질문은 공리주의 지지자뿐만 아니라 공리의 원리를 전혀 들어 본 일이 없는 사람들도 자주 제기하는 것이다' (230 [III, 6]). 공리주의자가 아닌 사람들도 이 질문을 제기할 수 있지만 이들 중 특히 몇몇 사람들, 즉 도덕의 권위가 공리보다는 관습이나 관행 또는 신으로부터 도출된다고 믿는 사람들은 공리주의자보다 더욱 강력하게 어떤 부가적

인 (외적) 제재가 — 다른 사람이나 신으로부터 인정받기를 원하고 그
들의 노여움을 두려워하는 — 존재한다고 생각한다.

III, 7-9

이 세 문단에서 밀은 우리가 의무감을 타고나는지 아니면 경험을 통해
얻는지에 대하여 논의한다. 밀은 만일 의무감이 우리가 타고난 것이라
면 왜 그것이 다른 사람들의 쾌락 및 고통과 관련될 수 없다고 보아야
하는지 그 이유를 알 수 없다고 말한다. 직관주의 도덕철학자들은 많은
직관적인 도덕적 의무가 존재한다고 믿음으로써 이미 다른 사람들에
대한 고려가 이런 의무들 중 하나임을 인정한다. 이들은 도덕의 대부분
이 우리가 동료 인간들의 이익을 고려하는 것에 기초한다고 한결같이
주장한다.

　하지만 밀 자신은 우리가 도덕적 감정들을 타고나는 것이 아니라 경
험을 통해서 얻는다고 믿는다. 그렇다고 해서 이들이 본성적이 아니라
는 것은 결코 아니다. 말하고, 도시를 세우고, 토지를 경작하는 것은 분
명히 획득한 능력이지만 이들은 인간 본성의 일부이다. 이들과 마찬가
지로 도덕적 감정은 높은 수준으로 발전될 수 있을 뿐만 아니라 거의
모든 방향으로 함양될 수도 있다. 도덕적 감정이 우리가 처한 상황 또
는 밀의 용어로는 '연상 작용'의 산물이라면 의무감은 교육을 통해서
우리에게 뿌리내린 이후에도 얼마든지 분해되어 사라질 수도 있다. 만
일 우리에게 공리에 이끌리고 이를 다른 사람에게 권장하려 하는 본성
적 정서가 없다면 공리와 결합된 의무감의 경우에도 얼마든지 이런 일
이 일어날 수 있다. 여기서 밀은 철학적 분석이 우리가 획득한 도덕적
감정을 약화시키기도 한다는 점을 인정한다. 하지만 그는 또한 독자들
에게 자신의 결론을 한번 들어보라고 권한다.

III, 10-11

밀은 이런 본성적 정서를 강력하게 떠받치는 기초가 **존재한다고** 주장한다. 이 기초는 바로 인류가 지닌 사회적 감정, 즉 우리의 동료 인간들과 하나가 되려는 욕구로서 '이는 이미 인간 본성 안에 강력한 원리로 자리 잡았으며, 다행스럽게도 일부러 가르치지 않더라도 문명이 진보함에 따라 점점 더 강해지는 성향을 보인다' (231 [III, 10]). 밀은 모든 사람이 어떤 사회 공동체의 구성원인데 그 안에서 전체의 이익을 모색하며, 평등한 사람들이 모인 사회에서는 모두가 평등하게 전체의 이익을 모색할 것을 요구받는다고 주장한다. 사람들이 다른 사람들과 협동할 경우 이들은 개인이 아니라 집단의 이익을 목표로 삼는다. '사회적 유대가 더욱 강화될 뿐만 아니라 사회 전체가 건강하게 성장하면 각 개인은 다른 사람의 복지를 실제로 모색하는 데 더욱 큰 관심을 보이게 된다. 또한 누구나 점점 더 자신의 **감정**을 다른 사람들의 선과 동일시하게 되거나 아니면 적어도 그들의 선을 더 큰 정도로 실제로 고려하게 된다' (같은 곳). 밀은 문명이 발전함에 따라 이런 태도가 더욱더 자연스럽게 느껴지리라고 예상한다.

> 정치적 발전의 모든 단계는 이런 방향으로 우리의 삶을 더욱 변화시키는데, 이런 일은 서로 대립하는 이익의 근원을 제거하고 개인이나 계급 사이의 법률상 특권에 의한 불평등을 없앰으로써 가능하다. 바로 이런 불평등 때문에 인류의 대다수가 여전히 자신의 행복이 무시당한다는 느낌을 받는다. 인류의 마음 상태가 개선되면 마음의 영향력이 계속 증가할 것이며, 이는 또한 각 개인의 마음 안에 다른 모든 사람과의 일체감을 낳을 것이다. (232 [III, 10])

밀은 이런 일체감이 종교나 교육, 제도와 여론 등을 통해서 제대로 가르쳐져 모든 사람이 어린 시절부터 이 감정에 둘러싸여 지내고 이를 실천한다면, 일체감이 행복의 도덕에 대한 궁극적 제재로 충분하리라는 점을 어느 누구도 의심하지 않을 것이라고 생각한다. 밀은 이런 종교, 즉 인류교를 제창한 인물로 프랑스의 사회학자이며 철학자인 콩트를 언급한다. 밀은 콩트가 신의 섭리를 도입하지 않고도 종교가 정신적 능력이나 사회적 효용의 측면에서 인류에게 큰 도움을 줄 수 있는 가능성을 제시했다고 말한다. 하지만 밀은 또한 콩트의 세부 제안은 인간의 자유와 개성에 지나치게 간섭할 수도 있다고 보고 지지를 유보하기도 한다.

밀은 현재의 사회 상태에서도 모든 개인이 자신의 감정 및 목표를 동료 인간들의 그것과 조화시켜야 한다는 점을 충분히 느낄 수 있다고 말한다. 물론 대부분의 개인들이 이 감정을 이기심보다 훨씬 약하게 느끼기는 하지만, 이를 지닌 사람들은 이것을 인간 본연의 감정이 지닌 특징으로 여기기도 한다. '이런 사람들의 마음에 사회적 일체감은 교육을 통해 심어진 미신이나 사회 권력이 강압적으로 부과한 법률이 아니라 없어서는 안 될 중요한 속성으로 등장한다. 이런 신념이 최대 행복의 도덕이 부과하는 궁극적인 제재이다'(233 [III, 11]). 이는 그 자체로 강력한 구속력을 지닌다.

3장에서 밀은 도덕 심리학을 전개한다. 그는 우선 도덕 원리의 내용과 무관하게 모든 사람이 도덕적이어야 할 동기가 무엇인지를 보이려 한다. 그리고 이를 외적, 내적 제재로 설명한다. 그다음에 그는 공리주의 도덕에 적용되는 부가적인 동기의 근원이 있다고 주장한다. 밀의 심리 이론은 '연상주의'(associationism)라고 불린다. 밀은 자신의 심리 이론을 담은 책을 쓰지는 않았지만 아버지 제임스 밀의 저서 『인간 마음의 현상 분석』(*Analysis of the Phenomena of the Human Mind*)의 재판에 주석을 달았다. 밀의 주석은 본문만큼이나 많은 분량을 차지한다. 이 저서에서 제임스 밀은 도덕적 동기를 포함한 다양한 동기들에 대하여 연상주의적 설명을 제시한다. 그는 우리에게 다른 개인의 행복과 고통에 대하여 공감하는 보편적 감정이 존재한다고 생각한다. 다른 사람들이 쾌락을 누리는 것을 보면 우리도 쾌락을 느끼고, 고통받는 것을 보면 우리도 고통을 느낀다. 우리가 지닌, 인류라는 복합 관념이 개인에 대한 관념의 집합으로 이루어지듯이 다른 사람들의 쾌락으로부터 연상된 쾌락 또는 그들의 고통으로부터 연상된 고통을 통해서 우리는 인류의 쾌락을 욕구하고 고통을 혐오하는 일반적 성향을 지니게 된다. 다른 사람들로부터 연상되는, 우리에게 쾌락을 주는 무척이나 다양한 관념들을 통해 우리는 도덕적 정서를 형성하게 되는데, 이 정서는 점차 우리 자신의 이익과 무관한 것으로 성숙하게 된다. 밀은 아버지 제임스 밀의 심리 이론을 대부분 받아들인다.

하지만 밀은 처음에는 우리가 쾌락에 대한 욕구와 고통에 대한 혐오로부터의 연상 작용을 통해서 원했던 행위들을 이후에는 습관을 통해서 원할 수도 있다는 사실에 주목한다는 점에서 벤담이나 제임스 밀과 차이를 드러낸다. '우리가 점차 습관을 형성하여 우리에게 쾌락을 주는 특수한 행위나 행위 유형에 길들여지면 마침내 우리는 그 행위가 쾌락을 준다는 사실과 전혀 무관하게 계속 그 행위를 원하게 된다' (Mill 1843: 842 [6권, 2장, 4절]). 이 단계에 이르면 우리는 다음과 같은 '확고한 덕을 갖춘 개인이 된다. 즉 자신의 목적을 예상하거나 그것을 완수함으로써 얻을 쾌락을 전혀 염두에 두지 않고 목적을 수행하고, 설령 목적을 추구하는 동안 이런 쾌락들 대부분이 사라지거나 … 고통이 쾌락을 능가하더라도 끝까지 목적에 따라 행위하는 것을 굽히지 않는 개인이 된다'(238 [IV, 11]). 밀은 이런 방식으로 영웅이나 순교자가 자신의 **개인적** 행복보다 더 큰 가치를 부여한 무언가를 위하여 스스로 행복을 포기하는 행위를 설명한다. 또한 그는 전체의 행복을 증진하라는, 개인적 이익과 무관한 공리주의의 덕을 더욱 잘 설명할 수 있게 된다. 우리는 자신의 행복과 다른 사람의 행복을 연상 작용을 통해 연결함으로써 다른 사람의 행복을 우리의 행복 중 일부로 원하게 되며, 다른 사람의 이익을 증진하기 위해 행위하는 확고한 특성을 기를 수 있다. **원래** 모든 행위는 자기 자신의 쾌락을 추구하고 고통을 회피하려는 동기에서 행해지지만, 우리가 위와 같은 확고한 특성을 갖춘 개인이 된 이후에는 모든 행위의 순간에 이런 동기가 필요하지는 않다.

비판적 논점

『공리주의』3장에서 밀은 양심이라는 — 즉 자신의 의무를 행하려 하는 — 주관적인 감정을 분석한 후 왜 양심이 다른 도덕 이론에 비해 공리주의 도덕과 잘 결합될 수 없다고들 생각하는지 그 이유를 알 수 없다고 주장한다. 사실 그는 사회적 평등과 협동이 더욱 발전하면 자연스럽게 공리주의의 공정성을 지지하는 기초가 마련되리라고 결론짓는다. 하지만 밀의 이런 논의에 대하여 수많은 질문이 제기된다. 밀은 양심이라는 주관적 감정을 도덕의 궁극적인 제재로 여기는데, 양심은 과연 '궁극적' 제재인가 아니면 단지 도덕의 궁극적 제재인 외적 제재가 주관적으로 내면화한 것에 지나지 않는가? 밀은 어떤 사람들에게는 이런 도덕적 감정이 존재하지 않음을 인정하면서 이들에게는 법률이나 여론을 통해서 도덕이 부과된다고 말한다. 그렇다면 법률과 여론이 도덕의 **궁극적** 제재일지도 모른다. 또한 이런 도덕적 감정을 우리가 타고나는 것이 아니라 획득한다는 밀의 주장이 과연 옳은가, 그리고 만일 타고난다면 이 감정이 전체의 행복을 향한 공리주의적 관심과 결합될 수 있는 가라는 또 다른 질문도 제기된다. 예를 들어 이런 감정을 생존을 위해 필요한 가치로 타고난다면 이는 전체의 복지보다는 상당히 제한된 범위, 말하자면 가족, 종족, 부족 또는 친구 등에 대한 충성심과 더 잘 결합될 것이다. 아니면 생존을 위한 가치로서의 이런 감정이 어떤 구체적 행위들, 예를 들면 근친상간이나 종족 구성원의 살해, 가족이나 친구에게 거짓말하는 행위를 혐오하게 만드는지도 모른다. 반면 밀의 주장처럼 이런 감정이 획득되는 것이라면 과연 밀의 생각대로 이 감정이 전체의 행복을 향할 수 있는가? 밀의 도덕 심리학은 상당한 논란의 대상이 되는 관념들 사이의 연상 작용 또는 사회적 조건 등에 의존한다. 과연 그의 심리 이론은 건전한가?

　밀은 당시와 같은 열악한 사회적 상황에서는 사람들 사이에 이익의 대립이 일어날 수 있다는 점을 인정한다. 하지만 그는 평등과 협동이 더욱 확대되는 상황을 향해 나아가는 발전을 마음속에 그린다. 하지만 과연 이런 일이 일어날 수 있는가? 이렇게 나아가는 길을 가로막는 장애물은 무엇인가? 자본주의 경제 체제는 자기 이익의 추구에 기초한다. 민족 국가는 자국민에게 특권을 부여하며 외국인들의 무제한 이주를 금지하는 법률을 제정한다. 여러 종교와 종교 안의 분파들은 서로 다툰다. 밀이 '문명' 발전의 특징으로 여겼던, 이익과 평등이 상호 의존하면서 성장하는 모습의 증거를 과연 찾을 수 있는가?

연구를 위한 물음들

양심이 도덕의 궁극적 제재인가, 아니면 법률과 여론이 궁극적 제재인가?

도덕적 제재는 우리가 수용한 규칙들로 구성되는 도덕 체계와 마찬가지로 공리주의에도 쉽게 적용될 수 있는가?

문명이 진보할수록 사람들이 자신의 이익과 다른 사람들의 이익을 동일시하게 된다는 증거가 있는가?

4장: 공리의 원리에 대하여 어떤 종류의 증명을 제시할 수 있는가에 관하여

개관

모든 형태의 공리주의는 무엇이 좋은 결과고 무엇이 나쁜 결과인지에 대한 설명을 필요로 한다. 이에 대해 밀은 행복과 불행이 목적으로서의 좋은 결과와 나쁜 결과를 평가하는 기준이며, 다른 모든 가치들은 행복 추구 또는 불행 회피의 수단으로서 또는 행복과 불행의 '부분'으로서 얼마나 기여하는가에 따라 자신의 가치를 이끌어 낸다고 설명한다. 4장에서 밀은 어떤 종류의 증명을 통해 이런 관점을 지지할 수 있는가에 관해 논의한다. 그는 자신이 제시하려는 바가 일상적인 의미에서의 증명은 아니라고 말하지만, 4장의 끝 부분에서는 만일 자신의 설명이 참이라면 공리의 원리가 — 즉 오직 행복만이 목적으로서 좋다는 점이 — 증명된다고 주장한다. 그의 논증은 사람들이 무엇을 목적으로 욕구하는가에 관한 심리학에 기초한다. 하지만 논증의 세부 내용과 관련하여 여러 학자들은 그가 수많은 논리적 오류를 범했다는 비판을 계속해 왔다. 그런데 밀은 논리학 교과서의 저자이기도 했다. 그가 황당한 논리적 오류를 범했다기보다는 이후 학자들이 그를 잘못 해석했을 가능성이 더 높지 않은가? 하지만 밀은 우리와 같은 21세기 독자들이 보기에도 오해를 불러일으킬 만한 내용을 분명히 언급했다. 따라서 그를 제대

로 이해하려면 많은 설명이 필요하며, 많은 학자들은 그의 증명을 건전
한 것으로 받아들이지 않는다. 결론적으로 그의 증명은 이후 가장 큰
논쟁거리가 될 만한 요소를 암시하는 것으로 드러난다.

IV, 1-3

밀에 따르면 '공리주의 이론은 행복을 바람직한 것으로, 목적으로서
바람직한 유일한 것으로 여긴다. 다른 모든 것들은 단지 목적에 대한
수단으로서 바람직할 뿐이다'(234 [IV, 2]). 어떻게 이런 주장을 사람
들에게 납득시킬 수 있는가? 밀은 인식과 행위의 영역 모두에서 제일
원리를 추론을 통해서 증명하는 것은 불가능하다고 말한다. 하지만 사
실의 문제를 다루는 인식의 영역에서는 직접 감각에 호소함으로써 제
일 원리를 확보할 수 있다. 밀은 사람들이 실제로 바라는 바에 호소해
서 무엇이 바람직한지를 알 수 있다고 주장한다. '어떤 대상을 볼 수
있다는 점에 대해 제시할 수 있는 유일한 증명은 사람들이 실제로 그것
을 본다는 사실뿐이다. 어떤 소리를 들을 수 있다는 점에 대해 제시할
수 있는 유일한 증명은 사람들이 실제로 그것을 듣는다는 사실뿐이다.
우리 경험의 다른 원천도 이와 같이 말할 수 있다. 이와 같은 방식으로
무언가가 바람직하다는 점을 보일 수 있는 유일한 증거는 사람들이 실
제로 그것을 바란다는 사실뿐이라고 나는 생각한다'(234 [IV, 3]).

　이에 대하여 몇몇 학자들은 밀이 '바람직한'(desirable)과 '볼 수 있
는'(visible) 사이의 비교를 제시한 바 그대로 받아들인 데에서 오류를
범했다고 주장한다. 이들은 '볼 수 있는'이 '보일 수 있는'(capable of
being seen)을 의미하는 반면 '바람직한'은 '바랄 수 있는'(capable of
being desired)이 아니라 '바랄 만한 가치가 있는'(worthy of being
desired)을 의미한다고 지적한다. 하지만 밀은 자신이 사실 문제의 제

일 원리가 아니라 행위의 제일 원리를 증명하려고 한다는 점을 명백히 밝혔다. 만일 그가 사용한 '바람직한'이라는 용어가 '바랄 수 있는'을 의미한다면, 이는 사실의 영역을 넘어서지 못할 것이다. 따라서 이는 밀에 대한 올바른 해석이 아니다.

사실 '볼 수 있는' 및 '들을 수 있는'과 '바람직한' 사이의 비교는 감각과 욕구 능력 사이의 정확한 대칭 관계를 형성하기 위한 것이 아니라 두 경우 모두에서 우리가 호소할 수 있는 어떤 증거가 있다는 점을 보이기 위한 것이다. 무언가가 바람직하다는 점에 대한 증거는 사람들이 그것을 바란다는 사실이다. 만일 사람들이 실제로 행복을 바라지 않는다면 어느 누구도 행복이 바람직하다는 점을 확신할 수 없을 것이다. 하지만 사람들은 실제로 행복을 바란다. '각 개인은 행복에 도달할 수 있다고 믿는 한 자신의 행복을 바란다. 이것은 분명한 사실이므로 우리는 행복이 선이라는 점에 대해, 즉 각 개인의 행복은 그 개인에게 선이며 따라서 전체의 행복은 모든 개인의 집합체에게 선이라는 점에 대해 항상 동의하는 모든 증거뿐만 아니라 우리가 요구할 수 있는 모든 증거를 확보한 셈이 된다'(같은 곳).

여기서 밀이 각 개인은 자신의 행복을 원한다는 사실에 기초한, 행복은 각 개인의 선이라는 주장으로부터 전체의 행복은 모든 개인의 집합체에게 선이라는 주장으로 나아간다는 점에 주목할 필요가 있다. 많은 학자들은 이 점을 들어 밀이 '결합의 오류'를 — 즉 부분에 대하여 참인 것은 전체에 대해서도 참이라고 주장하는 오류를 — 범했다고 비난한다. 이런 오류의 예로 각각의 모래알은 크기가 작으므로 수백만 개의 모래알이 모인 집합체 또한 크기가 작다고 주장하는 것을 들 수 있다. 과연 밀의 논증에서 이런 오류가 드러나는가? 밀은 한 편지에서 이 논증에 대한 질문을 받고 다음과 같이 답한다.

당신이 나의 『공리주의』에서 인용한. 전체의 행복이 모든 개인의 집합체에게 선이라는 문장에 관하여 말씀드리면 나는 이를 통하여 모든 인간의 행복이 다른 모든 인간에게 선이라는 점을 의미한 것이 아닙니다. 물론 교육이 잘 이루어진 훌륭한 사회에서는 그럴 수도 있으리라 생각은 합니다. 내가 이 특정한 문장에서 의미한 바는 오직 A의 행복이 선이고, B의 행복도 선이고, C의 행복도 선이기 때문에 이런 선들 모두의 총합 또한 당연히 선이라는 점입니다. (Mill 1868: 1414)

여기서 밀은 무엇이 A와 B 그리고 C의 선인가라는 질문에 대해 A의 행복과 B의 행복, C의 행복을 더한 것이 최소한 그들의 선 중 일부를 차지한다고 주장한다. 사실 이것은 상당한 논란의 대상이 되는 주장이지만 밀 자신은 이것이 전혀 논란거리가 되지 않는다고 생각한다. 그는 각 개인이 자기 자신의 행복을 원한다는 점을 보여 주는 증거가 행복이 바람직한 것의 **일종**이라는 점과 각 개인의 행복이 전체의 행복을 증가시킨다는 점 또한 보여 준다고 확실히 믿는다. 그는 행복이 단지 각 개인이 주관적으로 자신의 선으로 여기는 것이 아니라 **객관적으로** 선하다는 점이 밝혀졌다고 생각한다. 그는 또한 개인의 개별적 행복을 한데 더하면 행복의 총량을 얻을 수 있으므로 개인의 '선들'을 한데 더하면 선의 총량을 얻을 수 있다고 생각한다. 이렇게 생각하기 때문에 그는 『공리주의』 5장의 주에서 다음과 같이 말한다.

같은 분량의 행복은 같은 사람이 느끼든 아니면 다른 사람이 느끼든 같은 정도로 바람직하다. 이는 일종의 전제가 아니다. 공리의 원리를 지지하기 위하여 필요한 전제가 아니라 바로 원리 자체이다 ⋯ 분량으로 측정될 수 있는 다른 모든 것과 마찬가지로 행복을 평가하는 데 적용되는 산술적 진리를 포함하는 어떤 선행 원리라도 존재한다면, 그것은 오직 이 원리일 수 밖에 없다. (257-8 [V, 36])

IV, 4-8

밀은 각 개인이 자신의 행복을 원한다는 사실을 통해서 행복이 행위의 목적 중 하나라는 점, 따라서 도덕의 기준 중 **하나**라는 점이 드러났지만, 행복이 그 자체로 유일한 기준이라는 점은 아직 증명되지 않았다고 생각한다. 이를 증명하려면 사람들이 행복 이외의 다른 어떤 것도 원하지 않는다는 점을 보일 필요가 있을 듯하다. 하지만 '사람들이 일상적인 언어로 표현할 경우 행복과 분명히 구별되는 것들을 원한다는 사실은 명백하다. 예를 들면 사람들은 쾌락 그리고 고통의 부재를 원하는 정도에 못지않게 덕 그리고 악덕의 부재를 원한다' (235 [IV, 4]). 사람들이 원하는, 행복이 아닌 다른 것들이 존재한다는 명백한 사실로부터 제기되는 반박에 대하여 밀은 어떻게 답할 것인가? 그는 이런 사실이 자신의 원리와 상반되지 않는다고 주장한다.

행복의 구성 요소는 무척이나 다양한데 이들 각각은 단지 행복이라는 집합체를 증가시킨다고 여겨질 경우에만 바람직한 것이 아니라 그 자체로 바람직한 것들이다. 공리의 원리는 예를 들면 음악 같은 어떤 쾌락이나 예를 들면 건강 같은 어떤 고통의 회피도 행복이라 불리는 집합체에 대한 수단으로 여겨져야 하며 오직 이런 관점에서만 바람직하다고 주장하지 않는다. 음악이나 건강은 그 자체로 또 스스로 욕구의 대상이 되는 바람직한 것이다. 이들은 수단인 동시에 목적의 일부이기도 하다. (235 [IV, 5])

여기서 밀은 무언가를 혼동하는 것이 아닌가? 그는 행복이 목적으로서 욕구되는 유일한 것이 아니라 덕과 음악, 건강 등도 모두 그 자체로 욕구되는 것이라는 점을 인정하지 않는가? 만일 그렇다면 그는 행복이 목적으로서 바람직한 유일한 것이라는 사실이 거짓임을 인정한 것이 아닌가?

하지만 그가 연상주의 심리학을 채택한다는 점을 떠올려 보면 이런 그의 주장이 다소 명확해지며 설득력을 지니는 듯이 보이기도 한다. '공리주의 이론에 따르면 덕은 처음부터 자연적으로 목적의 일부는 아니지만 목적의 일부가 될 가능성을 지닌다. 즉 사심 없이 덕을 사랑하는 사람에게 덕은 목적의 일부가 되며, 이런 사람은 행복에 대한 수단으로서가 아니라 행복의 일부로서 덕을 원하고 소중히 여긴다' (같은 곳). 따라서 어떻게 덕이 목적으로서 욕구될 수 있는지에 관한 밀의 이론은 덕과 쾌락, 악덕과 고통 사이의 연상 작용을 통해서 설명된다. 쾌락과 고통은 동기를 제공하는 최초의 원천이며, 욕구와 혐오를 일으키는 최초의 원인이다. 하지만 연상 작용과 주어진 상황을 통해 욕구와 혐오는 단지 순수한 쾌락과 고통이 아니라 **덕과 악덕으로부터 등장한** 쾌락과 고통으로 모습을 드러낸다.

밀은 원래는 수단이지만 연상 작용을 통해 그 자체로 욕구되는 듯이 보이는 것이 덕뿐만은 아니라고 지적한다. 돈을 좋아하는 것도 또 다른 예에 속한다. 원래 무언가를 사기 위한 돈에 대한 욕구가 존재하지는 않는다. 하지만 돈은 그 자체로 욕구되는 것으로 보일 수 있으며, 돈을 소유하려는 욕구가 사용하려는 욕구보다 더욱 강해지기도 한다. '솔직히 말한다면 돈은 어떤 목적을 위하여 욕구되는 것이 아니라 목적의 일부로서 욕구되는 것이다. 처음에는 단지 행복의 수단이었던 돈이 후에는 그 자체로 개인의 행복 개념을 구성하는 중요한 요소가 되었음을 알 수 있다' (236 [IV, 6]).

또 다른 예로 권력과 명성을 들 수 있다. 다른 욕구 대상과 이들 사이에 강력한 연상 작용이 이루어져 몇몇 사람들은 다른 모든 욕구를 능가할 정도로 강하게 이들을 원하게 된다.

권력과 명성의 경우 수단이 목적의 일부가 되는데, 이들 수단이 추구하는 목적 가운데 무엇보다도 중요한 일부가 된다. 즉 한때 행복에 이르기 위한 도구로 욕구되었던 것이 이제는 그 자체로 욕구의 대상이 된 셈이다. 하지만 권력과 명성이 그 자체로 욕구되는 듯이 보일지라도 사실은 행복의 **일부**로 욕구되는 것이다. 사람들은 이들을 단지 소유하기만 해도 행복해지거나 또는 그렇게 되리라고 생각하며, 이들을 얻지 못하면 불행해지리라고 생각한다. 이들에 대한 욕구는 음악에 대한 사랑이나 건강에 대한 욕구와 마찬가지로 행복에 대한 욕구와 다른 것이 아니다. 이들은 모두 행복 안에 포함된다. 이들은 행복에 대한 욕구를 구성하는 요소들이다. 행복은 추상적 관념이 아니라 구체적인 전체이다. 그리고 이들은 행복의 부분에 해당한다. (같은 곳)

여기서 밀은 쾌락과 고통이 시간상 앞서며 — 즉 개인은 덕이나 돈, 권력과 명성 등을 목적으로 욕구하기에 앞서 쾌락을 목적으로 욕구하며 — 쾌락과 고통은 이런 다른 것들에 대한 욕구의 필요조건이 된다고 주장한다.

덕을 그 자체로 욕구하는 사람은 덕을 인식함으로써 쾌락을 얻거나 덕이 없음을 인식함으로써 고통을 느끼기 때문에 또는 이 두 이유를 결합해서 덕을 욕구한다. 사실 쾌락과 고통이 서로 완전히 떨어져 존재하는 일은 드물며 둘은 거의 항상 함께 존재하므로 동일한 한 사람이 덕을 얻는 정도에 따라 쾌락을 느끼는 동시에 더 많은 덕을 얻지 못했다는 생각에 고통을 느끼기도 한다. 만일 덕을 얻어도 쾌락을 느끼지 못하고 덕을 얻지 못해도 고통을 느끼지 않는다면, 그는 덕을 사랑하거나 욕구하지 않을 것이다. 아니면 그는 고작해야 자신이나 자신이 돌보는 사람들이 얻을지 모를 다른 이익을 위해서 덕을 욕구하는 데 그칠 것이다. (237 [IV, 8])

IV, 9

밀은 방금 제시한 심리학적 논변이 공리의 원리에 대하여 어떤 종류의 증명이 주어질 수 있는가라는 질문에 대한 대답을 제공한다고 결론짓는다. '만일 내가 방금 언급한 의견이 심리학적으로 참이라면 — 즉 인간 본성이 행복의 일부가 아니거나 행복에 이르는 수단이 아닌 것은 결코 원하지 않도록 구성되어 있다면, 우리는 오직 행복과 행복에 이르는 수단만이 바람직하다는 사실 이외에는 다른 어떤 것도 증명할 수 없으며 또한 다른 증명이 필요하지도 않다' (237 [IV, 9]).

밀은 행복이 인간 행위의 유일한 목적이며, 행복의 증진 여부가 모든 인간 행위를 판정하는 기준이라고 주장한다. '이로부터 행복이 도덕의 기준이 되어야만 한다는 점이 필연적으로 도출된다. 왜냐하면 수단이라는 부분은 행복이라는 전체에 포함되기 때문이다' (같은 곳).

여기서 밀이 도덕을 다른 실천적 목적들을 포함하는 '삶의 기술' 중 한 영역으로 여겼음을 기억할 필요가 있다. 하지만 그는 자신의 심리학적 논변이 이런 모든 영역에 적용된다고 — 즉 행복은 모든 영역에서 추구되는 가치라는 점을 증명했다고 — 생각한다. 앞으로 『공리주의』 5장을 검토하면서 그가 다른 영역과 도덕을 어떻게 구별하는지를 살펴볼 것이다. 또한 아래에서 4장의 열한 번째 문단을 검토하면서 인간 행위의 다른 목적이, 이른바 습관으로부터 생겨난 목적이 있음을 살펴볼 것이다. 따라서 밀은 행복이 **의식적으로 욕구된** 인간 행위의 유일한 목적이라고 말했어야 한다는 생각이 든다.

IV, 10

밀은 자신의 논변이 확실한 증거에 기초한다는 점을 상기시킨다. 이 논변은 '자기의식과 자기관찰의 훈련이 충분히 이루어진 후에 다른 사람들의 관찰이 더해져서' 결정된 것이다(237 [IV, 10]). 그는 이런 증거들이 다음과 같은 점을 분명히 제시하리라고 믿는다.

> 무언가를 원하는 것과 그것이 쾌락을 준다고 여기는 것, 무언가를 혐오하는 것과 그것이 고통을 준다고 여기는 것은 결코 서로 분리할 수 없는 현상이다. 아니 차라리 동일한 현상의 두 부분으로 볼 수 있으며, 엄밀하게 말하면 동일한 심리적 사실에 서로 다른 이름을 붙인 것에 지나지 않는다. 어떤 대상을 바람직하다고 생각하는 (그것의 결과 때문에 그렇게 생각하지 않는 한에서) 것과 그것이 쾌락을 준다고 생각하는 것은 하나의 동일한 것이다. 또한 무언가가 쾌락을 준다는 생각에 비례해서 그것을 원하는 것이 아니라는 주장은 물리적으로나 형이상학적으로 불가능하다. (237-8 [IV, 10])

여기서 21세기의 독자들은 '형이상학적' 이라는 용어를 보고 당황해할지도 모른다. 현재 이 용어는 철학에서 19세기의 용법과는 다른 특별한 의미를 지니지만, 밀은 이를 당시의 의미에 따라 '심리학적' 과 동의어로 사용한다. 많은 학자들은 이 문단에서 밀이 행복을 목적으로서 욕구되는 것으로 **정의한다는** 해석을 이끌어 내었다. 하지만 밀은 여기서 언어적 주장이 아니라 사실적 주장을 전개한다. 그는 독자들에게 자기의

식과 자기관찰에 동참해 볼 것을 요구한다. 만일 그가 행복을 목적으로
서 욕구되는 것으로 **정의하는** 데 그친다면 이런 제의는 적절하지 않을
것이다.

IV, 11-12

쾌락의 추구와 고통의 회피가 인간 행위의 유일한 동기로 작용한다는
주장에 대해 충분히 반박이 제기될 수 있다. 사람들은 자신이 무엇을
행하는지에 대해 깊이 생각하지 않거나 행위의 순간에 전혀 아무런 쾌
락이나 고통을 느끼지 않으면서 또는 느끼리라고 기대하지 않으면서
많은 행위를 한다. 밀도 이 점을 인정한다. '확고한 덕을 갖춘 사람 또
는 목적이 뚜렷한 사람은 자신의 목적을 추구하면서 그것이 낳을 쾌락
에 대하여 조금도 생각하지 않거나 목적을 완수했을 때 얻을 쾌락을 전
혀 기대하지 않는다 …' (238 [IV, 11]). 밀은 이런 지적에 답하면서 의
지와 욕구를 구별한다. 의지는 욕구와 구별되며, 설령 처음에는 욕구에
기초한다 할지라도 이후에는 자신의 방식대로 작용하기도 한다. '따라
서 습관적인 목적의 경우에 우리는 무언가를 욕구하기 때문에 그것을
의지를 통해 원하기보다는, 오히려 단지 그것을 의지를 통해 원하기 때
문에 자주 욕구하게 된다' (같은 곳). 이것이 우리에게도 친숙한 습관의
힘이다. 때로 우리는 무의식중에 무언가를 행한 다음에 행위를 의식하
기도 한다. 때로는 의식적으로 어떤 행위를 행하지만 이것이 신중하게
고려한 선호와는 정반대되는 경우도 있다. '의지가 처음에는 순전히
욕구로부터 등장한다는 점은 의심의 여지없는 사실이다 … 의지는 욕
구의 자식인데 자신을 낳은 부모의 지배로부터 벗어나면 바로 오직 습
관의 지배를 받는다. 하지만 습관의 결과를 본질적인 선이라고 가정할
수는 없다 …' (238-9 [IV, 11]). 이런 습관의 대표적인 예로 강박관념

이나 중독에 의한 행위를 들 수 있는데, 이들은 의식적 욕구와 상반되기도 한다. 그리고 습관이 되어 버린 행위 유형들은 어떤 것이든 간에 신중한 사고를 거치지 않고 행해진다. 따라서 밀은 본질적으로 선하다고 가정되는 모든 것은 또한 의식적 욕구의 대상이어야 한다고 주장한다. 하지만 밀은 의지가 우리의 감정과 행위에 확실성을 부여한다고 말한다. 따라서 **옳은** 것을 행하려는 의지는 독립적인 습관으로 계발되어야만 한다. 이 경우 의지는 본질적으로 선하지는 않지만 선에 이르는 수단이 된다. 그리고 이런 주장은 '무언가가 그 자체로 쾌락을 주거나 아니면 쾌락을 추구하고 고통을 회피하는 수단이 되지 않는 한 인간에게 선하지 않다는 이론과 모순되지 않는다' (239 [IV, 11]).

그리고 밀은 다음과 같이 결론짓는다. '이런 주장이 참이라면 공리의 원리는 증명되었다. 과연 그런지 그렇지 않은지는 이제 사려 깊은 독자의 판단에 맡길 수밖에 없다' (239 [IV, 12]).

비판적 논점들

밀은 공리의 원리에 대해 제시될 수 있는 증명이 일상적인 의미에서의 증명은 아니며 전제들에 기초한 논리적 증명이라고 말한다. 하지만 그의 증명을 이런 형태의 것으로 여긴다면 그의 논증을 구성하는 여러 단계에서 더 많은 논쟁점들을 발견할 듯하다. 아래의 각 단계는 그의 언급을 거의 그대로 옮겨 놓은 것이다.

(1) '무언가가 바람직하다는 점을 산출할 수 있는 유일한 증거는 사람들이 실제로 그것을 바란다는 사실뿐이다' (문단 3).
(2) '각 개인은 자신의 행복에 도달할 수 있다고 믿는 한 자기 자신의 행복을 바란다' (문단 3). 따라서,

(3) '행복은 일종의 선이다' (문단 3). 밀은 '무엇이 바람직하다' 는 표현 대신 '무엇이 일종의 선이다' 라는 표현을 사용하는데, 나는 이것이 그저 반복을 피하기 위한 것이라고 생각한다. 이런 맥락에서 그는 이 두 표현을 서로 교환 가능한 것으로 여긴다.

(4) 각 개인은 자신의 행복 중 일부가 아니거나 자신의 행복에 대한 수단이 아닌 것은 아무것도 바라지 않는다. 밀의 정확한 언급에 따르면 '인간 본성은 행복의 일부가 아니거나 행복에 대한 수단이 아닌 것은 아무것도 바라지 않도록 형성되었다' (문단 9, 하지만 이 주장은 문단 5-10에 걸쳐 논증된다). 따라서,

(5) '… 행복은 목적으로서 바람직하며, 다른 모든 것들은 오직 이 목적에 대한 수단으로서 바람직하다' (문단 2) – 공리주의 이론.

이상이 논증의 간단한 개요이다. 이 논증은 각 개인이 자기 자신의 행복을 욕구한다는 점을 인정하는 반면, 밀 자신은 **전체의** 행복을 도덕의 기초로 삼는 공리주의 이론을 확립하려 하므로 문제가 다소 복잡해진다. 이런 사실은 문단 3에 등장하는 '… 각 개인의 행복은 그 개인에게 선이며, 따라서 전체의 행복은 모든 개인의 집합체에 대해 선' 이라는 언급을 통해서 분명히 드러난다. 위의 논증 후반부와 조화를 이루려면 밀은 다음과 같이 말했어야 했다. '각 개인은 자신의 행복 중 일부이거나 자신의 행복에 대한 수단이 아닌 것은 결코 바라지 않는다. 따라서 각 개인에게 행복만이 목적으로서 바람직하며, 다른 모든 것들은 단지 이 목적에 대한 수단으로서만 바람직하다. 그리고 모든 개인의 집합체에게 전체의 행복만이 목적으로서 바람직하며, 다른 모든 것들은 단지 이 목적에 대한 수단으로서만 바람직하다.'

이런 형태로 표현할 경우 (1)은 방법론상의 전제이며, (2)와 (4)는

심리학적 전제임을 알 수 있다. 그리고 (2)와 (4)로부터 (3)과 (5)를 이 끌어 내는 과정이 등장한다. (2)는 거의 논쟁의 여지가 없는 듯하다. 설령 한 개인의 행복을 '소수의 일시적인 고통과 다수의 다양한 쾌락으로 구성되는 것' (215 [II, 12¹])으로 해석한다 할지라도 자신의 행복은 최소한 각 개인이 목적으로서 바라는 유일한 것이다. 심지어 금욕주의 자조차도 행복을 바라지만 단지 그는 내세에서만 아니면 신체적 고통을 견딤으로써만 행복에 이를 수 있다고 믿을 뿐이다. 논쟁거리가 되는 전제는 (1)과 (4)이며, 각 개인의 행복이 그 개인에게 선이라는 주장으로부터 전체의 행복이 모든 개인들의 집합체에게 선일뿐만 아니라 유일한 선이라는 결론으로의 이행 또한 문제시된다. 또한 도덕을 삶의 기술 중 한 부분으로 만들려는 밀의 노력도 논쟁거리가 될 듯하지만, 이에 관해서는 아래의 5장에서 더욱 상세히 논의하려 한다.

현실적인 욕구가 무언가를 바람직하게 만들 수 있는 유일한 증거인가? 밀이 '바람직한' (desirable) 또는 '선한' (good)이라는 용어가 '욕구되는' (desired)을 **의미한다고** 말하지 않는다는 점을 지적할 필요는 없을 듯하다. 하지만 밀은 『공리주의』 5장의 각주에서 '만일 "행복"과 "바람직한"이 동의어가 아니라면 공리의 원리는 도대체 무언가란 말인가'라고(257n [V, 36]) 말함으로써 스스로 자신의 표현에 대한 비판의 여지를 남긴다. 여기서 '동의어'라는 표현은 독자들을 당황하게 만든다. 그렇다고 해서 '자기의식과 자기관찰의 훈련이 충분히 이루어진 후에 다른 사람들의 관찰이 더해진' (237 [IV, 10]) 심리학적 증거에 호소하려는 밀의 시도가 '행복'이 단지 '바람직한'을 **의미한다는** 주장을 지지한다고 보는 것은 무리한 일이다. 밀은 이 두 용어가 동일한 심리

---

1 [옮긴이 주] 원문에는 문단 11로 표시되었지만 문단 12가 맞으므로 옮긴이가 바로 잡았다.

적 현상을 지시하는데 전자는 사실 기술적으로, 후자는 규범적으로 지시한다고 여기는 듯하다. 밀은 사실 명제와 규범 명제를 명확히 구별한다. 밀은 욕구에 관한 심리학적 사실에 호소하여 우리가 무엇을 원해야 하고, 무엇이 선하며, 무엇이 목적으로서 추구되어야 하는지에 관한 규범적인 주장을 지지하려 한다. 이 두 용어가 동일한 것을 지시한다는 말은 그의 논증의 결론이지 출발점이 아니다.

바람직한 것을 확인하기 위한 증거로서 욕구를 내세우는 주장에 대한 대안으로 어떤 것이 있을 수 있는가? 밀은 이성적 활동을 통해서 인간의 선이 형성된다는 고대 그리스 철학자 아리스토텔레스(기원전 384–322)의 주장을 직접 언급하지는 않는다. 아리스토텔레스는 본성에 관한 규범적인 이론에 — 즉 모든 본성적 능력은 어떤 목적을 지니는데 식물이나 다른 동물들이 지니지 못한 인간의 고유한 능력이 바로 이성이라는 이론에 — 기초해서 이런 주장을 전개한다. 이에 대하여 아마도 밀은 — 다윈(Darwin) 진화론의 예찬자로서 — 이성이 생존을 위한 가치를 지니므로 목적을 위한 수단이지 목적 자체는 아니라고 답했을 듯하다. 더욱이 아리스토텔레스의 『니코마코스 윤리학』(*Nicomachean Ethics*) 10권에 등장하는, 쾌락주의에 반대하는 가장 강력한 논증은 욕구라는 증거에 기초한다. 아리스토텔레스는 설령 우리의 능력이나 활동, 예를 들면 보는 일이나 기억하는 일, 인식하는 일이나 덕을 갖추는 일 등이 쾌락을 주지 않더라도 우리는 다양한 능력을 지니려 하며 다양한 활동에 관여하려 한다고 말한다. 쾌락은 분명히 이런 것들을 필요로 하지만, 설령 이들이 쾌락을 낳지 않더라도 우리는 이들을 원하리라고 그는 생각한다. 이런 아리스토텔레스의 견해는 만일 이들이 우리의 행복을 구성하는 부분이 아니라면 우리는 이들을 목적으로서가 아니라 단지 수단으로서만 원한다는 밀의 주장에 대한 심각한 도전이기도 하다. 그런데 여기서 아리스토텔레스도 밀과 마찬가지로 욕구라는 증거에 호소한다. 그렇다면 욕구라는 증거에 호소하는 밀의 주장을 거부하려는 사람은 다른 증거가 무엇인지를 증명해야 하는 부담을 안게 된다. 『공리주의』 1장의 논의에서 등장했듯이 밀은 직관주의를 비롯해 우리의 본성이나 신의 명령에 호소하는 이론들에 반대하는 논증을 펼쳤다. 과연 욕구라는 증거에 맞설 다른 어떤 대안이라도 존재하는가?

　4장에서 밀이 지지하는 심리학적 사실 중 논란이 되는 것은 사람들이 행복의 일부가 아닌 것은 결코 목적으로서 원하지 않는다는 주장이다. 밀 자신이 '심리적 쾌락주의'라는 용어를 사용하지는 않았지만 나는 그의 견해를 이 이론의 — 즉 쾌락과 고통을 인간 행위의 유일한 동기로 여기는 이론의 — 한 형태로 볼 수 있다고 생각한다. 하지만 밀은 두 가지 주장을 더해 자신의 이론을 다소 복잡하게 만든다. 첫째, 쾌락과 고통이 동기의 근원적 요소일 수는 있지만 우리는 여전히 동기를 부여받으면서도 연상 작용을 통해 더 이상 자신이 의식적으로 욕구하는 바에 초점을 맞추어 주의를 기울이지는 않는다는 것이다. 둘째, 어떤 행위에서 쾌락 및 고통의 회피를 발견할 수 없더라도 우리는 그 행위를 습관적으로 행하기도 한다는 것이다. 이런 이론은 심리학적으로 참이며, 밀은 심리적 현상을 정확하게 분석했는가? 우리가 설령 쾌락을 얻지 못하더라도 보는 일이나 기억하는 일, 인식하는 일이나 덕을 갖추는 일을 원하리라는 아리스토텔레스의 주장은 어떤가? 이는 매우 답하기 어려운 문제인데 그 까닭은 이들이 **분명히** 쾌락을 산출하거나 아니면 최소한 고통의 회피에 도움이 되기 때문이다. 누군가가 맹인이라면 그는 시각적 쾌락을 누릴 수 없으며, 보지 못하는 데서 느끼는 큰 불편을 겪을 것이다. 누군가가 기억력이 없다면 그는 친구나 사랑하는 사람을 알아보지 못할 것이며, 거의 한 개인으로 살아갈 수 없을 것이다. 그리고 기억은 대부분 우리에게 쾌락을 준다. 하지만 그렇지 않은 경우는 어떤가? 우리는 크나큰 고통을 주는 일도 계속 기억하기를 원하는가? 지식은 대체로 유용하며, 지식이 없으면 오류와 고통에 빠지기 쉽다. 하지만 어떤 지식이 유용한 것이 아니라, 오히려 고통을 준다면 그래도 그 지식을 원할 것인가? 우리는 습관적으로 알기를 원한다고 말할지 몰라도 이는 우리가 지식을 기초로 삼아 그것이 유용한지 그렇지 않은지를 결정할 자유를 누리기 원한다는 사실로부터 등장한 것은 아니다. 어떤 지식이 무용하며 고통스러운 것으로 판명된다면 우리는 오히려 그것을 모르는 편이 낫다고 기꺼이 말하지 않겠는가?

아리스토텔레스가 본질적 가치를 지닌 것으로 내세운 후보들에 더해 사랑하는 관계가 이로부터 얻는 쾌락과 무관하게 가치 있다는 주장도 등장한다. 일반적인 상황에서 이런 관계는 분명히 쾌락을 준다. 하지만 사랑이 희생을 요구하거나 손실 또는 증오로 변하는 경우는 어떤가? 사랑하다가 사랑을 잃는 편이 전혀 사랑하지 않는 편보다 항상 더 나은가? 만일 그렇다면 가치 있는 것은 사랑 그 자체인가 아니면 사랑을 잃는 고통보다 더 큰 사랑의 기쁨인가? 비극적인 영화나 드라마는 대부분 사랑의 고통을 주제로 삼는데, 과연 결국 고통으로 끝나는 사랑이 사랑의 쾌락보다 더 큰 가치를 지니는지는 답하기 어려운 질문이다. 독자들 스스로 이 질문을 한번 생각해 보길 바란다.

목적으로 가치 있는 것을 오직 쾌락과 고통으로만 한정하지 않는 다른 형태의 공리주의도 등장한다. 몇몇 공리주의자들은 쾌락주의를 넘어서서 본질적 가치를 지닌 것의 목록에 성취, 지식, 사랑 등을 포함시키면서 — 밀과 마찬가지로 — 이들이 욕구의 대상이라는 점을 근거로 삼는다. 이들은 판단의 근거로 욕구에 호소하는 밀의 방법 자체를 비판하지는 않지만 그의 심리학적 분석은 비판한다. 과연 밀의 심리학적 분석은 정확한가? 이런 다른 욕구 대상들은 밀의 분석처럼 행복의 '일부'인가, 아니면 독립적인 욕구 대상인가?

각 개인에게 선한 것이 밀의 주장처럼 쾌락의 추구와 고통의 회피이든, 아니면 다른 공리주의자들의 주장처럼 더욱 풍부한 본질적 선들의 목록이든 간에 개인의 선을 확립한 후에 밀은 이런 주장을 일반화하여 모든 개인의 집합체인 전체의 선을 확보한다. 비판자들은 자주 밀이 분명히 주장한 것 이상을 그의 탓으로 돌리려는 태도를 보인다. 밀은 모든 개인의 집합체가 그 집합체를 구성하는 개인의 이익과 무관하게 그 자체의 이익을 추구하는 집단이라고 말한 적이 없다. 또한 그는 동등한 선의 총계는 동등한 것으로 인정되어야 한다는 언급을 제외하고는 전체의 선이 어떤 특정한 방식으로 분배되어야 한다는 식의 평등주의적 견해를 강요한 적이 없다. 논증의 현 단계에서 그는 그저 욕구라는 증거가 각 개인에게 행복이 욕구하는 바의 공통분모로 작용한다는 점을 보여 준다고 말할 뿐이다. 행복은 목적으로 욕구되는 바에 대한 필요충분조건이다. 밀은 이것이 참이라면 행복은 집합체를 구성하는 각 개인의 선에 대해서도 필요충분조건이 된다고 주장한다. 그는 집합체를 단순히 집단을 구성하는 다수의 개인으로 여기며, 그런 개인들의 선은 단지 각 개인의 선을 한데 더한 것으로 여길 뿐이다.

이에 대하여 서로 다른 개인들의 행복은 더해질 수 있는 것이 아니라는 주장이 제기될지도 모른다. 왜 더해질 수 없는가? 내가 지닌 행복이 어느 정도 분량이고 상대방이 지닌 행복도 어느 정도 분량이라면 이들을 더해 우리 둘이 지닌 행복이 각각 개인적으로 지닌 행복의 두 배가 된다고 생각해서는 안 되는가? 이는 상대방의 행복을 나의 행복에 더하면 나의 행복이 두 배가 되리라는 생각이 아니다. 이런 식으로 생각하기는 더욱 어렵다. 하지만 밀이 주장하듯이 설령 우리에게 행복을 측정할 수 있는 온도계 같은 것이 없다 할지라도 행복은 분명히 양적으로 표현할 수 있는 무언가이다. 그리고 설령 행복의 질이 다양하다 할지라도 행복에는 분명히 낮은 수준을 넘어서는 어떤 수준이 존재한다. 개인의 행복을 더한 것이 전체의 행복이라는 밀의 일반화를 부정하려면 행복이 객관적인 심리적 상태가 아니라고 주장해야만 한다. 우리가 경험하지 못한 대안들이 있기 때문에 현재의 행복이 우리가 얻을 수 있는 최대의 행복은 아니라 할지라도 현재의 행복은 명백히 객관적인 심리적 사실이다. 그렇지 않은가? 행복이 오직 행복을 경험한 개인의 마음 안에 있다고 말하는 것은 행복이 그 개인의 마음 안에 있는, 양과 질을 지니는 일종의 사실이라는 점을 부정하는 것이 아니다. 따라서 밀의 결론은 전혀 논쟁거리가 없는 명백한 것은 아니지만 충분히 그럴듯하다. 만일 내가 세 친구 A, B와 C를 행복하게 만듦으로써 그들에게 이익을 주려고 한다면 이 셋이 누리는 행복의 총계를 일종의 획득 가능한 대상으로 여겨도 무방하지 않겠는가?

결론적으로 밀의 '증명'은 그것을 부정하면 곧바로 모순에 빠지는 그런 종류의 증명이 아니다. 욕구를 증거로 삼아 그것에 호소하는 것은 논쟁의 대상이 된다. 어느 누구도 행복의 일부가 아닌 것은 목적으로 욕구하지 않는다는 주장과 행복이 목적으로 가치 있는 모든 것의 근거가 된다는 생각의 증거가 바로 이런 욕구라는 주장 또한 논쟁의 대상이 된다. 그리고 어떤 집합체를 구성하는 각 개인에게 선한 것을 모두 더하면 집단에 속하는 모든 개인들 전체의 선이 된다는 주장은 많은 비판을 받아 왔다. 하지만 그의 증명을 받아들이지 않는 사람은 그의 주장이 틀렸음을 증명해야만 한다. 과연 어떤 증거나 논증을 동원해서 이런 증명을 할 수 있는가?

연구를 위한 물음들

우리가 실제로 지니는 욕구가 바람직한 것에 대한 유일한 증거인가?

과연 사람들은 자신이 생각하는 행복 개념의 일부가 아닌 것은 목적으로 욕구하지 않는가?

개인들이 구성한 집합체의 선은 그 개인들의 선을 모두 더한 것인가?

5장: 공리와 정의 사이의 연결에 관하여

개관

공리주의에 대한 주요 반박 중 하나는 그것이 어떤 형태를 취하든 간에 때로 정의(正義)가 요구하는 바와 상충한다는 점이다. 흔히 공리주의는 총합적 철학으로 불리기도 한다. 즉 공리주의는 행복이나 다른 본질적 가치의 **최대량**을 산출하는 것을 옳은 행위의 기준으로 여기며 그런 가치의 **분배**에는 크게 신경 쓰지 않는다. 하지만 공리주의 반대자들은 정의가 최대량의 산출뿐만 아니라 가치의 정당한 분배 또한 요구한다고 주장한다. 정의 이론들은 자주 처벌의 정의에 주목하는 '징벌적' 또는 '보복적' 정의와 처벌보다는 사회의 이익 및 부담을 분배하는 데 주목하는, 예를 들면 불평등한 부와 수입의 분배나 세금 제도를 통한 분배에 주목하는 '분배적' 정의로 분류된다. 밀이 시도하는 정의의 분석은 징벌적 정의와 분배적 정의 모두를 목표로 삼는다. 정의와 정의감을 분석한 후 밀은 처벌적 정의, 즉 징벌적 정의 및 임금과 세금의 정의, 즉 분배적 정의를 둘러싼 다양한 의견들에 대하여 논의한다.

『공리주의』 5장에서 밀은 정의가 공리와 상충한다는 반박에 답하려 한다. 그의 논의는 우선 일반인들이 사용하는 '정의'와 '불의'라는 용

어를 분석하여 이런 개념이 지닌 공통적 특징을 발견하고 그 후에 이들
과 공리 사이의 관계를 탐구하는 방식으로 진행된다. 이런 탐구 중 한
부분에서 밀은 정의 및 불의의 **개념**과 정의 및 불의의 경우를 볼 때 생
겨나는 **감정**을 — 즉 사람들이 이런 경우를 접했을 때 갖게 되는 정서
적 느낌을 — 구별한다. 밀은 정의나 불의의 경우를 보고 사람들이 느
끼는 주관적이고 정서적인 감정이 행복의 증진이나 불행의 예방을 보
고 공통적으로 느끼는 감정과 다르다는 점을 인정한다. 밀은 이런 정의
감이 공리의 관념으로부터 생겨나지 않는다는 점에 동의하면서도 **도덕
적인** 감정이 공리에 의존한다고 주장한다. 그는 정의를 전체의 공리에
포함된 특별한 한 종류 또는 영역으로 여기며, 정의의 요구를 다른 도
덕적 의무의 요구보다 더욱 중요하게 만드는 공리주의적 기초가 존재
한다고 생각한다. 만일 정의가 공리와 구별되며 또한 우리가 단순한 내
적 성찰을 통해서 인식할 수 있는 무언가라면 정의로운 처벌과 임금 그
리고 세금 제도를 둘러싸고 왜 그렇게 많은 논쟁들이 벌어지는지를 이
해하기 어렵다는 주장이 그의 논증 중 일부를 차지한다. 이런 영역에서
무엇이 정의롭고 무엇이 정의롭지 않은지에 대해서는 하나의 이론이
아니라 서로 대립하는 수많은 의견들이 발견될 뿐이다. 다른 한편으로
정의를 공리에 부수되는 것으로 본다면 이런 현상을 충분히 해명할 수
있다. 즉 무엇이 사회에 유용한가에 대해서와 마찬가지로 무엇이 정의
로운가에 대해서도 커다란 의견 차이가 등장할 수 있다.

　정의의 개념을 분석하면서 밀은 정의 및 불의와 관련된 여섯 가지 관
념을 검토하고 정의라는 용어의 어원을 고찰한다. 그 후 그는 징벌적
제재가 정의의 개념을 산출하는 근거가 되지만, 이런 제재는 정의의 개
념을 도덕적 의무 일반과 구별하지 않는다고 결론짓는다. 이런 구별을
제시하기 위해 밀은 어떤 개인 또는 개인들에게 어떤 관련되는 **권리**를

부여하는 의무와 어떤 권리도 부여하지 않는 의무 사이의 구별을 도입한다. 그다음에 그는 권리를 지닌다는 말의 의미를 분석한다. 왜 사회가 다양한 권리를 인정해야 하는가라는 질문에 대하여 그는 전체의 공리 이외 다른 어떤 근거도 제시할 수 없다고 답한다.

정의의 관념을 동반하는 감정에로 눈을 돌리면서 밀은 이 감정이 거의 본능과도 유사한 두 가지의 기본 정서, 즉 자기방어의 충동과 공감의 감정으로부터 등장한다고 생각한다. 하지만 이런 감정들이 정당화되려면 공동선과 일치하는 무언가에 속해야만 한다. 우리가 권리 보호에 대하여 느끼는 이런 감정들의 강도는 전체의 복지에 대하여 일반적으로 느끼는 감정의 강도와는 다르지만 이런 강도 또한 공리주의적 근거에서 정당화된다. 왜냐하면 이런 강도는 특별히 중요하고 인상적인 공리, 즉 안전의 보장이라는 공리와 관련되는 것이기 때문이다. 사실 어느 누구도 안전이 보장되지 않으면 제대로 살아갈 수 없다. 우리가 그저 스쳐 가는 순간을 넘어서서 모든 선의 가치를 보존하려면 반드시 안전이 보장되어야 한다. 요약하면 정의는 하나의 집합으로서 다른 어떤 것보다도 훨씬 더 중요하고, 따라서 절대적이며 필수적인 사회적 공리들을 적절히 표현한 명칭이다. 그러므로 정의는 자연적으로 존재할 뿐만 아니라 반드시 존재해야만 하는 것이며, 단순히 행복을 증진한다는 관념에 동반되는 다소 가벼운 감정과는 다른 강력한 정서에 의해서 옹호된다.

따라서 밀은 정의와 공리가 서로 다른 것이라는 반박에 대하여 충분히 대답했다고 생각한다. 정의가 요구하는 행위 방식은 공리주의의 관점에서도 충분히 정당화될 수 있으며, 심지어 서로 대립하는 정의 이론들이 충돌할 경우에는 공리주의적 중재가 필요하기도 하다. 그리고 정의와 불의의 경우를 보고 느끼는 정서는 공리 일반을 접하고 느끼는 정

서와 다를지 몰라도 정의에 대하여 느끼는 명확하고 강력한 정서가 존
재한다는 사실 자체는 공리주의적 근거에서 지지된다.

V, 1-3

여기서 밀은 우선 이 장에서 다룰 문제를 언급한다. 정의의 관념 또는
정의감은 공리나 행복의 관념과는 구별되는 듯이 보이며 때로 이들은
상충하는 듯도 하다. 그리고 정의와 불의는 공리로부터 도출되기보다
는 행위나 사건의 상태에 내재하는 성질로 여겨져 왔다. 정의감은 자연
이 우리에게 부여한 특별한 본능 같은 것일지 모르지만, 설령 그렇다
할지라도 이 또한 다른 본능과 마찬가지로 이성에 의해서 통제되고 계
몽되어야 한다. 설령 본능적이라 할지라도 정의감이 결코 오류를 범하
지 않는 것은 아니며 그릇된 행위를 낳을 수도 있다. 하지만 사람들은
주관적인 감정으로밖에는 설명될 수 없는 것들이 어떤 객관적인 실재
를 드러낸다고 믿는 성향이 있다. 따라서 정의와 불의의 성격을 명확히
확인할 필요가 있다. 모든 유형의 행위에 정의와 불의라는 속성을 부여
할 수 있는 어떤 성질이라도 존재한다면 그 성질은 과연 무엇인가? 만
일 그런 성질을 발견할 수 있다면 왜 정의감이 특별한 성격과 강도를
지닌 정서로 둘러싸이게 되는지를 해명할 수 있을 것이다.

'정서'(sentiment)라는 용어는 21세기의 독자들에게 밀의 생각을 제
대로 전달하기에는 다소 강도가 약한 듯하다. 사람들은 자기 자신이나
제삼자가 어떤 불의를 당했다고 여겨질 때 도덕적 격분을 느낀다. 사람
들은 가해자에게 분개와 분노 그리고 때로는 증오까지도 느낀다. 이것
이 바로 밀이 '특별한 성격과 강도를 지닌 정서'(241 [V, 8])라고 부른
바이다.

V, 4-10

정의 또는 불의에 속하는 모든 것의 공통적인 성격을 발견하기 위해 노력하면서 밀은 정의 및 불의와 관련된 정서를 자극하는 것으로 인식되는 여섯 가지를 제시하고 이들을 검토한다.

V, 5

첫째, 누군가의 **법적 권리**를 침해하는 일은 불의로 여겨진다. 한 개인이 정당한 재산이나 자유 또는 생명을 박탈당하는 일이 일어나면 우리는 불의가 행해졌다고 생각한다. 하지만 여기에는 예외가 있다. 어떤 개인이 이런 권리를 몰수당하는 일이 일어나기도 한다. 밀이 직접 이런 예를 들지는 않지만 다음과 같은 경우를 떠올릴 수 있다. 즉 한 개인이 벌금을 물게 되어 재산권의 일부를 잃기도 하고, 감옥에 갇혀 개인적 자유를 잃기도 하며, 처형당해 생명권을 잃기도 한다. 밀은 의회에서 사형 제도를 지지하는 발언을 한 적이 있다. 자유주의를 지지하는 그의 정치적 견해에 비추어 볼 때 이는 다소 놀라운 일이지만 그는 사형이 종신형보다 인간적인 처벌이며, 범죄를 예방하는 힘도 더 크다고 여겼다. 범죄자들은 평생 감옥에 갇히는 것보다 교수대에 매달리는 것을 더 두려워할지도 모르지만 밀은 사실 종신형이 더 큰 고통을 준다고 생각했다.

V, 6

둘째, 누군가에게서 그의 **도덕적 권리**를 박탈하는 것 또한 불의로 여겨진다. 어떤 법적 권리는 악법에 의해서 부여되기도 한다. 여기서 밀은 시민 불복종이라는 문제를 제기한다. 어떤 법이 악법이라면 그 법에 복종하지 않아도 되는가? 아니면 입법부에 그 법의 개정을 요구하는 수

준으로만 그 법에 반대해야 하는가? 밀은 불복종에 반대하는 사람들이
내세우는 근거로 편의성(공리), 중요성, 인류 공동의 이익, 법에의 복
종 등이 있음을 지적한다. 이 문단에서 밀은 악법과 정의롭지 못한 법
사이의 중요한 구별을 제시하는데 전자는 아예 그 법이 없거나 다른 법
으로 대체하는 편이 더 나은 법이며, 후자는 사람들이 인정하고 존중해
야 하는 권리들을 침해하는 법이다. 몇몇 사람들은 어떤 악법이 정의롭
지 않다고 판단되지는 않지만 단지 불편을 주기만 하더라도 그런 법은
준수할 필요가 없다고 주장한다. 반면 다른 사람들은 불복종이 정의롭
지 않은 법의 경우에만 한정해서 정당화될 수 있다고 생각한다. 또 다
른 사람들은 모든 악법은 정의롭지 못하며, 어떤 선도 산출하지 못하
면서 자유를 제한한다고 말함으로써 밀의 구별 자체를 모호하게 만든
다. 이에 대하여 밀은 이런 서로 다른 의견들 모두의 공통점은 법의 위
반이 누군가의 권리를 침해하기 때문에 정의롭지 못한 것과 마찬가지
로 어떤 법 또한 정의롭지 못할 수 있다는 인식이라고 말한다. 이렇게
침해되는 권리가 법적인 것이 아닐 경우 그 권리는 도덕적 권리라고
불린다.

　여기서 밀은 시민 불복종의 장단점에 관한 논의를 본격적으로 진행
하지는 않고 단지 논쟁 가능성을 지적하는 정도에 그치지만, 이는 매우
중요한 주제이다. 정의롭지 못한 법에 복종하지 않는 것은 정당화될 수
있으며, 더 나아가 도덕적으로 요구되는가? 밀이 살았을 당시 미국에
서는 노예 제도가 유지되고 있었다. 도망친 노예들을 돕는 사람은 비록
불법이기는 하지만 도덕적으로 옳거나 심지어 도덕적 의무에 속하는
일을 한 것이 아닌가? 더욱 가까운 역사적 사건을 들면 인도의 간디
(Gandhi)나 미국의 루터 킹(Martin Luther King, Jr.) 목사는 식민주
의나 인종 차별이라는 정의롭지 못한 정책에 맞서 비폭력 불복종을 옹

호했다. 그렇다면 정의롭지 못한 제도에 대한 폭력적이고 군사적인 반대는 어떤가? 이는 정당화될 수 있는가?

정의롭지 못한 것으로 여겨지는 전쟁의 경우는 어떤가? 모든 전쟁 전체에 대한 양심상의 반대가 아니라 특정한 어떤 전쟁이 정의롭지 못하다는 근거에서 징집을 거부하는 것은 정당화될 수 있는가? 자신의 나라가 침략이 아니라 방어를 위한 전쟁에만 참전하리라고 믿고 자원 입대했는데, 현재 정당화될 수 없는 침략 전쟁에 가담한 것을 깨닫고 탈영한 병사의 경우는 어떤가? 이런 질문들에 답하기는 몹시 어렵다. 이들에 답할 수 있는 공리주의적 답변이 존재하는가? 어떤 전쟁이 정의롭지 못한가는 또 다른 문제이다. 전통적으로 '정의로운 전쟁' 이론은 언제 전쟁을 개시하는 것이 정의로우며, 어떤 방식으로 전쟁을 수행하는 것이 정의로운가를 규정한다. 전쟁의 개시가 정의로우려면 상대방으로부터 명백한 침략 행위가 있어야 하고, 비전쟁 상태의 유지가 희망이 없거나 지나치게 많은 비용이 들어야 하며, 동시에 전쟁 상태로의 전환이 희망이 없거나 지나치게 많은 비용이 들어서는 안 된다. 전쟁의 수행이 정의로우려면 무고한 사람들의 희생을 직접 수단이나 목적으로 의도해서는 안 되며, 전쟁의 결과로 발생한 손실이 특정한 방어 대상이 얻게 되는 이익과 불균형을 이루어서는 안 된다. 이런 규칙들은 좋고 나쁜 결과의 계산을 포함하므로 공리주의의 관점에서도 지지될 수 있을지 모른다. 하지만 이것만으로 충분한가? 침략을 막기 위한 선제공격의 경우는 어떤가? 침략 전쟁이 발생할 경우 오직 침략당한 쪽이 일으키는 방어 전쟁만이 정당한가, 아니면 제삼의 집단이 인도주의적인 근거에서 개입하는 것도 정당한가? 침략자의 무조건 항복을 받아 낼 때까지 전쟁을 계속하는 것이 정의로운가, 아니면 침략을 격퇴하는 정도에서 전쟁을 그치는 것이 정의로운가? 적군 중 무고한 사람과 그렇지 않은 사람을 어떻게 구별할 수 있는가? 그리고 이익과 손실의 불균형은 어떻게 계산해야 하는가? 공리주의 이론을 적용하려면 사실적 가정이 필요한데 특수한 경우를 놓고 사실에 관한 서로 다른 의견이 난무하기도 한다. 침략 행위가 명백히 발생했는가? 비폭력적인 대응은 희망이 없는가? 대응에는 지나치게 많은 비용이 드는가? 몇몇 공리주의자들은 모든 전쟁에는 지나치게 많은 비용이 든다는 일반화를 통해 평화주의 또는 비폭력적인 저항을 옹호하기도 한다. 밀 자신은 평화주의자는 아니었으며 이론상 세계의 문제를 군사적 시도를 통해 해결하는 데 반대하지도 않았다. 하지만 그는 이런 시도의 한계도 잘 알고 있었다.

V. 7

셋째, 각 개인이 자신에게 **상당하는 몫**을 얻는 것은 정의로우며, 자신에게 상당하지 않는 몫을 얻는 것은 정의롭지 못하다고 생각된다. 밀은 이것을 정의의 **개념**에 대한 일반인들의 공통적 의견으로 여기면서, 이는 선을 행한 사람은 그에 상당하는 선을 얻고 악을 행한 사람은 그에 상당하는 악을 얻는다는 생각이라고 말한다. '악을 선으로 되갚으라는 교훈이 정의를 실현한 경우로 고려된 적은 단 한 번도 없으며, 이런 경우는 단지 다른 요소들을 우선 고려함으로써 정의의 요구를 포기한 것으로 여겨져 왔다' (242 [V. 7]). 이런 응보의 원리는 자주 '보복적' 처벌의 — 즉 범죄자가 자신이 행한 바에 대한 죗값을 치러야 한다는 견해의 — 근거로 사용된다. 일반적으로 공리주의는 처벌을 이런 식으로 정당화하는 데 반대한다. 벤담은 모든 처벌은 일종의 악인데 처벌의 악이 정당화되려면 처벌이 낳는 선, 예를 들면 범죄 억제력, 범죄자의 교정, 범죄자로부터 사회를 보호함 등이 더 크다는 점을 보여야 한다고 강력히 주장했다. 이런 전통은 범죄자를 처벌함으로써 미래에 어떤 선이 산출되지 않더라도 범죄자는 고통받을 만한 짓을 저질렀으므로 마땅히 고통받아야 한다고 주장하는 처벌 이론에 반대한다. 앞 문단을 검토하면서 밀이 사형 제도를 지지했음을 지적했다. 하지만 밀이 살인자는 마땅히 죽어야 한다거나 가장 가혹한 처벌을 받아야 한다는 근거에서 그랬던 것은 아니며, 사형 제도가 다른 잠재적 살인자들에 대해 범죄 억제 효과를 발휘하며 범죄자 또한 평생 감옥에 갇히는 편보다 사형당하는 편이 **덜** 고통스러울 것이라는 근거에서 그랬음을 알 수 있다.

V, 8

넷째, 밀은 누구에 대해서든 **신의를 저버리는 일**은 일종의 불의로 여겨진다고 말한다. 밀이 직접 언급하지는 않지만 신의를 저버리는 일에는 어떤 단계가 있음이 분명하다. 우리로 하여금 무언가를 기대하게 만드는 약속이나 계약에는 더 중요한 것도 있고 덜 중요한 것도 있다. 우리는 그리 중요하지 않은 약속이나 계약에 대해서는 정의나 불의라는 용어를 적용하지 않는다. 하지만 우리에게 크고 깊이 의존하는 사람들을 저버리는 일은 법적인 의무와 전혀 무관하게 정의롭지 못한 일임이 명백하다. 밀은 정의와 관련된 다른 의무와 마찬가지로 이 또한 절대적이지 않다는 점을 지적한다. 이 의무에 우선하는 다른 정의의 의무가 등장하여 상충이 발생할 수도 있고, 상대방이 신의를 지킬 우리의 권리를 박탈할 수도 있다. 또한 해서는 안 되는 약속도 있다. 이 경우에는 약속을 어기는 편보다 약속을 지키는 편이 오히려 더 불의에 가까울 것이다.

V, 9

다섯째, 정의는 개인적인 호의나 선호가 적절히 적용될 수 없는 영역에서는 **공평성**을 유지할 것을 요구한다. 밀은 이것이 우리가 낯선 사람보다는 가족이나 친구를 돌보는 일을 선호해서는 안 된다는 점을 의미하지는 않는다고 지적하며, 권리와 관련해서 공평성은 권리의 존중이라는 개념 안에 포함된다고 말한다. 그는 또한 보상과 처벌을 시행할 때처럼 공평성이 공과의 영향을 받는 경우도 있다고 말한다. 공적인 이익과 관련되는 경우 공평성은 사적인 이익과 전혀 무관하게 오직 공적인 이익만을 고려할 것을 요구한다. 밀은 이를 요약하여 공평성이 눈앞의 특수한 경우에 영향을 미쳐야만 하는 요소가 있을 경우 배타적으로 이런 요소를 수용하며, 이와 다르게 행위하도록 우리를 인도하는 다른 모든 동기들에 저항하는 것이라고 말한다. 과연 이런 분석은 정의가 요구하는 공평성의 개념을 제대로 파악한 것인가? 어쩌면 밀은 가족이나 친구를 우선 고려하는 우리의 태도를 너무 관대하게 허용하는지도 모른다. '어떤 좋은 직위를 배분할 경우 다른 어떤 의무를 위반하지 않는데도 낯선 사람보다 가족이나 친구에게 우선성을 부여하지 않는 사람은 칭찬보다는 비난을 받을 가능성이 더 큰 듯하다 …' (243 [V, 9]). 가족이라는 이유나 개인적인 친분 관계 때문에 누군가를 더 호의적으로 대한다면, 이는 정의롭지 못한 것으로 여겨지는 일종의 불공평이 아닌가? 물론 이는 구체적 상황에 따라 달라진다. 가족 중심의 회사에서 자녀를 더 좋은 지위에 앉히는 것은 정의롭지 못한 일로 간주되지 않는다. 반면 우리가 누군가를 공적인 직위에 임명할 수 있는 위치에 있는데 가족이나 개인적으로 친한 사람을 그 자리에 임명하는 것은 일종의 편파주의, 더욱 경멸조로 표현하면 정실 인사가 아닌가? 또한 자신과 유사한 부류에 속하는 사람들, 예를 들면 같은 인종이나 종교, 성별, 계층, 출신 국가 등에 속하는 사람들의 이익을 증진하는 것에서도 불공평이 발견된다. 이들은 공평성의 정의를 위반하는 사례인데 밀은 이를 거의 문제 삼지 않는 듯이 보인다. 평등한 고용 기회와 차별 철폐 조치를 고무하는 것은 바로 이런 종류의 불평등을 민감하게 의식하려는 태도 이다.

V, 10

평등의 이념은 정의 개념의 일부이며, 어떤 사람들은 평등이 정의의 핵심이라고 생각한다. 하지만 밀은 평등의 개념이 무척이나 다양하다고 말한다. 그런데 평등의 개념은 공리의 개념에 따라 변화하는 듯이 보인다. '누구나 불평등이 오히려 편리함을 낳는 경우를 제외하고는 평등을 정의의 명령이라고 주장한다. 권리 자체의 가장 극단적인 불평등을 지지하는 사람들조차도 모든 사람의 권리를 평등하게 보호하는 것이 정의라고 주장한다'(243 [V, 10]). 밀은 노예제 사회에서는 노예 제도를 정의롭지 않다고 여기지 않는데, 그 까닭은 노예 제도가 편리하다고 생각하기 때문이라고 말한다. '계층의 구별이 공리에 부합한다고 생각하는 사람들은 부와 사회적 특권이 불평등하게 분배되더라도 이를 정의롭지 않게 여기지 않는다 … 정부가 필요하다고 생각하는 사람은 누구나 일반 시민에게는 허용되지 않는 공권력을 정부에 부여함으로써 발생하는 일종의 불평등이 정의롭지 않다고 여기지 않는다'(244 [V, 10]).

밀은 여기서 '자연스러운 정의의 의미'가 무척이나 다양함을 보여주는 여러 예를 든다(같은 곳). 한 사회가 생산한 바는 엄밀하게 평등의 원리에 따라 분배되어야 하는가? 아니면 더 많이 필요로 하는 사람에게 더 많은 것을 분배하는 것이 정의로운가? 또 아니면 더 열심히 일한 사람, 더 많은 것을 생산한 사람, 사회에 더 가치 있는 기여를 한 사람에게 더 많은 것을 분배하는 것이 정의로운가? 여기서 밀은 이런 대안들을 상세히 다루지는 않지만 이들이 우리가 지닌 '자연스러운 정의의 의미'를 분석하는 데 중요한 질문이라는 점은 분명하다. 그리고 **조건**의 평등과 **기회**의 평등은 서로 다른데, 조건의 평등은 기회의 평등보다 훨씬 더 급진적인 개념이다. 몇몇 사람들이 다른 사람들보다 지성과 재능이 더 뛰어날 경우 기회의 평등은 이들이 유리한 위치에 서는 것을 허용하지만, 조건의 평등은 이런 상황을 시정해야 한다고 주장한다. 훌륭한 외모나 우월한 유전자 같은 자연적 자산을 타고난 사람들이 더 유리한 위치에 서는 것은 정의로운가? 각 가정이 산아 제한을 선택해 자녀 수를 자유롭게 결정할 수 있어야 하며 보편적 의무 교육을 실시해야 한다는 밀의 제안을 통해 현대 사회의 불평등 중 일부를 극복할 수 있을지 모른다. 하지만 상속받은 재산과 물려받은 '인적 자본'의 경우는 어떤가? 부유하고 높은 교육을 받은 가문의 자녀는 가난하고 교육받지 못한 가문의 자녀보다 훨씬 유리한 위치에 서지 않겠는가? 공립학교가 개인이 비싼 교육비를 내는 사립학교만큼 좋아질 수 있는가? 공교육 제도가 매우 높은 교육을 받은 가문에서 자라면서 얻는 이점을 극복할 수 있는가? 문화적 차이는 어떤가? 교육과 힘든 노력을 중요시하는 가문에 태어난 자녀는 그렇지 않은 집안의 자녀보다 이점을 지니지 않겠는가? 어떤 집안이 매우 가난하더라도 가능한 한 많은 자녀를 두어야 한다고 생각하는 경우는 어떤가?

다른 한편으로 자연적이고 우연적인 이유로 불리한 위치에 서기도 한다. 정신적, 신체적, 감정적 장애를 지닌 사람들을 위한 특별한 제도와 장치가 필요한가? 신체 장애인들의 편리를 위해 납세자들의 세금으로 전용 주차 공간과 경사로를 설치해야 하는가? 지적 장애아 특수 교육을 위해 높은 교사-학생 비율을 유지하는 경우는 어떤가? 장애인들에게 조건의 평등을 제공할 수는 없다. 하지만 가능한 한 평등에 가까이 다가가려는 많은 방법이 시도된다. 정의는 이런 방법들을 요구하는가?

평등에 관한 논의의 또 다른 관점은 정의가 분배 방식에 의해 규정되는지, 아니면 단지 분배가 실제로 어떻게 이루어졌는지에 의해 규정되는지에 관한 것이다. 누군가가 공정한 절차로 복권에 당첨되었다면 그 개인이 얻은 부는 정의로운가, 아니면 다른 사람과 비교할 때 불공평하게 많은 그의 부는 본질적으로 정의롭지 않은가? 어떤 사람들은 부모로부터 물려받은 바도 이와 마찬가지라고 생각한다. 만일 내가 지적이고, 많은 재능을 지녔고, 잘생겼고, 활력이 넘치고, 높은 교육을 받은 부모를 두었다면 나의 행운은 정의로운 것이며, 따라서 이런 것들로부터 얻는 이점에는 어떤 불의도 없다. 반면 다른 사람들은 이런 타고난 행운으로부터 얻는 이점들은 불공정하므로 이런 행운을 덜 누리는 사람들을 돕기 위한 특별한 공적인 제도를 마련함으로써 모든 사람들의 활동 영역을 공평하게 만들려는 시도가 이루어져야 한다고 생각한다. 또한 인종이나 성별의 경우는 어떤가? 사회 안에 인종 또는 성별에 따른 차별이 존재한다면 이를 상쇄하기 위한 차별 철폐 조치가 도덕적으로 요구되는가, 아니면 그렇게 하는 것은 불공정한 일종의 역차별인가? 밀은 이 문단에서 우리가 지닌 '자연스러운 정의의 의미'를 여러 가지로 변형하여 지적한다. 그러면서 이들은 공리에 관한 우리의 믿음이 다양하게 변형된 경우들이라고 주장한다. 하지만 이들은 공리보다 뿌리 깊은 무언가인 듯이 보인다. 우리는 공리와는 분명히 구별되는 자연스러운 정의의 의미를 지닌 듯하다. 그렇지 않은가? 우리는 인종이나 성별에 근거한 차별이 정의롭지 않다고 생각하면서 단지 그런 차별이 최선의 결과를 낳지 않는다는 점만을 고려하지는 않는다. 하지만 어떤 정책이 정의로운가에 대하여 서로 다른 의견이 대립할 경우 공리에 호소하는 것, 특히 공리에 대한 공평한 평가에 호소하는 것은 대립을 해소하기 위한 합리적 논증의 방법 중 하나일 수는 있다. 이때 제기되는 질문은 '만일 우리가 희생양이 된다면 우리는 어떻게 할 것인가?'라는 것이다.

V, 11-12
여기서 밀은 정의라는 개념의 본질에 초점을 맞추어 '정의'라는 용어의 어원을 분석한다. 밀은 전부는 아닐지라도 대부분의 언어에서 정의라는 용어는 실정법 — 즉 입법의 권한을 지닌 기관이 제정한 법률 — 또는 법률의 원초적 형태에 해당하는, 권위를 지닌 관습과 연관된 어원을 지닌다고 말한다. 이어서 라틴어, 그리스어, 독일어, 프랑스어에서 정의라는 용어의 어원을 검토한 후 밀은 정의의 개념을 형성한 원초적 요소는 법의 준수였다고 결론짓는다. 하지만 신이 직접 법을 명령한 것이 아니라 인간이 법을 제정했다는 점을 깨달은 민족들은 인간이 악법을 만들 수도 있다는 사실을, 따라서 법이 허용하지 않기 때문에 정의롭지 않다고 여겨지는 행위 중에도 허용되는 것이 있음을 인정했다. '그러므로 법을 어긴 모든 행위가 정의롭지 않은 것이 아니라 오직 반드시 존재**해야만 하는** 법을, 그리고 존재해야 하지만 실제로는 존재하지 않는 법을 어긴 행위만이 정의롭지 않다고 여기게 되었다. 그리고 어떤 법이 존재해야만 하는 법에 반대된다고 생각될 경우에는 그 법 자체가 정의롭지 않다는 감정을 품게 되었다' (245 [V, 12]).

V, 13
밀은 사람들이 정의의 개념을 법에 의해서 규제되는 바 또는 규제되어야 하는 바에만 한정해서 적용하지는 않는다고 말한다. '법이 사생활의 구석구석까지 간섭하기를 바라는 사람은 아무도 없지만, 개인의 모든 일상적인 행위가 정의롭거나 정의롭지 않은 것 중 하나이거나 이런 특성을 드러낸다는 점은 누구나 인정한다'(245 [V, 13]). 하지만 밀은 여기서조차 법의 관념이 처벌의 체계와 계속 연결된다고 말한다. '한 개인이 어떤 정의로운 일을 할 수밖에 없다고 생각할 때 우리는 일상적인 표현으로 그는 반드시 그렇게 하도록 강제되었다고 말한다'(같은 곳).

V, 14

밀은 법의 본질에 해당하는, 처벌을 통한 제재가 정의의 개념뿐만 아니라 모든 종류의 그름과도 관련된다고 말한다.

> 우리는 한 개인의 행위가 어떤 방법으로든 처벌받아야 한다고 생각하지 않는 한 그의 어떤 행위도 그르다고 말하지 않는다. 여기서 어떤 방법이란 법에 의한 것이 아니라 동료들의 의견에 의한 것일 수도 있고, 또 의견에 의한 것이 아니라면 행위자 자신이 느끼는 양심의 가책에 의한 것일 수도 있다. 양심의 가책에 호소하는 것이야 말로 도덕과 단순한 편리함을 구별하는 진정한 전환점인 듯하다. 누구나 지니는 의무의 형식 안에는 의무의 완수를 위해서는 마땅히 강제가 이루어져야 한다는 개념이 포함된다. (246 [V, 14])

우리가 다른 사람이 행하기를 바라고 또 다른 사람이 그것을 행하면 좋아하거나 칭찬하는 일들이 있는 반면, 다른 사람들이 그것을 행하면 싫어하거나 비난하는 일들도 있다. 하지만 우리는 이런 일들을 도덕적 의무의 경우로 여기지는 않는다. 밀은 이것이 한편으로는 옳고 그름과 다른 한편으로는 그저 바람직하거나 칭찬할 만한 것 사이에 분명한 구별이 있음을 보여 주는 명확한 근거라고 말한다.

 이 문단에서 우리는 밀이 기본적으로 규칙 공리주의자임을 드러내는 강력한 문헌상 증거를 발견한다. 만일 처벌이 도덕의 기준이라면 도덕은 우리가 반드시 준수해야 하며, 위반할 경우에는 처벌받게 되는 일련의 규칙들로 구성된다는 것이 가장 자연스러운 생각이다. 하지만 밀을 행위 공리주의자로 해석하는 사람들은 이에 대하여 두 가지 반박을 제기할 수 있을 것이다. 첫째, 행위 공리주의자들은 최선의 결과를 낳는 개별적인 행위를 하지 않았다는 이유로 우리를 처벌하는 것은 오직 우리 자신의 양심뿐이라고 말할 것이다. 법적, 사회적 처벌은 공적인 규칙들을 통해서 구체화되는 최소한의 도덕적 기준을 강화하는 데 그치지만, 공리주의 도덕은 이를 넘어서서 개인들이 각각의 경우에 대해 책임질 것을 요구한다. 우리 자신의 양심에 의한 처벌은 우리가 최선을 다하지 않았다는 데 대한 처벌이다. 둘째, 여러 제재에 의해 강요되는 일련의 도덕 규칙들은 사회가 행위 공리주의적 원리를 가장 잘 준수할 수 있도록 만들기 위한 가장 효과적인 방법이라고 주장할 수 있다. 그렇다면 도덕적으로 옳은 행위의 기준으로 작용하는 것은 행위 공리주의이며, 규칙의 강화는 도덕적으로 옳은 행위를 극대화하기 위한 최선의 전략 또는 '결정 절차'에 해당한다. 이는 밀에 대한 그럴듯한 해석 중 하나이며, 사실 이렇게 주장하는 학자들도 적지 않다. 반면 앞서 『공리주의』 2장에 대한 논의에서 드러났듯이 밀은 **도덕**을 기본적으로 규칙과 계율의 문제로 여기면서 궁극적인 공리의 원리는 단지 상충이 발생하는 예외적인 경우에 행위를 인도하기 위한 것이지 모든 개별적인 행위에 적용되는 기준은 아니라고 주장하는 듯이 보인다. 도덕이 '삶의 기술'에 속하는 다른 분야들과 구별되는 까닭은 제재를 허용하기 때문이며, 다른 분야들에서는 규칙과 무관한 선택의 기회가 훨씬 더 많이 주어진다. 도덕은 최소한의 기준에 해당하는 규칙들을 강요할 뿐이다. 처벌은 도덕 전반을 '편리함이나 가치 있음' 등의 나머지 영역과 …' (247 [V, 15]) 명확히 구별해 주는 대표적인 차이점이다. 칭찬과 비난이 이루어지는 도덕 영역을 넘어선 행위도 분명히 존재한다. 우리가 칭찬하는 삶의 방식도 있고, 비난하는 삶의 방식도 있다. 우리는 도덕적으로 많은 성과와 공적을 낳는 훌륭한 삶을 칭찬한다. 하지만 그런 기준에 못 미치는 삶을 산다고 해도 도덕적으로 비난받지는 않는다. 성인이나 영웅과 같은 사람들은 의무가 요구하는 바를 훨씬 넘어선 삶을 살아간다. 우리가 비난하는 삶의 방식을 선택하는 사람들도 많지만 그들이 처벌받을 정도에 이르지 않는 한 우리는 그들이 비도덕적이라고 말하지 않는다. 하지만 이런 경계가 어딘지에 대해서는 의견이 무척 다양하며 어떤 일치점을 찾기가 어렵다. 밀은 『자유론』에서 성인의 행위가 오직 자신에게만 영향을 미칠 경우 사회가 그에게 간섭해서는 안 된다고 주장한다. 즉 어떤 성인이 게으르거나 중독에 빠졌거나 자신의 건강을 전혀 돌보지 않더라도 그가 최소한 자신의 의무를 완수하고 다른 사람들에게 손해를 입히지 않는다면 그는 자신의 방식대로 살 자유를 지닌다고 주장한다. 이런 개인들은 사회 전체의 복지에 그리 크게 기여하지 않을지도 모른다. 하지만 밀은 사회가 이들의 기여 없이도 충분히 유지되므로 이들이 자신의 방식대로 살아갈 개인적 자유를 허용해야 한다고 주장하면서 구성원 전체의 개인적 자유가 더 큰 공리를 지닌다고 말한다. 물론 밀의 주장에 동의하지 않는 사람들도 있는데, 이들은 자기 파괴적인 행위를 금지하는 부권주의적인 법률을 제정하여 최소한 그런 행위를 하는 사람들을 단지 삶의 방식을 바꾸도록 설득하는 정도에 그치지 말고 적절히 처벌해야 한다는 여론을 형성할 필요가 있다고 주장한다. 만일 사람들이 자기 파괴적 행위가 처벌을 통해서 통제되어

야 한다고 생각한다면, 밀은 사람들이 그런 행위를 단지 바람직하지 않
은 것이 아니라 비도덕적인 것으로 여기기 때문이라고 말할 것이다.

V, 15

도덕적으로 그른 행위는 마땅히 처벌되어야 하는 행위라는 점을 확보
한 후에 밀은 정의를 도덕의 다른 영역과 명확히 구별하려는 시도를 한
다. 이 과정에서 그는 완전한 의무와 불완전한 의무 사이의 구별을 도
입한다. 그는 불완전한 의무는 우리에게 의무로 부과되는 바이기는 하
지만 의무를 수행할 기회를 우리가 선택할 수 있는 의무라고 말한다.
이는 자선의 의무가 지닌 본성이기도 하다. 우리는 자선을 베풀 의무를
지니기는 하지만 어느 누구도 우리에게 자선을 베풀라고 요구할 권리
는 없다. 반면 완전한 의무는 그것에 상응하는 **권리**를 그 의무의 대상
이 되는 한 개인 또는 여러 개인이 지니는 의무이다. 밀은 정의와 불의
의 개념이 지닌 특징에 대한 자신의 견해를 다시 언급하면서 누군가의
권리에 대한 존중과 침해가 바로 이런 특징에 포함된다고 주장한다. 만
일 한 개인이 자신이 받아야 하는 것 이상의 대우를 받는다면, 이는 적
절한 대우를 받아야 하는 다른 경쟁자들의 권리를 침해한 셈이 된다.
따라서 밀은 이런 특징이 — 즉 도덕적 의무와 관련되는 어떤 개인 또
는 개인들의 권리가 — 정의의 의무와 다른 도덕적 의무들을 구별하는
차이점을 형성한다고 결론짓는다. 밀은 만일 어떤 특정한 사람이 우리
의 자선을 요구할 권리를 지닌다면 그 사람에 대한 의무는 정의의 의무
가 된다고 말한다. 그렇다면 그 사람에 대한 우리의 의무를 완수하지
않는 것은 정의롭지 못한 일이 될 것이다.

완전한 의무와 불완전한 의무 사이의 구별은 전통적으로 완벽하게
완수될 수 있는 의무와 제한이 없고 조정 가능한 의무 사이의 구별로

여겨져 왔다. 살인이나 도둑질, 약속 위반 등을 해서는 안 된다는 의무
는 모두 소극적 의무이며, 따라서 완벽하게 완수될 수 있다. 반면 어려
움을 겪는 사람들을 도울 의무는 결코 완벽하게 완수될 수 없다. 어려
움을 겪으므로 도움을 받아야 하는 사람들이 항상 있기 때문이다. 따라
서 두 의무 사이의 구별은 전통적으로 소극적 의무와 적극적 의무 사이
의 구별로도 간주되었다. 이런 구별이 우리가 상응하는 권리를 지니는
지 그렇지 않은지를 기준으로 삼는 밀의 구별과 일치하는가? 만일 일
치한다면 밀이 말하는 권리는 금지의 의미를 지니는 듯하다. 생명에 대
한 권리를 지닌다는 것은 죽임을 당하지 않을 권리를 지니는 것이고,
재산에 대한 권리를 지닌다는 것은 재산을 도둑질당하거나 부당하게
빼앗기지 않을 권리를 지니는 것이며, 자유를 누릴 권리를 지닌다는 것
은 어떤 측면에서 간섭당하지 않을 권리를 지니는 것이다. 하지만 이런
모든 권리들을 다른 사람에게 무언가를 금지하는 것으로 해석할 수 있
는가? 몇몇 권리들은 다른 사람들에게 적극적인 행위를 요구할 자격을
포함하지 않는가? 그리고 만일 그렇다면 이런 권리는 완벽하게 완수될
수 있는가? 자녀는 부모의 보살핌을 받을 권리를 지니는데 이런 보살
핌에는 한계가 없는 듯하다. 이는 완벽하게 완수될 수 있는 완전한 의
무인가? 또한 '복지권'으로 불리는, 적절한 직업과 주택, 의료 혜택을
받을 권리도 있다. 이 경우 이런 권리를 지니는 것으로 여겨지는 특정
한 사람들은 있지만 이들의 필요를 충족시키는, 이들의 권리에 상응하
는 의무를 어떤 특정한 사람이 져야 하는지는 명확하지 않다. 밀은 이
런 복지권을 분명히 고려하지는 않지만 적절한 보살핌을 받을 자녀의
권리는 충분히 인정할 듯하다. 자녀를 보살피는 일에 소홀한 것은 정의
롭지 못한 경우에 속하지만 자녀를 보살필 부모의 의무는 제한이 없는,
조정 가능한 의무이며, 따라서 그것은 완전한 의무가 아니라 불완전한

의무이다. 그렇다면 밀이 제시한 완전한/불완전한 의무 사이의 구별은
정의의 의무와 자선의 의무 사이의 구별과 정확히 일치하지는 않는 듯
이 보인다. 하지만 이 사실이 정의의 의무에는 그에 상응하는 권리가
있다는 밀의 핵심 논점에 영향을 미치지는 않는다. '정의는 그것을 행
하는 것은 옳으며 그것을 행하지 않는 것은 그르다는 데 그치지 않고,
어떤 개인이 그것을 자신의 도덕적 권리로서 우리에게 요구할 수 있음
을 의미한다' (247 [V, 15]). 이런 지적에 비추어 보면 복지권을 제공할
의무를 지는 것은 **사회**라고 말할 수 있다. 즉 사회가 그것을 행하는 것
은 옳으며 그것을 행하지 않는 것은 그르다는 데 그치지 않고, 어떤 개
인이 그것을 자신의 도덕적 권리로서 사회에게 요구할 수 있다.

V, 16-21

정의의 **관념**을 분석한 다음 밀은 이 관념이 동반하는 **감정**으로 눈을 돌
린다. 그는 이 감정 자체가 일반적으로 편리함의 관념이라고 일컬어지
는 어떤 것으로부터도 등장하지는 않는다는 점을 인정한다. 하지만
'설령 이 감정은 편리함으로부터 생겨나지 않는다 할지라도 이 감정
안에 포함된 모든 도덕적인 것은 편리함으로부터 생겨난다' (248 [V,
17]). 그는 이 감정을 구성하는 본질적인 요소가 두 가지라고 말하는데
'하나는 손해를 끼친 개인을 처벌하려는 욕구이며, 다른 하나는 손해
를 끼친 어떤 개인 또는 개인들이 명확하게 존재한다는 지식 또는 믿음
이다' (248 [V, 18]). 밀은 누군가에게 손해를 끼친 어떤 개인을 처벌하
려는 이런 욕구가 두 가지의 자연스러운 감정에서 저절로 생기는데,
'이들은 본능 자체이거나 아니면 본능과 유사한 것으로서 자기방어의
충동과 공감의 감정' (248 [V, 19])이라고 주장한다. 그는 우리 자신이
나 우리가 공감하는 사람들에게 어떤 손해라도 끼친 사람에 대해 보복

하려는 욕구는 자연스러운 것이라고 말한다. 이는 동물의 왕국 전반에서 공통적으로 발견된다. 모든 동물은 자신과 자신의 후손들을 보호하려 하므로 자신을 해치거나 위협하는 존재에 대해 보복을 시도한다. 밀은 인간이 동물과 오직 두 가지 점에서 다를 뿐이라고 말한다. 첫째, 인간은 단지 자신의 자녀나 동료에 대해서뿐만 아니라 모든 인간에 대해, 심지어 감수 능력을 지닌 모든 존재에 대해 공감을 느낄 수 있는 능력을 지닌다. 둘째, 인간은 우리 자신과 우리가 속한 사회 사이에 형성되는 이익 공동체를 고려할 능력을 지니므로 사회의 안전을 위협하는 모든 것 전반에 대해 자기방어의 본능을 드러내며 저항하게 된다. 밀은 자기방어의 감정에 대해 다음과 같이 말한다. '이 감정 자체 안에는 도덕적인 것이 전혀 없다. 하지만 이 감정은 전적으로 사회적 공감에 복종하여 공감의 요구를 존중하고 이에 따를 경우 도덕적인 것이 된다. 왜냐하면 누군가로부터 불쾌한 일을 당할 경우 우리는 덮어놓고 자연스러운 복수심에서 분개하지만, 이런 감정이 사회적 정서를 통해 도덕화할 경우 이는 오직 사회 전체의 선과 조화를 이루는 방향으로 작용할 것이기 때문이다. 정의로운 개인은 자신에게 피해를 주는 것 못지않게 사회에 피해를 주는 것에 대해서도 분개한다' (249 [V, 21]). 이런 밀의 주장은 옳은가? 정의롭지 못한 일을 저지른 사람은 마땅히 고통을 당해야 한다는 감정은 우리가 지닌 전체의 선이라는 개념에 반하는 행위에 대해서만 제한적으로 발생하는가? 밀은 이런 질문에 대해 다음 문단에서 답하려 한다.

V, 22

밀은 오직 우리가 고통을 당했기 때문에 그것에 대해 분개의 감정을 느끼는 것이 충분히 자연스러운 일임을 인정한다. 하지만 밀은 어떤 사람이 이런 행위를 오직 자신 개인에게만 영향을 미치는 것으로 여긴다면 그는 자신의 행위가 지닌 정의로움을 제대로 인식하지 못하리라고 주장한다. 밀은 다음과 같이 말한다. '자신의 분개를 진정한 도덕적 감정으로 상승시키려는 사람, 즉 분개하기에 앞서 자신의 행위가 비난받을지 그렇지 않을지를 고려하는 사람 — 이런 사람은 비록 자신이 사회의 이익을 옹호한다고 명확히 말할 수 없을지는 몰라도 스스로 자신뿐만 아니라 다른 사람들의 이익을 위한 규칙을 주장한다고 분명히 느낄 것이다' (249 [V. 22]).

여기서 밀은 정의감에 포함된 도덕적인 것이 반드시 전체의 선일 필요는 없으며, 오히려 다른 사람들의 이익을 위한 규칙이라고 말함으로써 자신의 관점을 약화하는 듯이 보인다. 전체의 선이 사회 전체의 복지가 아니라면 어떻게 그것이 다른 사람들에게 이익이 될 수 있는가? 내가 무척 부유한데 누진 상속세를 납부하는 데 대해 분개하며 이 제도를 정의롭지 못한 것으로 여긴다고 가정해 보자. 나는 상속세가 사회의 이익에 기여한다는 점을 인정하면서도 내가 선택한 사람에게 재산을 증여할 나의 권리를 주장할 수도 있다.

밀은 우리가 어떤 행위를 오직 우리 자신에게만 영향을 미치는 개별적인 것으로 여긴다면 우리의 행위가 지닌 정의로움을 제대로 인식하지 못하리라고 말한다. 그는 공리주의에 반대하는 도덕철학자들조차도 이 점을 인정한다고 주장한다. 그러면서 밀은 칸트가 제시한 근본적인 도덕 원리, 즉 '너의 행위 규칙을 모든 이성적 존재들이 법칙으로 채택할 수 있도록 행위하라'는 원리를 사실상 행위자가 행위의 도덕성을 양심적으로 결정할 때 행위자는 인류 전체의 이익을 염두에 두어야 한다는 점을 인정한 것으로 해석한다. 물론 밀도 칸트의 논증이 실제로 이런 방식을 취하지는 않는다는 점을 인정한다. 칸트는 자신의 원리를 이성의 법칙으로, 즉 우리의 동기와 의도를 보편화할 경우 반드시 모순에 빠지는 것들을 배제하기 위한 법칙으로 해석한다. 하지만 밀은 이에 대해 다음과 같이 말한다.

> 이런 식의 해석은 단어를 무의미하게 사용한 것에 지나지 않는다. 왜냐하면 모든 이성적 존재는 **결코** 극단적인 이기심을 드러내는 규칙을 채택할 수 없다는 — 즉 사물의 본성 속에는 이런 규칙의 채택을 가로막는, 넘을 수 없는 방해물이 있다는 — 점조차도 제대로 주장할 수 없기 때문이다. 칸트의 원리에 어떤 의미라도 부여하려면 **모든 이성적 행위자가 자신들의 집합적 이익을 고려해서** 채택할 규칙에 따라 우리의 행위를 규정해야만 한다는 식으로 해석해야 한다. (같은 곳)

칸트의 원리가 오직 모든 이성적 존재의 **집합적 이익**이라는 요소를 포함할 경우에만 의미를 지닐 수 있으며, 이것이 그의 원리가 지니는 유일한 의미라는 밀의 주장은 과연 옳은가? 여기서 어쩌면 칸트의 원리가 지닌 **의미**와 그것의 **적용** 또는 결과를 구별해야 할 듯하다. 이 원리를 통해 칸트는 우리가 극단적인 이기심을 드러내는 규칙을 모순 없이 원할 수는 없다는 근거에서 이 규칙을 거부하려는 의도를 드러낸다. 반면 밀은 보편적인 이기심을 **상상할 수 없는 것**은 아니라고 주장한다. 즉 보편적인 이기심을 원한다 해도 아무런 모순도 일어나지 않는다. '아무도 결코 그런 일이 일어나기를 바라지 않는 것은'(207 [I, 4]) 오직 그것이 낳는 **결과** 때문이다. 어떻게 보면 결과에 전혀 호소하지 않고 극단적인 이기심을 거부하려는 칸트의 시도는 실패했다는 밀의 주장이 옳은 듯도 하다. 그렇더라도 칸트의 원리는 여전히 상당한 의미를 지닌다. 밀은 개별적인 거짓말이 좋은 결과를 낳을 경우에도 거짓말을 해서는 안 된다고 주장하면서, 이런 경우 거짓말을 허용한다면 보편적인 공리의 규칙이 무너질 우려가 있다고 말한다. 그러면서 그는 '만일 한 사람이 단지 자신의 판단에 기초해 규칙을 위반한다면 그는 다른 사람들이 동일한 자유를 누리는 것을 거부할 수 없다'(Mill 1852: 182)고 말하는데, 이는 정확히 칸트의 원리를 적용한 예로 보인다. 도덕 규칙은 일반적이어야 하며 누군가가 마음대로 예외를 허용해서는 안 된다. 하지만 이로부터 어떤 규칙이 도덕 규칙이 되기 위해 필요한 바는 도출되지 않는다. 밀은 결과의 계산이 필요하다고 주장한다. 그러나 이는 칸트의 원리를 통해 구체화된 도덕 규칙의 구조에 어떤 의미를 더하는 언급이다. 극단적인 이기심은 그것을 모순 없이 보편화할 수는 없다는 근거에서가 아니라 결과에 근거해서 배제되어야 한다. 하지만 도덕 규칙의 구조 자체는 항상 어떤 수준의 보편화 가능성을 요구한다.

V. 23

이제 밀은 자신의 결론을 요약한다. 정의에는 두 가지가 포함되는데 그 중 하나는 행위 규칙이며, 다른 하나는 규칙의 위반을 제재하려는 감정이다. 전자의 규칙은 인류 전체의 선을 추구하려는 의도에서 등장한 것으로서 만일 이런 규칙을 위반하면 명확히 규정된 어떤 개인의 권리가 침해된다는 생각을 동반한다. 후자의 감정은 규칙을 위반한 사람에게 처벌을 가하려는 욕구이다.

> 내가 보기에 정의감은 자기 자신 혹은 자신이 공감하는 사람이 입은 상처나 손실에 대해 반격하고 복수하려는 동물적 욕구가 인간의 능력을 통해 모든 개인을 포괄하는 수준으로 확대되어 더욱 폭넓은 공감과 인간의 현명한 이기심이라는 개념에까지 이른 것인 듯하다. 현명한 이기심을 통해

감정은 도덕을 이끌어 내고, 확대된 공감을 통해 감정은 특별히 감동적인
요소와 자기 주장의 힘을 이끌어 낸다. (250 [V. 23])

여기서 밀이 행위 규칙은 **인류 전체의 선을 위한** 것이어야 한다고 결론
짓는 데 주목할 필요가 있다. 정의의 개념을 분석하면서 그는 공리주의
적인 도덕의 기준을 발견했다. 과연 그의 분석은 건전한가? 반드시 인
류 전체의 선을 위한 것이 아니라 사람들의 권리를 존중하여 개인 또는
집단의 권리를 보호하고 그들이 마땅히 누려야 할 바를 제공하는 행위
규칙이 정의의 개념이라고는 생각할 수 없는가? 재산권의 보호에는 정
의의 개념이 포함되는데, 이는 재산을 소유한 사람에게는 이익이 되지
만 반드시 인류 전체에게 이익이 되지는 않는다. 불법 이민자에 맞서
국경을 지키는 국가의 행위 또한 정의의 개념을 포함한다. 이런 정의의
개념은 국가의 이익에 부합할지 몰라도 인류 전체의 이익을 위한 것은
아니다. 이들은 밀이 결론 내린 정의의 개념에 대한 반례인 듯이 보인
다. 과연 그런가?

V. 24-5

여기서 밀은 자신이 정의의 개념을 해석하면서 활용했던 **권리**의 개념
을 간단히 분석한다. 그는 권리를 지닌다는 것은 '그것을 소유한 사람
을 사회가 보호해야만 하는 무언가를 지니는 것'(250 [V. 25])이라고
말한다. 왜 사회가 그렇게 해야 하는가라는 질문에 대해 밀은 '나는 전
체의 공리 이외에 다른 어떤 근거도 제시할 수 없다'(250 [V. 25])고
답한다. 이는 놀랄 만한 일이 아니다. 이를 통해 밀은 권리 이론을 자기
나름대로의 방식으로 지지한다. 하지만 그의 주장은 공리주의에 대한
대안들, 예를 들면 자연권 이론이나 신의 명령 이론, 사회 계약론, 도덕

감 이론 등을 무시하는 듯이 보인다. 앞서 우리는 이런 이론들에 반대
하는 밀의 주장을 살펴보았는데, 만일 이들에 반대하는 그의 주장이 그
리 적절하지 않다면 그는 왜 자신의 견해가 여러 대안들 중 최선의 것
인지를 더욱 분명히 밝혀 옹호해야 한다.

또한 밀은 전체의 공리가 정의의 의무를 강력하게 전달하지도 못하
며 정의감에 특별한 힘을 실어 주지도 못한다는 반박을 다루려 한다.
그는 이런 반박에 대해 다음과 같이 답한다. 정의감에는 '이성적 요소
뿐만 아니라 복수를 갈망하는 동물적 요소도 포함된다. 이 갈망은 이와
관련되는 공리가 특별히 중요하고 무척 인상적이라는 점에서 도덕적으
로 정당화될 뿐만 아니라 강력한 힘을 얻게 된다. 이로부터 얻는 이익
은 바로 안전이라는 이익인데, 안전이야 말로 모든 사람이 모든 이익들
중 가장 절실하게 필요로 하는 것이다' (250-1 [V, 25]). 여기서 밀은
정의감이 본능적인, 비이성적인 요소에 기초한다는 점뿐만 아니라 정
의감과 관련되는 공리가 **전체의** 편리함이 아니라는 점도 지적한다. 더
중요한 것은 더욱 폭이 좁은 일련의 요소에 대한 관심이다. 우리가 욕
구하는 것 중 대부분은 그것이 없이도 충분히 살아갈 수 있는 것들이
다. 어떤 사람들은 무언가를 원하고 필요로 하지만 다른 사람들은 그렇
지 않다 — 하지만 안전이 보장되지 않으면 어느 누구도 살아가지 못한
다. 우리는 안전에 의존하여 '… 지나가는 순간을 넘어서서 영원하고
온전한 선이라는 가치를 추구한다. 우리가 바로 다음 순간에 우리보다
강한 사람에게 모든 것을 빼앗길지도 모른다면 우리에게 가치 있는 것
은 오직 순간의 만족뿐일 것이기 때문이다' (251 [V, 25]).

이는 상당히 중요한 주장이다. 생명과 자유, 합법적인 소유물의 보호
는 '내가 이런 권리를 지닌다는 점을 사회가 반드시 보장해 주어야 하
는' (251 [V, 25]) 가장 중요한 것이며, 이들은 공리주의적인 의미에서

명확한 공리로서 행복을 위해 반드시 필요할 뿐만 아니라 그 자체로 행복의 구성 요소이기도 하다. 밀은 다음과 같이 말한다. 우리가 사회에 대해 '우리 자신의 존재 자체를 근거로 삼아 안전을 보장해 달라고' 요구하는 것은 더욱 일반적인 경우의 공리에 비해 훨씬 더 강력한 감정을 낳는데, 이런 감정은 다른 것과는 수준이 다르므로 '아예 다른 종류의 것이 된다. 이런 요구는 특성상 절대적이고 거의 무한한 것이며, 따라서 다른 모든 고려와 공통적인 기준으로 평가할 수 없는 것이다'(251 [V, 25]).

안전 보장이라는 정의의 의무가 이렇게 강력하다는 점을 주장하는 밀의 논증은 홉스(Thomas Hobbes, 1588-1679)가 『리바이어던』(Le-viathan, 1651)에서 전개한 사회 계약론을 떠올리게 한다. 홉스는 정의와 불의를 확립하는 통치자가 제정한 법률이 없다면 어떤 정의나 불의도 성립하지 않는다고 생각한다. 그리고 법률을 확립하고 처벌을 통해 이를 준수할 것을 강요하는 통치자가 없다면 생명의 안전을 보장받지 못할 것이다. 사람들이 두려움을 느끼는 권력이 없는 '자연 상태'에서는 각 개인이 안전을 보장받지 못하며 오직 자신의 힘과 스스로 고안한 방법을 통해 자신을 지켜야 한다. 홉스는 이런 상태에서는 '계속되는 공포와 폭력에 의한 죽음의 위험만이 남을 뿐이며, 인간의 삶은 고독하고, 열악하고, 위험하고, 야만적이고, 짧게 끝난다고' 결론짓는다(Hobbes 1950: 104 [1부, 13장, 9절]). 홉스는 자연 상태에서 모든 사람들이 다른 사람의 신체와 소유물을 포함한 모든 것에 대한 자연권을 지닌다고 주장한다. 하지만 이 경우 개인의 안전이 전혀 보장되지 않기 때문에 사람들은 자신의 자연권을 통치자에게 넘겨 이 통치자가 법률을 제정하게 하고 이를 준수하는 것을 정의로, 위반하는 것을 불의로 규정한 후 법률을 강제할 권력을 통치자에게 부여하는 것이 합리적임을 깨달게 된다. 이런 권리의 양도는 사회 계약을 통해 이루어지는데, 홉스는 바로 이것이 합법적인 정치권력의 기초라고 주장한다. 홉스는 대부분의 정치권력이 실제의 권리 양도가 아니라 정복에 의해서 등장한다는 점을 인정한다. 하지만 정치권력을 형성하는 이런 사회 계약에 참여했다고 생각하는 편이 합리적이므로 — 통치자가 실제로 시민들의 생명권과 재산권을 보호하는 한 — 이런 정부의 정당성은 확보되며 우리는 정부에 복종해야 한다. 물론 밀은 홉스와는 달리 인간 본성이 이렇게 저급하다고 생각하지는 않지만 가장 기본적인 공리로서 안전이 보장되어야 하며, 이는 기본권의 체계를 통해 반드시 보호될 필요가 있다는 점을 인정한다.

V, 26-31

여기서 밀은 정의에 관한 논쟁의 예를 제시하면서 이를 행위 결과에 관한 논쟁과 연결하려 한다. 그는 이런 **논쟁들이** 정의에 대한 직관주의적 설명을 부정하는 증거라고 생각한다. 만일 정의가 '공리와 전혀 무관하고 그 **자체로** 하나의 기준을 제시하여 우리의 정신이 스스로 내적 성찰을 통해 단순하게 인식할 수 있는 것이라면 내적인 성찰의 결과가 왜 이토록 애매한지, 또한 왜 그렇게 많은 것이 보는 관점에 따라 정의롭기도 하고 정의롭지 못하기도 한지 이해하기 어렵다'(251 [V, 26]).

직관주의자들은 서로 다른 사람들이 공리를 서로 다르게 해석하기 때문에 공리는 불확실한 반면, 정의의 명령은 불변적이고 결코 잘못될 수 없다고 주장한다. 이에 대해 밀은 만일 그렇다면 정의와 관련해서 아무런 논쟁도 발생하지 않아야 하는데, 사실상 '무엇이 사회에 유용한가에 대해서와 마찬가지로 무엇이 정의로운가에 대해서도 커다란 의견 차이가 있으며 격렬한 논쟁이 벌어진다'(251 [V, 27]). 서로 다른 나라에서 서로 다른 정의의 개념이 통용되며, 한 나라 안에서도 서로 다른 사람들이 서로 다른 정의 개념을 지닌다. 밀은 심지어 한 사람의 마음 안에서도 정의가 하나의 규칙이 아니라 서로 양립할 수 없는 여러 개의 규칙으로 드러난다고 주장한다.

V, 28-9

이렇게 정의의 다양성이 잘 드러나는 예는 처벌의 문제이다. 밀은 처벌에 관한 네 가지 견해를 제시한다. 다른 사람들에게 경고하기 위한 예로 누군가를 처벌하는 것은 정의롭지 못하다. 처벌받는 사람 자신의 이익을 위해 처벌하는 것만이 정의롭다. 처벌받는 사람 자신의 이익을 위해 처벌하는 것은 정의롭지 못하다. 마지막으로 모든 처벌은 정당화될 수 없다.

　이들 중 첫 번째 견해, 즉 다른 사람들에게 경고하기 위한 예로 누군가를 처벌하는 것은 정의롭지 못하다는 견해는 처벌이 범죄 예방을 위해 정당화된다는 생각을 거부하는 것이다. 범죄 예방은 정의로운 처벌을 정당화하는 표준적인 이론 중 하나이다. 이에 따르면 범죄를 저지르는 것이 자신에게 이익이 될지 손해가 될지를 계산하는 잠재적인 범죄자는 처벌의 두려움을 고려 대상에 포함시킨다. 만일 처벌의 두려움이 계산에 충분히 포함된다면 몇몇 범죄자는 범죄를 단념할 것이다. 범죄 예방은 공리주의자들이 처벌을 정당화하는 논거 중 하나이다. 벤담도 이 문제에 관해 이런 유형의 논의를 강력히 전개했다. 만일 어떤 범죄자가 처벌의 두려움을 제대로 깨닫지 못한다면 이를 깨달을 수 있도록 그에게는 가혹한 처벌을 내려야 한다. 반면 이런 두려움을 거의 확실하게 깨달은 다른 범죄자에게는 덜 가혹한 처벌을 내리더라도 범죄를 예방할 수 있을 것이다. 따라서 벤담은 지나친 음주나 간음 같은 행위는 오직 처벌에 의해서 근절하려 해도 수없이 계속 일어나는 나쁜 일 정도에 그치므로 이를 범죄로 규정해서는 안 된다고 결론짓는다. 오직 교육과 도덕적 제재를 통해서만 이런 행위들에 맞서 싸울 수 있다. 처벌이 범죄 예방 효과에 의해 정당화된다는 이론에 반대하는 경우는 칸트가 제시한 정언 명령 중 하나를 통해 확인된다. 칸트는 정언 명령의 정식 중 하나에서 우리가 사람들을 단지 수단으로서만 대우해서는 안 되며 항상 동시에 목적 자체로 대우해야 한다고 주장한다. 만일 범죄자에 대한 처벌이 오직 사회 전체의 이익을 위해서만 이루어진다면, 이는 범죄자를 단지 범죄율을 낮추려는 목적을 위한 수단으로만 사용하는 것으로 해석될 수도 있다.

처벌에 대한 두 번째 이론, 즉 처벌은 오직 처벌받는 사람 자신의 이익을 위한 것일 경우에만 정의롭다는 주장은 서로 전혀 다른 두 이론과 관련된다. 처벌이 범죄자의 이익을 위한 것이라는 해석 중 하나는 칸트와 헤겔(Hegel, 1770-1831)의 이론에서 등장한다. 이들은 처벌을 통해 범죄자로 하여금 자신이 행한 악행에 따라 자신도 그만큼의 악행을 당한다는 사실을 깨닫게 할 경우에만 처벌이 정의롭다고 주장한다. 칸트와 헤겔의 견해는 '눈에는 눈, 이에는 이'라는 말을 통해서 — 즉 범죄 예방이 아니라 보복이라는 개념을 통해서 — 정당화된다. 살인자는 사형당해야 마땅하다. 도둑에게서는 그가 훔친 만큼의 재산을 빼앗아야 한다. 밀은 다음 문단에서 범죄자에 대한 적절한 처벌 수위의 기준이 무척 다양하다는 점을 논의하면서 보복으로서의 처벌에 관해 잠시 언급한다. 그의 논의는 지금 다루는 처벌의 정당화 문제에서 다양한 견해 차이가 있음을 드러낸다.

처벌이 범죄자의 이익을 위해 이루어져야 한다는 또 다른 이론은 범죄자의 교화가 목표라고 주장한다. 밀이 마음속에 품었던 이론은 바로 이것이며, 이는 또한 처벌을 공리주의의 관점에서 정당화하는 또 다른 근거이기도 하다. 처벌을 통해 범죄자를 교화하려는 의도가 범죄를 예방하려는 의도를 배제한다는 생각은 교화의 방법이 범죄의 예방과 상반되는 경우를 몇몇 제외하고는 근거가 없다. 범죄자를 교화하려는 의도는 서로 전혀 다른 두 가지 형태를 취한다. 그중 하나는 범죄자에게 고통을 줌으로써 처벌의 두려움 때문에 범죄자가 더 이상의 범죄를 저지르지 않도록 교화하는 방식이다. 반면 범죄자가 정당한 직업을 얻어 경제적 어려움 때문에 다시 범죄를 저지르지 않도록 유도하기 위해 교육과 기술을 제공하는 방식도 있다. 후자의 방법이 범죄자 자신의 재범을 예방하는 것이라면 처벌의 두려움을 통한 방법은 잠재적 범죄자의 범죄를 예방하는 것이라 할 수 있다. 만일 범죄를 저질러 체포되더라도 이것이 자유로운 교육과 직업 훈련으로 이어진다면 범죄자에게 두려움을 주지는 않을 것이다. 처벌이 범죄자 자신에게 이익이 되어야 한다고 여기는 또 다른 방식은 범죄 치료 이론이다. 이 경우 범죄는 치료가 필요한 일종의 질병으로 간주되는데, 이 이론은 기본적으로 범죄의 원인을 제거하기 위해 범죄자를 심리 치료나 다른 행동수정 요법으로 치료해야 한다고 주장한다. 이런 견해에 따르면 범죄자에 대한 치료는 처벌로 간주되지 않으며, 이 이론은 범죄가 범죄자의 인격을 규정한 환경적 영향 때문에 발생한다는 오언주의(Owenite, 빅토리아 여왕 시대 사회 개혁가였던 오언(Robert Owen)의 이름에서 유래한)를 받아들인다.

밀이 제시한 세 번째 이론은 — 개인의 행동을 수정하기 위한 강제적 시도와 노력은 정의롭지 못하다는 이론은 — 범죄자를 변화시키기 위해 고통스러운 처벌이나 교육, 치료 등을 동원한 교화를 주장하는 이론은 범죄자를 이성적 존재로 대우하지 않는다는 점을 들어 이에 반대한다. 아마 칸트나 헤겔도 이 이론이 인간을 이성적 존재로 존중하는 데 실패한다고 비난할 듯하다. 몇몇 공리주의자들은 국가의 가부장적인 교화에 반대할지도 모르지만 이는 범죄의 종류에 따라 달라지는 문제이기도 하다. 밀은 '자기방어의 정당한 권리에' 기초해 다른 사람들이 입을 손실을 방지하기 위해 누군가를 처벌하는 것은 정당하다고 말한다(252 [V. 28]). 하지만 밀이 『자유론』에서 주장하듯이 어떤 범죄가 나태함이나 과음, 약물 사용, 상호 동의 아래 이루어지는 변태적 성행위 등에 속할 경우 공리주의자는 이런 행위가 오직 행위자 개인에게만 손실이 되는 한 범죄로 규정되어서는 안 된다고 생각할 것이다.

오언은 모든 행위를 유전과 환경의 결과로 여겼다. 오언의 견해에 대해 밀은 다음과 같이 말한다. '오언은 모든 처벌이 정의롭지 않다고 주장한다. 왜냐하면 범죄자 스스로 자신의 성격을 만든 것이 아니기 때문이다. 그가 받은 교육과 그의 주변 환경이 그를 범죄자로 만들었는데, 이는 그에게 책임을 돌릴 수 없는 요소들이다' (같은 곳). 오언은 사회적으로 바람직하지 않은 행위를 개선하기 위한 여러 조치를 거부하지는 않았지만 이를 처벌이라고 부르려 하지 않았다. 그는 공장 소유주였는데 공장에서 일하는 직공 앞에는 면마다 다른 색이 칠해진 주사위가 있었다. 공장 관리인은 매일 아침 직공의 전날 작업 성과에 따라 주사위를 돌려놓았다. 예를 들어 작업이 뛰어났으면 흰색이 보이도록, 성과가 부족했으면 검은색이 보이도록 돌려놓았다. 이는 처벌은 아니지만 일종의 평가를 내린 것이다. 하지만 이는 전날의 잘못에 대한 대가를 치르라는 것이 아니라 미래를 위해 행위의 개선을 유도하기 위한 평가였다.

밀이 이렇게 처벌을 둘러싼 다양한 이론이 서로 대립하는 양상을 제시한 까닭은 정의의 개념 자체로는 이런 대립을 해소할 수 없다는 점을 보이기 위해서이다. '이상의 여러 의견은 모두 상당히 그럴듯해 보인다. 이 문제를 단지 정의의 개념에 국한된 것으로만 다루면서 정의 아래 놓인 원리와 정의가 지닌 권위의 근거까지 파고들지 않는다면, 나는 위와 같은 처벌의 근거를 제시한 사람 중 어느 누구도 반박할 수 없을 것이다' (252 [V. 28]). 밀은 위의 모든 처벌 이론이 충분히 인정되는 정의의 규칙들을 기초로 삼는다고 말한다. 이들 중 하나는 어떤 한 개인을 골라 동의도 받지 않고 그를 다른 사람들의 이익을 위한 희생양으로 삼는 것은 정의롭지 못하다는 사실에 호소한다. 다른 이론은 모두가 정의로 인정하는 자기방어에 의지하며, 또 다른 이론은 한 개인에게 그 자신이 생각하는 이익의 개념과 다른 이익의 개념을 받아들이라고 강요하는 것은 정의롭지 못하다는 점에 의지한다. 오언주의는 범죄를 저지를 수밖에 없는 사람을 처벌하는 것은 정의롭지 못하다는 원리에 호소한다. 밀은 이런 이론들 모두가 다른 이론이 근거로 삼는 바를 고려하라는 요구를 받지 않는 한 나름대로 성공적인 주장을 펼친다고 말한다. 또한 밀은 위의 이론 중 마지막 이론, 즉 오언주의의 주장으로부터 벗어나기 위해 사람들은 이른바 의지의 자유라는 것을 상상한다고 말한다. 그런데 '이는 의지가 철저한 증오로 가득 찬 상태를 보이는 사람을 놓고 그의 상태가 이전의 상황으로부터 영향을 받지 않았다고 가정함으로써 그에 대한 처벌을 정당화하려는 공상에 불과하다' (같은 곳).

밀 자신은 자유의지에 대해 오언과 매우 유사한 견해를 보이지만 처벌의 정당화에 대해서는 그와 상당히 다른 결론을 내린다. 밀은 인간의 행위를 포함한 모든 사건이 인과적으로 결정된다고 주장하지만 처벌은 개인의 행위를 결정하는 요인 중 하나이므로 정당화될 수 있다고 생각한다. 그는 자신의 견해를 '필연성' 이론이라고 부르지만 이 용어 자체는 다소 오해의 소지가 있다고 여긴다. 그는 '전통적인 자유의지론'을 주장하는 반대자들을, 자유의지에 기초한 인간 행위가 아무런 동기도

지니지 않으며, 따라서 자유의지에 따른 행위는 우리에게 가장 강력한
영향을 미치는 동기에 반하여 이루어지는 행위라고 여기는 사람들로
묘사한다. 밀은 내가 자유의지를 의식한다고 생각할 때 내가 의식하는
바는 어떤 유형의 행위를 선택한 후에 **만일 내가 다른 행위를 더욱 좋아
했다면** 그 행위를 선택할 수도 있었으리라는 믿음이라고 말한다. 이는
내가 모든 것을 고려할 경우 어떤 유형의 행위를 선호하지만 그것과는
다른 행위를 선택할 수도 있음을 의미하지 않는다. 나는 자주 어떤 행
위가 낳는 결과나 그것이 도덕법칙에 위배되는지와 무관하게 어떤 행
위를 '그 자체로' 선호해야 하면서도 그것과는 다른 행위를 선택하기
도 한다. 그리고 이렇게 행위에 부수되는 것들을 배제한 행위 자체에
대한 선호는 그리 엄밀하지 않게 말하자면 자주 행위에 대한 선호로 묘
사되기도 한다. 밀은 살인을 예로 들어 이를 설명한다.

> 설령 내가 살인을 선택하더라도 나는 살인을 자제하는 쪽을 선택할 수도
> 있음을 의식한다. 하지만 과연 살인이라는 범죄에 대한 혐오감과 그것이
> 낳을 결과에 대한 두려움이 살인을 저지르려는 유혹보다 약할 경우에도
> 나는 살인을 자제하는 쪽을 선택할 수도 있음을 의식하는가? … 우리 자
> 신이 실제로 행위한 것과는 다르게 행위할 수도 있었다고 가정하면서 우
> 리는 항상 선행하는 상황이 다를 수도 있었다는 점을 전제한다. 즉 우리가
> 몰랐던 사실을 알 수도 있었거나 알았던 사실을 모를 수도 있었다고 여기
> 는데, 이는 외부적인 동인의 차이에 해당한다. 또한 어쨌든 우리가 실제로
> 그랬던 것보다 어떤 것을 더 좋아했거나 더 싫어할 수도 있었다고 여기는
> 데, 이는 내부적인 동인의 차이에 해당한다. (Mill 1865: 451)

이를 통해 밀은 처벌을 제대로 정당화하지 못하는 것은 오히려 전통적

인 자유의지론이라고 주장한다. '처벌은 의지가 동기의 지배를 받는다는 가정 위에서 시행된다. 만일 처벌이 의지에 따른 행위에 아무런 영향도 미치지 못한다면 처벌을 가하려는 성향이 아무리 자연스러운 것이라 할지라도 처벌은 부당한 것이 되고 만다. 의지가 자유롭다고, 즉 동기에 **반하여** 행위할 능력을 지닌다고 가정되는 한 처벌은 목표를 잃게 되며, 따라서 정당화에도 실패하고 만다(같은 책, 458).

밀은 이 문단의 끝부분에서 사회 계약론, 즉 사회 구성원들이 법에 복종하고 법을 어기는 사람은 처벌하는 데 동의하는 계약을 맺었으므로 이를 위반할 경우 자체적인 처벌이 가능하다는 이론을 언급한다. 밀은 이런 이론을 '단순한 허구'(253 [V, 28])로 여긴다. 사회 계약론을 언급하면서 밀은 홉스를 떠올렸는지도 모르고 『사회 계약론』(On the Social Contract, 1762)의 저자인 루소(Rousseau, 1712-1778)를 생각했는지도 모른다. 루소는 사람들이 자신의 의지를 모든 시민의 일반의지 아래에 놓기로 한 사회 계약을 맺었는데 시민들이 모든 법에 따르는 데 동의했으므로 법을 위반하는 사람은 누구든지 처벌받아 마땅하다고 주장했다. 하지만 루소의 통치권 개념은 홉스의 개념과 차이를 보인다. 홉스는 법을 제정함으로써 정의와 불의를 규정하는 통치자를 절대 군주 또는 입법적 실체로 여긴 반면, 루소는 통치자가 곧 국민이라고 여기면서 이들은 결코 통치권으로부터 소외되어서는 안 된다고 주장했다. 그에 따르면 판사나 의회의 의원 등은 국민을 대표하는 대리인에 지나지 않으므로 국민들은 항상 이들을 면직하고 교체할 권리를 지닌다. 하지만 밀은 사회 계약론에서는 아무것도 건질 수 없다고 생각한다. 밀은 올바른 헌법적 질서와 법률의 정당성은 오직 좋고 나쁜 결과에 달린 문제라고 주장한다. 밀은 『대의 정부론』이라는 저술을 썼는데, 여기서 그는 대의 정부를 옹호하면서도 그것의 문제점을 지적한다. 그는 사회 계약이 아니라 공리에 기초한 주장을 펼친다.

　이런 여러 정의의 원리들이 모두 그럴듯하지만 결국 서로 충돌하고 만다는 밀의 주장은 옳은가? 서로 다른 철학자들이 각각의 원리를 주장한다고 해서 이들이 모두 그럴듯한 것은 아니다. 다른 사람들에 대한 본보기로 누군가를 처벌하는 것은 정의롭지 못하다는 주장은 참인가? 나는 밀이 이런 주장을 폈다고 생각하지 않는다. 그는 범죄 예방을 위한 처벌을 옹호했다. 처벌이 오직 처벌받는 사람 자신의 이익을 위한 것일 경우에만 정의롭다는 주장은 참인가? 나는 밀이 이런 주장 또한 폈다고 생각하지 않는다. 역으로 처벌받는 사람 자신의 이익을 위한 어떤 처벌도 결코 정의롭지 못하다는 주장은 참인가? 나는 밀이 이런 주장을 폈다고도 생각하지 않는다. 마지막으로 우리는 밀이 환경과 상황이 범죄자를 만들어 낸다는 오언의 주장에 동의했지만 이를 처벌을 거부하는 근거로 여기지는 않음을 살펴보았다. 밀은 이렇게 서로 대립하는 이론들을 이들이 단지 부분적인 진리만을 포함한다는 주장의 근거로 삼는다. 이들은 모두 그럴듯해 보이는 이론이지만 이들 중 어떤 것도 정의를 명확히 규정하지는 못한다. 이들은 공리가 정의보다 더욱 근본적이라는 점을 설득하는 데 도움이 된다. 정의의 원리들은 결코 자명하지 않다. 이들은 어떤 기초를 필요로 하는데, 밀은 바로 공리가 이런 기초에 해당하며 정의의 원리들이 상충하는 경우 결정 근거가 된다고 생각한다.

V. 29

여기서 밀은 범죄자에게 어느 정도의 처벌을 내리는 것이 적절한가라는 문제에 관한 서로 다른 의견들을 다룬다. 밀은 눈에는 눈, 이에는 이라는 전통적 근거가 자연스럽게 보일지 몰라도 이는 이미 유럽에서 거의 폐기되었음을 지적한다. 하지만 여전히 '은밀하게 이를 강력히 원하는 경향이 남아 있다. 우연히 범죄자에 대한 보복이 엄격한 형태로 이루어지면 우리는 일반적인 만족감을 느끼는데, 이는 이런 종류의 앙갚음을 받아들이는 우리의 정서가 얼마나 자연스러운지를 보여 주는 증거가 된다'(253 [V. 29]). 그러나 밀은 이와는 다른 기준들을 제시한다. 그중 하나는 범죄 예방을 위해 필요한 정도와 무관하게 처벌이 오직 범죄자가 저지른 도덕적 죄악의 정도에 의해 결정되어야 한다는 것이다. 다른 하나는 모든 처벌 또한 일종의 악이므로 범죄자의 재범과 다른 사람들의 모방 범죄를 막는 데 필요한 최소한의 수준을 넘어서는 처벌은 정의롭지 못하다는 것이다. 밀이 분명히 지적하지는 않지만 처벌의 적절한 수준에 관한 이런 이론들은 앞서 살펴본, 처벌 자체를 정당화하는 이론과 밀접히 관련된다. 범죄자가 다른 사람들에게 행한 바를 그에게 되갚음으로써 그의 범죄에 대한 대가를 치르도록 해야 한다거나 범죄자가 저지른 도덕적 죄악의 정도에 비례해서 그를 처벌해야 한다고 여기는 보복적 처벌 기준은 처벌의 목적이 범죄 예방이 아니라, 범죄자로 하여금 자신이 행한 바를 깨닫도록 하고 그것을 그에게 되갚는 것이라고 주장하는 칸트나 헤겔이 내세우는 기준이다. 공리주의자나 범죄는 유전과 환경 탓이므로 범죄자 자신의 책임이 아니라고 보는 학자들은 이런 기준을 거부할 것이다. 공리주의자는 위에서 소개한 여러 기준 중 마지막 기준을 채택할 가능성이 가장 높으며, 범죄자를 교화하거나 범죄를 예방하는 데 유용한 정도를 넘어서는 처벌은 결코 정의롭지 못하다고 여길 것이다.

이렇게 서로 대립하는 여러 견해들을 예로 제시함으로써 밀은 정의가 공리와 무관하게 일종의 내적 통찰에 의해서 인식될 수 있는 기준이 아니라는 자신의 주장을 강화하려 한다. 과연 그는 자신의 주장이 정당함을 입증했는가?

V, 30-31

앞서 언급했듯이 정의에 관한 논의는 전통적으로 처벌적 정의와 분배적 정의에 관한 논의로 나뉜다. 이 두 문단에서 밀은 분배적 정의라는 — 즉 수입 및 부의 분배에 관한 정의와 대안적 세금 제도의 정의라는 — 주제를 다룬다.

V, 30

우선 밀은 수입의 정의로운 분배에 관한 여러 이론을 제시한다. 수입은 재능이나 기술에 따라 — 우월한 재능이나 기술이 더 크게 기여한다는 가정 아래 — 아니면 더욱 경쟁적인 시장 경제 논리에 따라 분배될 수도 있고 노력에 따라 분배될 수도 있다. 밀은 여기에 두 가지 기준을 더 포함시킬 수 있을 듯한데, 이들은 그가 위의 문단 10에서 평등에 관하여 논의하면서 제시한, 정확히 평등한 분배와 필요에 따른 분배이다. 여기서 밀은 재능이나 기술이 뛰어난 사람에게 더 많은 보수를 지급하는 것과 — 사회는 이런 사람으로부터 더 많은 것을 얻기 때문에 당연히 그에게 더 많은 것을 되돌려 주어야 한다는 근거에서 — 많이 노력한 사람에게 더 많은 보수를 지급하는 것을 — 누구든 최선을 다한 사람은 마찬가지로 좋은 보수를 받을 자격을 지니며 그 자신의 잘못이 아닌 다른 이유로 낮은 보수를 받아서는 안 된다는 근거에서 — 지지하는 논증을 펼친다. 하지만 그는 또한 다음과 같이 지적한다. 재능과 기술이 뛰어난 사람은 '다른 사람들로부터 크게 칭찬받고, 사회에 상당한 개인적인 영향력을 발휘하며, 이에 동반되는 내적인 만족감을 느끼므로 여기에 더해 세속적인 재화를 많이 할당받지 못하더라도 이미 충분한 이익을 누린 셈이다. 그러므로 정의를 실현하기 위해 사회는 재능을 타고나지 못한 사람들에게 어떤 보상을 제공함으로써 이런 불평등한 이익을 확대하기보다는 줄여 나가야 한다'(254 [V, 30]).

밀은 오직 정의의 관점에서만 바라보면 위의 두 견해 사이의 대립이 해소될 수 없다고 주장한다. '오직 사회적 공리만이 어떤 쪽이 더 나은 지를 결정할 수 있다'(같은 곳). 어쩌면 그는 정확히 평등한 분배나 필요에 따른 분배 또한 우리의 정의감뿐만 아니라 공리주의적 근거에 호소해야 한다는 점을 덧붙일 수도 있었을 듯하다.

V, 31

여기서 밀은 세금을 부과하고 정당화하는 방법들이 서로 충돌한다는 점을 지적한다. 여러 방법 중 하나는 납부 능력에 비례해서 세금을 부과하는 것, 즉 납부 능력이 충분한 사람들에게 더 높은 세율을 적용하는 누진세를 도입하는 것이다. 이에 반대되는 것으로 마치 어떤 클럽의 회원들이 같은 수준의 혜택을 누리면 같은 비용을 지불하듯이 모두에게 같은 총액의 세금을 부과하는 방법이 있다. 후자의 방법은 정부와 법률이 모든 국민을 같은 수준으로 보호하므로 모두에게 같은 액수의 세금을 부과하는 것이 전혀 부당하지 않다는 주장을 통해서 지지된다. 이는 또한 상점 주인이 손님들의 재산에 따라 상품에 다른 가격을 매기지 않고 모든 손님들에게 같은 가격으로 판매한다는 주장을 통해서도 지지된다. 하지만 밀은 이런 주장을 세금 제도에 적용하는 것은 아무런 지지도 받을 수 없다고 말한다. 왜냐하면 이는 '인간적 감정과 사회적 공리의 개념에'(254 [V, 31]) 명백히 반하는 것이기 때문이다. 밀은 19세기 말 미국에서 시행되었던, 가난한 사람들의 참정권을 박탈하기 위한 '인두세'(poll tax)나 20세기와 21세기에도 이어지는 '일률 과세'(flat tax)를 옹호하려는 시도 등을 알지 못했다. 인두세는 정의가 아니라 오히려 불의를 실현하기 위한 근거로 도입된 것이었으며, 일률 과세는 누진세를 피하려는 부자들의 허울 좋은 경제적 근거에서 시행된 것이었다.

　밀은 국가가 부자들의 많은 재산을 보호해 주고 부자들을 위해서 더 많은 일을 하므로 가난한 자보다는 부자가 더 많은 세금을 내는 것이 적절하다는 주장을 검토한다. 그러면서 이는 사실이 아니라고 말한다. '왜냐하면 부자는 정부나 법률이 없더라도 가난한 사람보다 자신을 훨씬 더 잘 지킬 수 있으며, 아마도 가난한 사람들을 교묘하게 자신의 노예로 만들어 버릴 것이기 때문이다' (255 [V. 31]). 이런 밀의 주장은 옳은가? 부자들은 자신의 재산을 지키기 위해 어떤 보호 업체를 고용할 수 있는 반면 가난한 사람들은 그렇게 할 수 없지 않은가? 이런 업체가 없다면 가난한 사람들은 부자들로부터 값나가는 모든 것을 약탈하려 들 것인가? 밀은 이런 견해들 사이의 중재안으로 개인의 생명을 보호하는 데는 모든 사람이 같은 액수의 세금을 내야 하지만 재산을 보호하는 데는 다른 액수의 세금을 내는 방식을 제안한다. '현재와 같은 혼란에서 벗어나려면 공리주의 이외의 다른 방법이 없다' (같은 곳).

　분배적 정의의 원리가 오직 공리에 호소함으로써만 해결될 수 있다는 밀의 주장에 대한 반박이 롤스(John Rawls, 1921–2002)의 『정의론』(A Theory of Justice, 1971)에서 제기된다. 롤스는 공리주의에 대한 대안으로 이상적인 사회 계약론을 제시한다. 롤스에 따르면 사회 계약은 역사상 실제로 발생했거나 발생했을 가능성이 있는 무언가가 아니다. 그것은 공정성을 지닌 정의의 원리들을 지지하는 논증을 생각할 수 있는 방식 중 하나이다. 왜냐하면 계약이 이루어지는 공정한 상황을 상상할 수 있기 때문이다. 그는 사회 구성원들이 그 사회에서 자신이 어떤 지위를 차지할지(부유할지 가난할지, 권력을 누리는 지위에 있을지 그렇지 않을지 등을), 심지어 특정한 개인적 성향이 어떤지도(종교를 믿는지 그렇지 않은지, 삶의 계획이 어떤지, 진보적인지 보수적인지 등을) 전혀 모르는 상태에서 정의의 원리를 선택하게 된다고 주장한다. 그는 사회 구성원들이 합리적이며 자기 이익을 추구하지만, 시기심이 크지는 않으며 현재의 과학 수준에서 제공되는 관련 정보를 충분히 지닌다고 가정한다. 롤스는 이들이 자기 이익을 추구하는 존재라는 점이 제대로 작동하려면 설령 각자 서로 다른 목표를 추구하더라도 모두가 원하는 어떤 재화나 가치가 있어야 하며, 이들은 이런 것을 얻으려는 동기를 지녀야 한다고 가정한다. 이런 재화나 가치에 속하는 것으로는 더욱 큰 자유와 기회, 부와 수입, 권력과 권위, 그리고 자기 존중의 토대 등을 들 수 있다. 롤스는 이런 상황에서 선택된 정의의 원리 또는 원리들은 공리주의적 원리가 아니라 더욱 구체적인 두 개의 원리일 것이라고 주장한다. 이들 중 첫 번째 원리는 기본 권리와 의무의 평등을 요구하는 원리이며, 두 번째 원리는 사회적, 경제적 불평등을 — 예를 들면 부와 권위의 불평등을 — 모든 사람을 위해, 특히 사회의 최소 수혜자들을 위해 보상하는 원리가 될 것이다. 롤스는 이런 원리들을 통해 전체 집단의 더욱 큰 이익을 위해 소수가 겪는 피해를 정당화하는 제도들을 배제할 수 있으리라고 굳게 믿는다.

하지만 롤스가 묘사한 상황에 놓인 사람들은 왜 공리의 원리를 채택하지 않는가? 오히려 전체의 복지를 극대화함으로써 각 개인의 복지라는 기대 공리를 — 즉 개인이 어느 정도 수준의 복지를 누릴 확률을 — 극대화하는 쪽을 채택하지 않겠는가? 롤스는 이런 주장에 반대하면서 자신이 제시한 상황에서는 어느 누구도 감수하려 하지 않을 위험 부담이 존재한다고 말한다. 그는 설령 공리주의적 정의의 원리를 채택할 경우 기대 공리의 평균이 최대가 된다고 할지라도 전체의 최대 이익을 위해 희생되어 받아들일 수 없는 고통을 겪는 소수가 존재할 수 있다고 주장한다. 공리에 기초한 밀의 권리 이론이 이런 결과를 낳는다면 이는 매우 흥미로운 문제이다. 밀은 공리주의가 각 개인의 행복이 — 행복의 정도가 같다고 가정하고 — 다른 사람의 행복과 정확히 동일하게 계산되어야 한다는 점을 요구한다고 말한다. '사회적 공리로 인정받은 무언가가 반대의 경우를 요구할 경우를 제외하고는 모든 개인은 평등하게 대우받을 **권리**를 지닌다고 생각된다. 따라서 공리에 기여하는 것으로 여겨지지 않는 모든 사회적 불평등은 단순한 손실이 아니라 불의라는 특성을 띠게 된다'(258 [V, 36]).

이는 롤스가 제시한 두 원리와 같은 기준을 제공하는가? 롤스의 첫 번째 원리는 평등한 권리와 의무를 요구하는데 이는 밀도 지지하는 관점이다. 밀은 동등한 권리를 옹호하면서 특정한 계층, 인종, 종교, 성별의 사람에게 어떤 특혜도 부여해서는 안 된다고 주장한다. 롤스의 두 번째 원리는 만일 불평등이 모든 사람을, 특히 최소 수혜자를 위한 이익을 보상하는 결과를 낳을 경우 정당화될 수 있음을 주장한다. 공리주의자들은 대체로 최소한의 이익을 얻는 사람들을 줄여야 한다는 — 부자의 더 많은 부와 수입보다는 가난한 자의 더 적은 욕구와 필요를 만족시키는 부와 수입을 추구해야 한다는 — 원리를 인정한다. 따라서 공리주의자는 분배적 정의의 원리를 통해 부자의 부를 늘이기보다는 사람들을 가난과 무지에서 벗어나게 하는 데 우선성을 둘 것이다. 롤스는 밀을 인용하면서 상식적인 정의의 규칙들, 특히 자유와 권리의 보호에 관한 규칙이나 상벌의 자격을 규정하는 규칙 등을 공리주의자도 지지하리라는 점을 인정한다. 하지만 롤스는 다음과 같이 말한다. '공리주의에서는 원리상 왜 몇몇 사람의 더 큰 이익을 다른 사람들의 더 작은 손실로 보상해서는 안 되는지, 더욱 중요한 문제로 왜 소수의 자유를 침해하는 것이 다수가 공유하는 더 큰 이익을 근거로 옳은 것으로 정당화되어서는 안 되는지에 대한 이유가 등장하지 않는다'(Rawls 1971: 26).

설령 '원리상' 이유가 등장하지 않는다 할지라도 실제로 공리주의적 계산의 결과가 롤스의 견해와 일치한다면 두 이론은 본질적으로 서로 일치한다고 볼 수 있다. 하지만 롤스는 공리주의가 사회 전체를 마치 한 개인인 듯이 여기면서 합리적 선택의 원리를 채택한다고 말한다. '공리주의는 개인들 사이의 차이를 진지하게 고려하지 않는다'(Rawls 1971: 27).

공리주의의 목표인 전체의 공리는 공정하지만 밀의 정의 이론이 구성한 권리 체계는 사람들이 이기적인 존재라는 점을 인정한다. 권리란 이기적인 다른 개인들에 맞서 마찬가지로 이기적인 개인의 안전을 보장하기 위한 것이므로, 권리는 다른 사람들의 복지와 조화를 이루는 한에서 개인의 생명, 자유, 재산의 손실을 방지할 것을 요구한다. 밀의 정의 이론을 적용한 결과가 롤스의 이론을 적용한 결과와 크게 다른지는 그리 명확하지 않다.

V. 32-36

직관적인 근거에서 정의의 원리를 지지하려는 시도에 반대하는 주장을 펼친 후 밀은 정의의 원리가 단지 공리 아래 놓이는 것이 아니라 공리주의의 관점에서도 가장 중요한 요소라는 점을 요약해서 제시한다.

나는 공리에 근거한 정의가 모든 도덕의 주요 부분이, 다른 무엇과도 비교할 수 없을 정도로 가장 강력한 구속력을 지니는 부분이 되어야 한다고 생각한다. 정의란 어떤 종류의 도덕 규칙을 지칭하는 이름인데, 이 도덕 규칙은 우리의 삶을 인도하는 다른 어떤 규칙보다도 인간의 복지와 긴밀하게 관련되기 때문에 더욱 절대적인 의무가 되어야 한다. 그리고 우리가 정의라는 관념의 핵심으로 생각해 온 개념, 즉 개인이 지닌 권리라는 개념은 이런 구속력을 지닌 의무를 함축하고 입증한다. (255 [V. 32])

밀은 각 개인의 자유를 부당하게 침해하는 것을 포함하여 사람들이 서로에게 해를 입히는 것을 금지하는 도덕 규칙들은 우리가 인간사의 많은 문제를 어떻게 하면 가장 잘 해결할 수 있는지를 지적하는 다른 모든 규칙보다도 중요하다고 말한다. '오직 이런 규칙들을 준수함으로써만 사람들 사이의 평화가 유지된다. 만에 하나 이런 규칙들이 제대로 준수되지 않고 이를 위반하는 예외가 난무한다면 누구나 다른 모든 사람들을 적으로 여겨 항상 이들에 맞서 자신을 지켜 내야 할 것이다' (255 [V. 33]). 이런 밀의 주장은 다시 한 번 홉스를 떠올리게 만든다. 홉스는 법률을 제정하거나 강제할 권력이 없는 '자연 상태'에서는 만인에 대한 만인의 전쟁이 발생한다고 주장한 바 있다. 밀은 계속해서 단지 서로가 이익을 얻으리라는 교육과 권고만으로는 충분하지 않다고 말한다. 사람들은 때로 다른 사람의 이익에 관심을 보이기도 하지만 그보다 앞서 다른 사람들이 자신에게 해를 입히지 않아야 할 필요성을 항상 느낀다. 그리고 바로 이 점 때문에 정의의 의무들이 성립한다. 정의의 준수를 명령하는 것과 같은 동기가 정의를 위반한 사람들을 처벌하도록 강요한다. 밀은 신뢰나 약속을 어김으로써 기대를 저버리는 것 또한 처벌의 동기에 포함시킨다. 이에 관해 밀은 다음과 같이 말한다. '각자에게 합당한 바를 각자에게 주는 것, 즉 선은 선으로, 악은 악으로 되갚는 것은 우리가 지금까지 규정해 온 정의의 관념 안에 이미 포함될 뿐만 아니라 우리가 내리는 평가에서 정의를 단순한 이익보다 상위에 두려는 강력한 정서의 적절한 표현이기도 하다' (256 [V, 34]).

이어서 밀은 지금까지 논의해 온 정의의 원리를 실행하기 위한 수단으로 사용되는 몇몇 법률적 규칙들을 검토한다. 그는 각 개인은 오직 자신이 자발적으로 행한 바에 대해서만 책임이 있다는 규칙이나 어떤 사람에게 이유도 들어 보지 않고 무조건 그를 비난하는 것은 옳지 않다는 규칙, 처벌은 범죄 정도에 비례해야 한다는 규칙 등은 제멋대로 효과 없는 처벌을 남발하는 일을 막기 위한 것이라고 말한다.

밀은 평등의 규칙이 각자를 그의 공적에 따라 대우하라는 원리의 당연한 귀결이라고 말한다. 사회는 평등을 금지하는 어떤 의무가 없을 경우 모든 사람을 평등하게 대우해야 한다. '이것이야 말로 사회적, 분배적 정의를 규정하는 최상의 추상적 기준이다. 모든 제도와 덕을 갖춘 모든 시민들의 노력은 가능한 한 이 기준을 향해 집중되어야 한다' (257 [V, 36]). 밀은 이것이 바로 최대 행복의 원리, 즉 행복의 정도가 같다고 가정할 때 각 개인의 행복은 다른 사람의 행복과 정확히 동등하게 고려되어야 한다는 원리의 의미 자체에 의존한다고 말한다. 그리고 누구나 평등하게 행복을 요구할 자격이 있다는 말은 곧 '누구나 행복을 위한 모든 수단을 평등하게 요구할 자격이 있다는 말이다. 물론 인간사의 부득이한 사정이나 모든 개인의 이익을 포함하는 전체의 이익이 이 규칙을 제약할 경우에는 예외가 발생한다. 하지만 이런 제약은 매우 엄격히 해석되어야 한다' (258 [V, 36]).

밀은 과거에 많은 불평등한 관행이 사회 이익을 위해 필요하다는 이유로 존재했다고 말한다. 하지만 이들이 필요하지도 않고 이익을 낳지도 않는다는 사실이 밝혀지면 이들은 '단지 불이익이 아니라 불의에 속한다는 특성을 띠게 되고, 또한 매우 전횡적인 것으로 드러나기 때문

에 사람들이 지금까지 이런 불평등을 어떻게 관용해 왔는지 의아하게
생각될 정도에 이른다'(같은 곳). 그는 '노예와 자유민, 귀족과 농노,
지배 계급과 평민 사이의 구별이 이에 속하며, 서로 다른 피부색, 인종,
성별 사이의 차별 대우 또한 곧 사라질 것이며 일부는 벌써 그렇게 되
었다'(259 [V, 36])고 말한다. 여기서 밀은 이런 차별이 사회 전체의
이익을 위한 것으로 여겨지기보다는 단지 권력층의 이익을 위한 것으
로 여겨진다는 사실을 간과하지 않는가? 권력을 차지한 강자들은 약자
들이 열등하다고 주장함으로써 자신들의 우월한 지위를 정당화하려 해
왔다. 노예 소유주들은 노예 경제가 국가에 이익이 된다고 주장했지만
과연 그들이 노예들의 고통을 제대로 고려했는가? 이들은 노예 제도를
허용하는 법률을 근거로 자신들의 지위를 정당화했으므로 법률을 어기
지는 않았다. 하지만 이들이 법률을 준수한 까닭은 그것이 노예들에게
이익이 되기 때문이 아니라 노예 소유주로서 자신들의 이익에 도움이
되고 자신들이 소유한 인적 재산을 잃지 않기 위해서였다. 불평등한
제도가 시행될 때면 항상 열등한 계층이 그런 제도를 선호한다는 주장
이 고개를 들곤 했다. 제대로 공리를 계산하기보다는 이런 그릇된 합
리화가 지금까지 통용된 것이 아닌가? 밀이 언급한 예 중에 가장 그럴
듯한 것은 남성과 여성의 관계에 관한 것이다. 예를 들면 여성들은 자
신의 역할을 오직 가정 내부로만 한정하여 현모양처가 되고 남편에게
순종하는 것이 유익하다는 주장이 제기되기도 한다. 하지만 이는 자주
여성 자신의 목소리가 아니라 그들을 지배하는 남성들의 견해임이 드
러난다.

   밀은 이 문단에서 불평등이 오히려 정의롭다는 믿음이 변화하는 까
닭은 불평등이 낳는 공리에 대한 평가가 변화하기 때문이라고 주장한
다. 이런 견해는 어느 정도 사실과 부합하는 듯하다. 대체로 산업화 이

전의 경제 체제에서는 성별에 따른 노동의 분화가 더 효과적이었을지
도 모른다. 하지만 산업화와 더불어 남성뿐만 아니라 여성과 어린이도
가정을 떠나 공장에서 효과적인 노동을 할 수 있게 되었다. 여성이 공
장에서 노동을 할 수 있게 되었다면 왜 여성에게 전통적으로 남성이 독
점했던 직업적 지위를 부여해서는 안 되는가? 여성이 학문과 경제에
기여할 기회를 상실하는 것은 사회적 이익이라는 관점에서도 큰 손실
과 속박으로 여겨지며, 바로 이를 기초로 교육과 고용에서 여성을 차별
하는 일은 정의롭지 못하다는 평가를 받게 된다. 이런 설명은 상당히
그럴듯하다. 하지만 차별은 불이익을 넘어서는 무언가가 아닌가? 밀은
정의를 공리 아래 놓으려고 노력하면서 공리와 무관하게 정의 자체의
이름으로 주장되는 요소들을 간과한 것이 아닌가? 이에 대하여 밀은
정의는 권리와 연결되는데, 어떤 권리가 정당화될 수 있는가는 사회가
보호할 경우 좋은 결과를 낳는 권리라고 대답할 듯하다. 차별에 반대하
는 주장을 펴면서 차별받는 희생자들은 일종의 권리로서의 평등을 내
세운다. 하지만 밀에 따르면 과연 그 권리가 보호받아야 하는가는 결과
를 계산하여 결정할 문제이다. 이는 적절한 대답인가? 시민 전체의 더
욱 큰 이익을 위해 소수를 억압하는 경우를 생각해 보자. 과연 이것이
정의로운가?

V, 37-8

여기서 밀은 자신의 결론을 요약한다. '지금까지 논의해 온 바에서 다
음과 같은 것이 드러난다. 정의란 어떤 도덕적 요구를 지칭하는 이름인
데, 전반적으로 고려할 때 정의는 사회적 공리에 기여하는 정도가 다른
어떤 것보다도 훨씬 더 높으므로 더욱 중요한 의무로 여겨진다'(259
[V, 37]). 하지만 밀은 어떤 특수한 경우에는 권리가, 따라서 정의가 침

해될 수도 있음을 인정하려 한다. 그는 음식이나 약품을 훔치는 것은
누군가의 재산권을 침해하는 일이지만 사람의 생명을 구하기 위해서라
면 허용될 수 있다는 예를 든다. 그는 환자의 생명을 구할 수 있는 의사
가 단 한 명뿐이라면 그 의사에게 환자를 돌보라고 강요함으로써 의사
의 자유권을 침해하는 일도 허용된다고 말한다. 밀은 우리가 이런 상황
에 대해 일반적인 경우에서는 정의로운 바가 — 즉 재산과 자유를 존중
하는 것이 — 이런 특수한 경우에는 정의가 아니라고 말한다는 점을 지
적한다. '이렇게 적절한 언어 표현을 사용함으로써 결코 침해될 수 없
는 것이라는 정의의 특성은 유지되며, 우리는 칭찬할 만한 불의가 존재
할 수 있다고 주장해야 하는 부담에서 벗어나게 된다'(같은 곳).

　밀은 정의라고 불리는 경우는 항상 공리를 증진하는 경우임이 명백
하다고 말한다. 정의를 공리와 구별하게 만드는 바는 정의와 불의의 경
우에 부수되는 특별한 정서이다. 그는 이런 정서, 예를 들면 사회적 이
익에 대한 요구와 공존함으로써 도덕적이 되는 자연스러운 분개심 등
에 대한 자신의 분석을 반복해서 언급한다(259 [V, 38]). 그러면서 그
는 이런 정서가 공리주의 윤리학을 인도하는 나침반으로 작용한다고
주장한다.

　　정의는 다음과 같은 사회적 공리를 지칭하는 데 적절한 이름이다. 즉 (어
　　떤 특수한 경우에는 그렇지 않을 수도 있지만 대체로) 다른 어떤 것보다도
　　훨씬 더 중요하며, 따라서 더욱 절대적이고 명령적인 공리를 지칭한다. 따
　　라서 이 공리는 정도뿐만이 아니라 종류도 전혀 다른 특별한 정서에 의해
　　인도되어야 하며 사실 자연스럽게 인도된다. 그리고 이 정서는 단지 인간
　　의 쾌락이나 편리를 증진하는 데 그치는 관념에 부수되는 가벼운 감정과
　　는 구별된다. 그런데 이런 구별은 그런 정서가 내리는 더욱 명확한 본성을

지닌 명령과 그것이 가하는 더욱 엄격한 특징을 지닌 제재에 의해서 이루어진다. (같은 곳)

비판적 논점

『공리주의』 5장에서 밀의 목표는 공리주의가 정의의 요구와 충돌하지 않는다는 점을 보이는 것이다. 그는 가장 핵심적인 내용을 파악하기 위해 우선 우리가 정의와 불의에 대해 공통적으로 지니는 관념의 특징을 밝힘으로써 논의를 시작한다. 그는 여섯 가지 특징을 제시하는데 이들은 다음과 같다. 첫째, 누군가에게서 그의 법적 권리를 빼앗는 것은 정의롭지 못하다. 둘째, 누군가에게서 그의 도덕적 권리를 빼앗는 것은 정의롭지 못하다. 셋째, 각 개인에게 그가 마땅히 받을 만한 바를 주는 것은 정의롭다. 넷째, 누군가와의 신의를 저버리는 것은 정의롭지 못하다. 다섯째, 불공평한 것은 정의에 어긋난다. 마지막으로 정의는 평등과 연관된다. 상식적인 수준에서 통용되는 정의와 불의의 개념 중 혹시 밀이 빠뜨린 것은 없는가? 그는 이런 특징들을 적절한 비중을 부여해 평가했는가? 그는 이런 용어들의 어원을 검토한 후 가장 핵심적인 것은, 정의롭지 못한 행위는 처벌받아야 한다는 점이라고 결론짓는다. 그의 견해대로 이것이 가장 핵심적인 요소인가, 아니면 다른 어떤 특징이 이와 동일하게 또는 이보다 더 중요한가? 예를 들면 가난하거나 노숙자 집단에 속하는 사람들은 현재의 불평등한 상태에 대해 책임을 지고 처벌받아야 할 범죄자를 명확히 지정할 수는 없지만 현 상태는 분명히 정의롭지 못하다고 생각할지 모른다. 아니면 부와 명예를 누릴 만한 자격이 없는 사람이 부와 명예를 누리는 것 또한 정의롭지 못하지만 이런 불의에 책임을 지고 처벌받을 사람을 찾을 수 없다고 생각할지도 모른다. 어쩌면 밀은 정의롭지 못한 **상태**에 대해서는 제대로 주의를 기울이지 않고 오직 정의롭지 못한 **행위**에만 집중한 듯도 하다. 현실에는 정의롭지 못한 법률과 전통, 정의롭지 못한 정치, 경제, 신분 체제 등이 수없이 존재하는데, 이런 체제를 바꿀 수 있지만 바꾸려 하지 않는 권력자가 누구인지를 분명히 지적할 수 없다면 이런 불의에 대한 책임을 물어 처벌받아야 할 사람을 지정하기는 몹시 어렵다 — 그리고 현실적으로 권력자들은 처벌받기보다는 다른 사람으로 교체되는 일이 잦다.

법적 제재가 모든 도덕을 전체의 공리와 분리한다고 주장한 후 밀은 어떤 개인 또는 개인들이 지니는 권리와 관련되는 의무와 어떤 권리도 낳지 않는 도덕적 의무를 구별한다. 권리의 침해는 일반적으로 개인적 권리라는 개념을 포함하는 듯이 보인다. 어떤 불의가 개인들에게서 소유물을 빼앗는 것이든, 신의를 저버리는 것이든, 아니면 개인을 마땅히 대우받아야 할 정도보다 낮게 대우하는 것이든 간에 희생자들은 자신의 권리가 침해되었다고 주장할 수 있다. 설령 이에 대해 책임질 사람이 없는 경우에도 권리가 침해되었다는 사실 자체는 변하지 않는다. 그렇다면 밀은 정의 및 불의의 개념을 책임질 수 있는 행위자가 존재하는 경우에만 성립하는 것으로 지나치게 제한하지 않았는가?

밀의 논증에서 매우 중요한 부분은 정의 및 불의의 **정서**를 정의가 요구하는 **행위 규칙**과 구별한 것이다. 밀은 이 감정을 분석한 후 이것이 손해가 되는 행위를 행한 사람을 처벌하려는 욕구 및 그런 행위를 행한 개인 또는 개인들을 명확히 지정할 수 있다는 믿음을 포함한다고 말한다. 여기서 밀은 다시 한 번 손해가 되는 행위를 행한 개인을 분명히 확인할 수 있다고 가정함으로써 감정의 대상을 지나치게 제한한 것이 아닌가? 그가 이런 감정에 속하는 것으로 여기는 분개심이나 공감은 어떤 정의롭지 못한 상황을 보고 느끼는 것인데, 그런 상황에 대한 책임을 물어 우리가 보복할 수 있는 명확한 범죄자가 존재하지 않는 경우도 있다. 우리는 부당하게 피해를 당한 사람에게 공감을 느껴 분노하기도 하지만 이런 분노의 대상이 명확하지 않은 경우도 많다. 우리는 사회 전반의 실패에 대해 강력히 항의할 수 없으며 그저 여러 사건이 일어나고 전개되는 대로 지켜볼 수밖에 없지 않은가?

그다음으로 밀은 위의 정서가 사회적 감정에 의해 '도덕화'되어야 한다고 말한다. 왜냐하면 사회의 공통적 이익이 이런 정서를 억압하는 일이 일종의 상처가 되지 않는다면, 이런 정서는 도덕적일 수 없기 때문이다. 여기서 밀은 자신의 공리주의적 관점에서 벗어나는 것이 아닌가? 이런 정서는 만일 우리가 이런 정서를 지닌다면 사회가 더욱 나아지리라는 느낌 없이는 갖기 어려운 것일지도 모른다. 예를 들어 부유한 사람은 거액의 상속세를 지불하는 데 대해 분개하면서 자신이 원하는 대로 재산을 분배할 자격이 있다고 주장하는 동시에, 자기 마음대로 돈을 쓰는 것보다는 세금을 내는 편이 전체의 복지에 기여하는 사회적 목표를 실현하는 데 더 크게 도움이 된다는 점을 인정할 수도 있다.

밀은 무언가를 개인의 권리라고 부를 때 우리는 그 개인이 사회에 대해 그것의 소유를 보호해 달라고 타당하게 요구할 수 있음을 의미한다고 말한다. 하지만 왜 사회가 그런 권리를 보호해야만 하는가라는 질문에 대해 밀은 전체의 공리 이외에 다른 이유를 찾을 수 없다고 말한다. 그리고 바로 이 점에서 밀과 다른 학자들의 견해가 갈라진다. 직관주의자들은 사람들이 어떤 권리를 지녀야 하는지를 직관을 통해 인식할 수 있다고 주장할 것이다. 사회 계약론자들은 권리의 기초를 형성하는 사회 계약이 어떻게 이루어지는지에 대해 언급하려 들면서 권리가 반드시 전체의 공리와 일치할 필요는 없다고 주장할 것이다. 밀은 이런 대안들을 인정하지 않는다. 그렇다면 과연 밀이 이런 대안들보다 더 나은 설명을 제공했는가라는 질문이 제기된다.

  직관주의자에 반대하는 밀의 논거 중 하나는 처벌, 임금, 세금 제도
와 관련해서 어떤 정책이 정의롭거나 정의롭지 않은지에 대해 논쟁이
끊이지 않는다는 점이다. 만일 우리가 정의를 명확한 내적 직관을 통해
인식할 수 있다면 왜 그렇게 많은 논쟁이 일어나는지 이해하기 어렵다.
과연 이것이 직관주의에 대한 적절한 반박인가? 사람들은 서로 다른
교육을 받으면서 성장하며, 그들 모두가 올바른 신념을 갖는 것은 아니
다. 무엇이 정의인가에 대한 다양한 이론들 중 얼마든지 틀린 것도 포
함될 수 있다. 나는 밀이 '눈에는 눈'이라는 식의 이론을 틀린 것으로
생각했다고 믿는다. 하지만 보복에 근거한 이론을 참이라고 믿는 직관
주의자는 다른 이론이 틀렸다고 말할 것이며, 예를 들면 공리주의 이론
을 타락한 것으로 여길지도 모른다. 밀은 다양한 의견이 등장하는 까닭
은 공리를 산정하는 방법이 다르기 때문이라고 주장한다. 그의 견해는
옳은가? 오히려 공리와 무관하게 각자에게 자신의 몫을 주는 것이 정
의라는 가정 때문에 의견의 차이가 발생하는 것이 아닌가?
  사람들이 가장 중요하게 여기는 권리, 즉 안전 보장의 권리를 공리주
의에 기초해 정당화할 수 있다는 밀의 주장은 분명히 옳다. 공리가 공
리주의적인 정의와 불의 개념에 대해, 특히 정의와 불의에 관련된
'도덕화한' 특별한 감정에 대해서도 적절한 기초를 제공한다는 밀의
주장도 옳다. 하지만 권리 체계를 설명하는 다른 대안들이 존재하며,
이런 대안적 이론들 또한 여러 권리를 옹호하는 충분한 기초를 제공한
다는 점 또한 분명한 사실이다. 그렇다면 과연 밀의 공리주의가 여러
대안들 중 최선의 것인가라는 질문이 계속 제기되지 않을 수 없다.

연구를 위한 물음들
정의의 '감정'은 정의가 요구하는 '행위 규칙'과 구별되는가?

정의는 권리와 상호 관련된 도덕적 의무들의 집합인가?
과연 밀은 정의가 공리 아래 놓인다는 점을 증명했는가?

요약

밀은 공리주의 윤리에 대한 주요 반박에 답하려 했다. 공리주의가 오직 돼지에게나 어울리는 이론이라는 반박에 맞서 그는 오직 인간만이 경험할 수 있는, 쾌락의 질적 우월성이라는 개념을 도입했다. 질적 우월성의 기준은 서로 다른 다양한 종류의 쾌락을 경험한 사람들의 선호와 그런 선호에 대한 충분한 자기관찰과 분석이다. 밀은 또한 다른 반박에 대해서도 답하려 한다. 즉 행복은 도달할 수 없는 것이라는 반박, 행복 없이 견디는 것이 모든 덕들의 필요조건이라는 반박, 사람들이 항상 전체의 행복을 증진하기 위해 행위하기를 바라는 것은 지나친 기대라는 반박, 공리주의는 신을 인정하지 않는 이론이라는 반박, 공리주의는 행위자가 원리에 따라 행위하는 것이 아니라 각자의 편리에 따라 행위하는 것을 허용한다는 반박, 행위에 앞서 행위 결과가 전체의 행복에 기여하는 바를 계산할 시간이 부족하다는 반박, 공리주의는 행위자가 자신의 경우를 도덕 규칙에 대한 예외로 인정하는 것을 허용한다는 반박 등에 대해 답하려 한다. 이런 반박들은 모두 『공리주의』 2장에 등장하는데 이들에 대해서는 위의 '본문 읽기'에서 충분히 논의했다. 그다음 3장에서 밀은 도덕 규칙에 따라 행위하도록 만드는 동기에 관해 논의하면서 공리주의가 어떤 도덕 체계에 대해서도 적용될 수 있는 모든 제재를 포함한다고 주장한다. 여기에 더해 사람들이 문명의 진보에 기여하고, 자신의 복지를 다른 사람들의 복지와 연결 짓도록 만드는 특별한 동기가 공리주의 윤리를 통해 제공된다. 4장에서 밀은 행복이 목적으로서 가치를 지니는 모든 것을 포함한다는 주장을 지지하는 심리학적 논거를 제시한다. 그리고 5장에서 그는 정의가 공리와 충돌하지 않을 뿐만 아니라 공리주의자도 정의에 가장 큰 관심을 보인다는 점을 밝히려 한다.

　밀이 『공리주의』를 서술한 목적을 위와 같이 요약할 수 있다. 밀의 논증을 평가하고 밀이 과연 성공했는지를 결정하는 일은 더욱 예리한 독자들의 몫으로 남겨 두려 한다.

4장
수용과 영향

슈니윈드(J. B. Schneewind)는 '1861-76년 사이 밀의 『공리주의』에 대해 제기된 몇몇 비판에 관하여'(Concerning some criticisms of Mill's *Utilitarianism*, 1861-76, 1976)라는 논문에서 밀의 『공리주의』에 대한 초기의 반응을 탐구했다. 그는 밀의 저술이 쓰일 당시에 세속적인 관점에서 공리주의를 체계적으로 설명한, 쉽게 접근할 수 있는 저술이 없었다고 말한다. 18, 19세기에 등장한 초기 공리주의자들은 대부분 신학적 형태의 공리주의를 주장했다. 이들 중 가장 널리 알려진 인물인 페일리(William Paley, 1743-1805)는 종교적일 뿐만 아니라 보수적이었다. 벤담의 『도덕과 입법의 원리 서설』은 1823년에서 1876년 사이에는 단행본으로 출판되지 않았다. 스코틀랜드의 대학들은 반공리주의자들이 주도했으며, 옥스퍼드에서는 밀의 『논리학 체계』를 다룬 강의는 행해졌지만 공리주의 윤리에 관한 강의는 행해지지 않았다.

　『공리주의』를 출판할 당시 밀은 영국 최고의 철학자였다. 하지만 그가 유명한 까닭은 『논리학 체계』와 『정치 경제학 원리』, 『자유론』 등의 저술과 여러 잡지에 기고한 논문들 때문이었다. 『프레이저즈 매거진』에 처음 실렸던 『공리주의』는 그리 주목받지 못했으며, 거의 비판적인 평가만을 받았다. 밀이 『공리주의』에서 공격 대상으로 삼았던 직관주의자들이 강력히 비난했을 뿐만 아니라 종교적 저술가들은 공리주의가 타락한 철학에 불과하다고 설교했다. 1869년 레키(W. E. H. Lecky)가

출판한『유럽 도덕사』(*History of European Morals*)에서 밀은 처음으로 주목받기 시작했다. 레키는 빅토리아 시대 윤리학의 주요 흐름을 둘로 — 직관주의와 공리주의로 — 나누어 설명했다. 레키는 공리주의에 강력히 반대했는데 그의 비판에 답한 것은 밀의 친구였던 몰리(John Morley)와 스티븐(Fitzjames Stephen)이었다. 이 중 스티븐은 밀의 공리주의는 옹호하면서도『자유론』은 비판하는 태도를 보였다. 레키는 밀을 제대로 소개하지 못했으며 심지어 공리주의에 반대하는 레키의 견해에 동의하는 사람들조차도 그가 밀이 제시한 공리주의 이론의 핵심을 제대로 파악하지 못했다고 생각했다.『공리주의』를 상세히 다룬 최초의 저술은 1870년 그로트(John Grote)가 출판한『공리주의 철학 검토』(*An Examination of the Utilitarian Philosophy*)였다. 뒤이어 1872년에 출판된 캘더우드(Calderwood)의『도덕철학 편람』(*Handbook of Moral Philosophy*)에는 이제 밀이 전형적인 공리주의를 제시한 인물로 인정받는다는 언급이 등장하며, 1874년 버크스(T. R. Birks)는 자신의 강의록『현대 공리주의』(*Modern Utilitarianism*)에서 밀뿐만 아니라 벤담과 페일리도 소개하면서, 특히 밀의 이론을 상세히 비판하는 모습을 보였다. 시지윅(Henry Sidgwick)은 1874년 윤리학사에서 매우 중요한 저술로 평가되는『윤리학의 방법들』(*Methods of Ethics*)을 출판했다. 그는 공리주의 자체에 대해서는 공감을 표시했지만 밀의 핵심 주장 두세 가지에는 반대했다. 영국의 관념론 철학자인 동시에 19세기 후반의 중요한 윤리학자인 브래들리(F. H. Bradley, 1846-1924)는『윤리학 연구』(*Ethical Studies*, 1876)에 '쾌락 자체를 위한 쾌락'(Pleasure for Pleasure's Sake)이라는 논문을 수록했다. 여기서 그는 쾌락주의와 공리주의를 비판하면서, 특히 밀을 주요 공격 대상으로 삼는다.

슈니윈드는 앞서 언급한 논문에서 밀이 『공리주의』를 출판한 후 15
년 동안 등장한 반응은 거의 모두 적대적인 것이었다고 말한다. 슈니윈
드는 이런 반응의 이유로 네 가지를 지적한다. 즉 공리주의가 도덕과
무관한 개념으로부터 도덕적 개념을 도출할 수 있다고 여긴 점, 공리의
원리를 '증명'한 점, 상위의 쾌락과 하위의 쾌락을 구별한 점, 상식적
도덕 규칙들이 공리주의 윤리에서는 부차적 원리로 간주되기도 한다는
점이 이에 해당한다. 그로트의 저술에는 다른 비평가들이 제기한 비판
적 논점들 대부분이 등장한다.

　이런 비판적 논점들 중 하나는 '정직은 최선의 방책'이라는 말이 암
시하듯이 정직의 **관념**과 방책의 **관념**은 서로 별개의 것이라는 주장이
다. 레키는 모든 언어에서 그리고 모든 사람들이 한편으로 이익 및 공
리의 관념과 다른 한편으로 덕의 관념을 서로 분명히 구별한다고 주장
한다. 그로트는 이런 대비를 이상과 현실, 당위와 존재 사이의 대비로
확대한다. '옳음'은 결코 '행복에 이르는 데 도움이 됨'을 의미하지 않
는다. 다른 학자들은 도덕적 선이 더욱 단순한 요소들로 분해될 수 있
는 복합 관념이 아니라 그 자체로 단순 관념이라고 주장하기도 한다.

　공리의 원리에 대한 증명에 관해 초기 비판자들은 '볼 수 있
는'(visible)과 '바람직한'(desirable) 사이의 유비가 잘못된 것이라고
지적했다. 다른 비판으로는 각 개인이 자신의 행복을 바란다는 관찰이
결코 전체의 행복이 바람직한 것이라는 주장의 근거가 될 수 없다는 것
이 있으며, 또 다른 비판으로는 동일한 행복의 총량이 동일하게 바람직
하다는 주장을 거부하는 것도 있다. A의 행복과 같은 분량인 B의 행복
이 도대체 누구에게 동일하게 바람직하다는 말인가? 그로트는 만일 바
람직하다는 말이 **이상적으로 바람직한 것**을 의미한다면 이런 관찰을 통
해서는 우리가 바람직한 것을 바란다는 사실을 보일 수 없다고 말한다.

그의 주장에 따르면 설령 각 개인이 자신의 행복을 바란다 할지라도 집합체의 행복이 집합체에게 선이 된다고 결론지을 수 없다. 왜냐하면 집합체가 자신의 욕구를 지니지 않는 한 이런 결론은 무의미하기 때문이다. 시지윅은 각 개인이 자신의 행복을 바란다는 사실로부터 자연스럽게 추론을 진행하면 — 설령 이런 추론이 허용되더라도 — 밀의 결론인 보편적 쾌락주의가 아니라 이기적 쾌락주의에 이르리라고 주장한다. 하지만 시지윅은 밀의 심리학 자체를 — 즉 각 개인이 오직 자신의 행복을 바란다는 주장 자체를 — 거부한다.

비판자들 대부분은 만일 쾌락에 질적 차이가 있다면 어떤 독립적인, 비쾌락주의적인 기준이 도입되어야 한다고 주장한다. 그로트는 우리가 행하는 활동의 진행 과정을 비교함으로써 목적으로서의 쾌락을 여러 종류로 분리하는 데 반대한다. 시지윅은 일관성을 유지하려면 쾌락에 대한 모든 질적인 비교는 양적인 비교로 환원되어야 한다고 주장한다. 오직 몰리만이 레키의 저술에 대한 서평에서 밀의 구별을 옹호한다.

상식적 도덕이 우리가 다양한 종류의 행위가 낳은 결과로부터 배운 바에 기초하므로 공리주의의 관점에서는 부차적 원리들로 여겨질 수 있다는 주장에 대해, 시지윅은 이런 원리들이 전체의 행복에 이르는 최선의 방법이 무엇인가에 대한 고찰로부터 등장하지 않았다는 점을 지적한다. 그는 직접 선호되는 행위와 어떤 목적을 위한 수단으로 여겨지는 행위 사이에는 범주적 차이가 있다고 주장한다. 브래들리 또한 이런 비판을 제기한다. 상식적인 도덕 규칙은 전체의 복지를 위한 규칙보다 훨씬 더 강력한 구속력을 지닌다. '간음하지 말라'는 규칙은 최선의 방책을 지시하는 것이 아니라 그 자체로 반드시 지켜야 하는 법칙이다. 이런 초기 비판들은 그 후 계속해서 공리주의에 대한 가장 일반적인 비판으로 자리 잡았다. 하지만 그 후 등장한 밀 지지자들은 이런 비판에 답하려 했다. 수많은 밀 연구자들은 이런 비판이 밀에 대한 오해나 그릇된 논증 또는 이들 둘 모두로부터 비롯되었기 때문에 충분히 반박 가능하다고 생각했다. 『공리주의』를 다룬 20세기 문헌들은 대부분 초기 비판을 반복해 언급하고 이에 답하는 내용으로 구성된다.

슈니윈드에 따르면 밀이 『공리주의』를 쓰기 이전까지 공리주의는 도덕의 체계를 무너뜨리는 이론으로, 기독교의 핵심 교리와 조화를 이룰 수 없는 것으로 여겨졌다. 또한 공리주의는 정치적 타락과 올바른 신앙의 붕괴를 상징하고, 여성의 예의범절을 파괴하는 것으로 비난받았다. 밀 이전의 공리주의자들은 기존의 도덕을 받아들이는 데 매우 비판적이었으므로 직관주의자들은 그들이 기존 도덕을 아예 진지하게 고려하지 않는다고까지 생각했다. 상위/하위 쾌락에 대한 밀의 분석, 도덕 규칙을 과거 경험으로부터 얻은 지혜로 받아들이는 그의 태도 등은 직관주의자들이 공리주의를 제대로 된 철학 이론으로 여기는 계기를 제공했다. 이 결과 공리주의의 적절성에 대한 철학적 비판은 도덕적 신념에 대한 건전한 논의로 받아들여지게 되었다. 이들 모두는 밀의 덕택이다. 『공리주의』는 공리주의 이론에 대한 대중의 반감과 의혹을 제거했을 뿐만 아니라 이 이론이 건전하다는 견해가 철학적으로 지속되는 데 기여했다. 밀의 공리주의는 이전에 이 이론에 반대했던 철학자들의 견해까지도 포괄하려는 태도를 보이며, 이 결과 비판자들도 비록 공리주의에 많은 결점이 있기는 하지만 공리주의 이론 자체는 도덕철학에 중요하게 기여한다는 사실을 인정하게 되었다. 이런 생각은 시지윅에게서, 심지어 브래들리에게서도 잘 드러난다. 브래들리는 공리주의의 심장은 제자리를 잡았지만 두뇌는 아직 부족하다고 말했다. 따라서 밀의 『공리주의』는 출판된 지 15년도 안 되어 철학자들이 공리주의의 지위를 제대로 인정하도록 만들려는 목표를 충분히 이루었다고 말할 수 있다.

19세기 후반과 20세기 초반에 등장한 주요 철학자들은 공리주의의
결과주의적 관점은 채택하면서도 그것의 쾌락주의는 거부했다. 대표적
으로 무어(G. E. Moore, 1873-1958)는 『윤리학 원리』(*Principia Ethi-
ca*, 1903)에서 '옳음'을 '좋은 결과를 낳음'으로 정의하는 견해를 수용
함으로써 일종의 행위 결과주의 또한 수용한다. 하지만 그는 밀이 '선'
을 '쾌락'으로 정의하는 '자연주의적 오류'를 범했다고 비판한다. '자
연주의적 오류'란 '비자연주의적' 용어를 자연적 용어로 정의하려는
오류를 의미한다. 무어는 '선'을 비자연주의적 용어로 해석하며 '쾌
락'은 자연 안의 무언가를 기술하는 용어로 여긴다. 하지만 이는 밀을
오해한 결과이다. 밀은 결코 선을 쾌락으로 **정의**하지 않았기 때문이다.
어쨌든 이런 무어의 주장은 학자들이 그가 공격 대상으로 삼았던 밀의
『공리주의』에 크게 주목하게 만드는 결과를 낳았다. 당시 무어는 영국
의 주도적 철학자 중 한 사람이었으므로 밀에 대한 그의 오해는 이런
오해를 바로잡도록 다른 철학자들을 자극하는 결과를 낳았다. 무어는
선이 무엇인가라는 문제와 관련해서는 직관주의자였다. 무어에 따르면
우리는 무엇이 선인지를 직관하는데, 여기에는 쾌락뿐만 아니라 지식
과 아름다움도 포함된다. 래쉬달(Hastings Rashdall, 1858-1924)은
『선과 악에 대한 이론』(*The Theory of Good and Evil*, 1907)에서 자신
의 견해를 지칭하기 위해 '이상적(ideal) 공리주의'라는 신조어를 도입
했는데, 어쩌면 이를 무어에게도 적용할 수 있을 듯하다. 래쉬달은 행
위가 인간의 최대선 또는 복지를 산출하는 성향에 따라 판단되어야 한
다는 공리주의적 관점을 받아들였지만 이 선이 쾌락의 추구 및 고통의
회피로만 한정되어서는 안 된다고 생각했다. 이런 선들 중에는 행위자
의 도덕적 가치도 포함된다. 옳은 행위를 할 경우 행위자의 덕도 행위
의 가치 중 일부를 차지한다.

무어식의 공리주의는 일종의 '행위 공리주의'였는데, 이는 20세기의 여러 논의에서 공리주의의 표준적인 형태가 되었다. 밀의 공리주의를 행위 공리주의로 해석하는 데 반대할 만한 근거도 있지만, 1953년 엄슨(J. O. Urmson)이 강력하게 이의를 제기하기(Urmson 1953 : 33-40) 이전에는 밀 또한 대체로 행위 공리주의자로 해석되었다. 밀에 대한 해석과 무관하게 롤스(Rawls, 1955 : 3-32)와 브란트(Richard Brandt, 1959)를 비롯한 다른 학자들이 규칙 공리주의를 옹호한 이후에는 과연 밀이 행위 공리주의자인가 아니면 규칙 공리주의자인가가 더욱 중요한 논쟁의 주제로 떠올랐다. 수많은 논문과 저술에서 이 주제가 다루어졌는데 몇몇 학자들은 밀이 옳은 행위의 기준으로는 행위 공리주의를 주장하지만, 어떻게 가장 효과적으로 최대한 많은 옳은 행위를 할 것인가와 관련해서는 '전략적으로' 규칙 공리주의를 채택했다고 여기기도 한다. '본문 읽기'에서 드러났듯이 밀의 이론은 규칙뿐만 아니라 권리까지도 포함하며, 의무의 요구를 넘어서서 자선 및 자비와 관련되는 행위까지도 허용하는 도덕 규칙을 다루는 매우 복잡한 것이다.

20세기를 거치면서 밀의 『공리주의』는 공리주의 이론을 대표하는 표준적인 저술로 자리 잡았다. 『공리주의』는 수많은 윤리학과 도덕철학 강의에서 반드시 읽어야 할 원전이 되었으며, 영국의 많은 대학에서 철학 시험의 '필수 도서'로 지정되었다. 이렇게 폭넓게 가르쳐지고 연구되지만 『공리주의』의 세부 내용은 여전히 격렬한 논쟁의 대상이다. 4장에 등장하는 밀의 '증명'이 대표적인 예이다. 슈니윈드는 자신이 편집한 『밀의 윤리학 저술들』(*Mill's Ethical Writings*, 1965)의 서문에서 '지난 15년 동안 윤리학사를 통틀어 단일 주제로는 "밀의 증명"을 주제로 삼은 논문이 가장 많이 발표되었다'고 말한다(Schneewind, 1965 : 31). 1965년 이후 이런 논문의 수는 훨씬 더 많아졌다.

밀과 공리주의가 미친 영향은 밀의 원전을 연구하는 학자들뿐만 아니라 밀 또는 공리주의를 자신의 이론에 대한 가장 중요한 대안으로 여기는 학자들을 통해서 더욱 잘 드러난다. 이에 속하는 대표적인 예로 직관주의자인 로스(W. D. Ross)의 『옳음과 좋음』(*The Right and the Good*, 1930), 캐리트(E. F. Carritt)의 『윤리적, 정치적 사고』(*Ethical and Political Thinking*, 1947)를 들 수 있다. 롤스는 『정의론』에서 이상적인 사회 계약에 기초한 정의론을 제시하려고 노력하면서 비록 밀의 공리주의와 정확하게 일치하지는 않지만 공리주의를 자신의 접근 방식에 대한 가장 중요한 대안으로 여긴다.

현재 많은 윤리학 교과서에서 밀은 자주 칸트와 대비되고 또한 칸트와 더불어 근대의 가장 위대한 도덕철학자로 평가된다. 예를 들어 가장 많이 사용되는 교과서인 『도덕철학: 고전과 현대의 문제들』(*Moral Philosophy: Classic Texts and Contemporary Problems*, Feinberg *et al*. 1977)을 보면 '세 가지 고전적 이론들'이라는 제목의 절에는 아리스토텔레스의 『니코마코스 윤리학』, 칸트의 『도덕 형이상학 정초』(*Fundamental Principles of the Metaphysics of Morals*)에서 발췌한 부분과 더불어 밀의 『공리주의』 원전 전체가 등장한다.

밀의 『공리주의』가 미친 영향을 평가하면서 밀의 이 저술이 미친 영향과 하나의 철학 이론으로서 공리주의가 미친 영향을 분리해서 생각하기란 어려운 일이다. 많은 철학자들이 밀의 쾌락주의나 그의 저술에 등장하는 세부 내용을 수용하지 않으면서도 결과주의자로 자칭한다. 철학 외부에서도 결과에 대한 관심이 정책 결정을 주도하는 동기가 된 지 이미 오래다. (예상) 비용이 얼마이며, (예상) 수익이 얼마인가, 그리고 기대 이익이 비용보다 더 많은가? 이런 사고방식이 밀의 『공리주의』로부터 직접 영향을 받았다고 보기는 어려우며, 이런 계산은 항상 쾌락과 고통보다는 금액으로 표시되는 비용과 수익에 따라 이루어진다. 그리고 이렇게 금액으로 표시되는 기준을 넘어서려는 노력이 있다 할지라도 이는 밀이 제시한 기준처럼 여러 대안들을 충분히 인식하고 경험한 사람들의 선호가 아니라 그저 현존하는 선호에 따르는 경우가 대부분이다. 그렇지만 여전히 밀은 공리주의의 대표자이며, 공리주의적 사고는 밀의 시대 이래로 여러 정책을 결정하는 데 가장 큰 영향을 미쳤다고 말할 수 있다.

'미국의 윤리학'(Ethics in America)이라는 제목의 교육용 비디오를 보면 서양 철학에서 가장 위대한 네 명의 윤리 사상가 이름이 등장하는데, 이들은 플라톤, 아리스토텔레스, 칸트, 그리고 밀이다. 밀의 중요성을 표현하는 데 더 이상 무슨 말이 필요하겠는가?

더 읽어야 할 책들

이차 자료

Alican, Necip Fikri (1994), *Mill's Principle of Utility: A Defence of John Stuart Mill's Notorious Proof*. Amsterdam and Atlanta: Rodopi.

Anderson, Susan Leigh (2000), *On Mill*. Belmont, CA: Wadsworth.

Berger, Fred R. (1984), *Happiness, Justice, and Freedom: The Moral and Political Philosophy of John Stuart Mill*. Berkeley and Los Angeles: University of California Press.

Brown, D. G. (1973), 'What is Mill's principle of utility?' *Canadian Journal of Philosophy* 3, 1–12.

Cooper, Neil (1969), 'Mill's "proof" of the principle of utility'. *Mind* 78, 278–9.

Cooper, Wesley E., Kai Nielsen, and Steven C. Patten (eds) (1979), *New Essays on John Stuart Mill and Utilitarianism*. *Canadian Journal of Philosophy*, supp. vol. 5. Guelph: Canadian Association for Publishing in Philosophy.

Copp, David (1979), 'The iterated-utilitarianism of J. S. Mill', in Wesley E. Cooper, Kai Nielsen, and Steven C. Patten (eds) (1979), *New Essays on John Stuart Mill and Utilitarianism*. *Canadian Journal of Phi-*

losophy, supp. vol. 5. Guelph: Canadian Association for Publishing in Philosophy.

Crisp, Roger (1997), *Mill on Utilitarianism*. London and New York: Routledge.

Donner, Wendy (1991), *The Liberal Self: John Stuart Mill's Moral and Political Philosophy*. Ithaca: Cornell University Press.

_____ (1998), 'Mill's utilitarianism', in John Skorupski (ed.), *The Cambridge Companion to Mill*. Cambridge: Cambridge University Press, pp. 255–92.

Edwards, Rem B. (1979), *Pleasures and Pains: A Theory of Qualitative Hedonism*. Ithaca: Cornell University Press.

Gruzalski, Bart (1981), 'Foreseeable consequence utilitarianism'. *Australasian Journal of Philosophy* 59, 163–76.

Gunderson, Martin (1998), 'A Millian analysis of rights'. *Ideas y Valores* 106, 3–17.

Hall, E. W. (1949–50), 'The "proof" of utility in Bentham and Mill'. *Ethics* 60, 1–18.

Harrod, R. F. (1936), 'Utilitarianism revised'. *Mind* 45, 137–56.

Kretzman, N. (1958), 'Desire as proof of desirability'. *Philosophical Quarterly* 8, 246–58.

Lyons, Daid (1976), 'Mill's theory of morality'. *Nous* 10, 101–20.

_____ (1978), 'Mill's theory of justice', in A. I. Goldman and J. Kim (eds), *Values and Morals: Essays in Honor of William Frankena, Charles Stevenson, and Richard Brandt*. Dordrecht: Reidel, pp. 1–20.

_____ (1982), 'Benevolence and justice in Mill', in Harlan B. Miller and

William H. Williams (eds), *The Limits of Utilitarianism*. Minneapolis: University of Minnesota Press, pp. 42-70.

_____ (1994), *Rights, Welfare, and Mill's Moral Theory*. New York and Oxford: Oxford University Press.

_____ (ed.) (1997), Mill's Utilitarianism: *Critical Essays*. Lanham, MD: Rowman and Littlefield Publishers.

Mabbott, J. D. (1956), 'Interpretations of Mill's *Utilitarianism*'. *Philosophical Quarterly* 6, 115-20.

Mandelbaum, Maurice (1968), 'On interpreting Mill's *Utilitarianism*'. *Journal of the History of Philosophy* 6, 35-46.

_____ (1968), 'Two moot issues in Mill's *Utilitarianism*', in J. B. Schneewind (ed.), *Mill: A Collection of Critical Essays*. Garden City, NY: Doubleday.

Martin, Rex (1972), 'A Defence of Mill's qualitative hedonism'. *Philosophy* 47, 140-51.

McCloskey, H. J. (1971), *John Stuart Mill: A Critical Study*. London and Basingstoke: Macmillan.

Miller, Dale (1998), 'Internal sanctions in Mill's moral psychology'. *Utilitas* 10, 68-82.

Miller, Harlan B., and William H. Williams (eds) (1982), *The Limits of Utilitarianism*. Minneapolis: University of Minnesota Press.

Ryan, Alan (1974), *J. S. Mill*. London and Boston: Routledge and Kegan Paul.

_____ (1998), *The Philosophy of John Stuart Mill*, 2nd edn. London: Macmillan.

_____ (ed.) (1968), *Mill: A Collection of Critical Essays*. Garden City, NY: Doubleday; London: Macmillan.

Seth, James (1908), 'The alleged fallacies in Mill's "Utilitarianism"'. *The Philosophical Review* 17, 469–88.

Shaw, William H. (1999), *Contemporary Ethics: Taking Account of Utilitarianism*. Malden, MA, and Oxford: Blackwell Publishers.

Skorupski, John (1989), *John Stuart Mill*. London and New York: Routledge.

_____ (ed.) (1998), *The Cambridge Companion to Mill*. Cambridge: Cambridge University Press.

Smart, J. J. C. (1956), 'Extreme and Restricted Utilitarianism'. *Philosophical Quarterly* 4, 344–54.

Sumner, L. W. (1974), 'Welfare, happiness, and pleasure'. *Utilitas* 4, 199–223.

West, Henry R. (1976), 'Mill's qualitative hedonism'. *Philosophy* 51, 101–5.

_____ (1982), 'Mill's "proof" of the principle of utility', in Harlan B. Miller, and William H. Williams (eds), *The Limits of Utilitarianism*. Minneapolis: University of Minnesota Press.

_____ (2004), *An Introduction to Mill's Utilitarian Ethics*. Cambridge: Cambridge University Press.

_____ (ed.) (2006), *The Blackwell Guide to Mill's Utilitarianism*. Malden, MA, and Oxford: Blackwell Publishing.

(이 책에서 인용한) 저술들

Aristotle (1941), *Nicomachean Ethics*, in Richard McKeon (ed.), *The Basic Works of Aristotle*. New York: Random House, pp. 935–1112.

Bentham, Jeremy (1970; first published 1789), *An Introduction to the Principles of Morals and Legislation*. London: University of London, Athlone Press.

Birks, Thomas Rawson (1874), *Modern Utilitarianism*. London.

Bradley, F. H. (1927; first published 1876), *Ethical Studies*, 2nd edn London: Oxford University Press.

Brandt, Richard (1959), *Ethical Theory*. Englewood Cliffs, NJ: Prentice-Hall.

Calderwood, Henry (1872), *Handbook of Moral Philosophy*. London.

Carritt, E. F. (1947), *Ethical and Political Thinking*. Oxford: Clarendon Press.

Feinberg, Joel, and Henry West (eds) (1977), *Moral Philosophy: Classic Texts and Contemporary Problems*. Encino, CA: Dickenson.

Grote, John (1870), *An Examination of the Utilitarian Philosophy*. Cambridge: Deighton, Bell, and Co.

Hobbes, Thomas (1950; first published 1651), *Leviathan*. New York: E. P. Dutton and Company.

Kant, Immanuel (1785), *Fundamental Principles of the Metaphysics of Morals*. Indianapolis: The Bobbs-Merrill Company, 1949.

Lecky, William Edward Hartpole (1869; 3rd edn, 1890), *History of European Morals*. 2 vols. New York: D. Appleton.

Mill, James (1869), *Analysis of the Phenomena of the Human Mind*, 2nd edn (1st edn, 1829). 2 vols. John Stuart Mill (ed.). Reprint, New York: Augustus M. Kelley, 1967.

Mill, John Stuart (1833), 'Remarks on Bentham's philosophy', in J. M. Robson (ed.), *Essays on Ethics, Religion and Society*. Vol. 10 of *Collected Works of John Stuart Mill*. Toronto: University of Toronto Press, 1969, pp. 3–18.

_____ (1835), 'Sedwick's discourse', in J. M. Robson (ed.), *Essays on Ethics, Religion and Society*. Vol. 10 of *Collected Works of John Stuart Mill*. Toronto: University of Toronto Press, 1969, pp. 31–74.

_____ (1838), 'Bentham', in J. M. Robson (ed.), *Essays on Ethics, Religion and Society*. Vol. 10 of *Collected Works of John Stuart Mill*. Toronto: University of Toronto Press, 1969, pp. 75–116.

_____ (1840), 'Coleridge', in J. M. Robson (ed.), *Essays on Ethics, Religion and Society*. Vol. 10 of *Collected Works of John Stuart Mill*. Toronto: University of Toronto Press, 1969, pp. 117–64.

_____ (1843; 8th edn, 1871), *A System of Logic: Ratiocinative and Inductive*. Vols. 7–8 of *Collected Works of John Stuart Mill*. Toronto: University of Toronto Press, 1974.

_____ (1848; 6th edn, 1871), *Principles of Political Economy*. Vols. 2–3 of *Collected Works of John Stuart Mill*. Toronto: University of Toronto Press, 1965.

_____ (1852), 'Whewell on moral philosophy', in J. M. Robson (ed.), *Essays on Ethics, Religion and Society*. Vol. 10 of *Collected Works of John Stuart Mill*. Toronto: University of Toronto Press, 1969, pp. 165–202.

_____ (1859), *On Liberty*, in J. M. Robson (ed.), *Essays on Politics and Society*. Vol. 18–19 of *Collected Works of John Stuart Mill*. Toronto and Buffalo: University of Toronto Press, 1977, vol. 18, pp. 213–310.

_____ (1861), *Considerations on Representative Government*, in J. M. Robson (ed.), *Essays on Politics and Society*. Vol. 18–19 of *Collected Works of John Stuart Mill*. 1977, vol. 19, pp. 371–578.

_____ (1861a), *Utilitarianism*, in J. M. Robson (ed.), *Essays on Ethics, Religion and Society*. Vol. 10 of *Collected Works of John Stuart Mill*. Toronto: University of Toronto Press, 1969, pp. 203–60.

_____ (1865; 4th edn, 1872), *An Examination of Sir William Hamilton's Philosophy*. Vol. 9 of *Collected Works of John Stuart Mill*. Toronto and Buffalo: University of Toronto Press.

_____ (1865a), *Auguste Comte and Positivism*, in J. M. Robson (ed.), *Essays on Ethics, Religion and Society*. Vol. 10 of *Collected Works of John Stuart Mill*. Toronto: University of Toronto Press, 1969, pp. 261–368.

_____ (1868), 'Letter to Henry Jones, June 13, 1868', in Francis E. Mineka and Dwight N. Lindley (eds), *The Later Letters of John Stuart Mill 1849–1874*. Vol. 14–17 of *Collected Works of John Stuart Mill*. Toronto and Buffalo: University of Toronto Press, 1972, vol. 16, p. 1414.

_____ (1869), *The Subjection of Women*, in J. M. Robson (ed.), *Essays on Equality, Law, and Education*. Vol. 21 of *Collected Works of John Stuart Mill*. Toronto and Buffalo: University of Toronto Press, pp. 259–340.

_____ (1873), *Autobiography*, in John M. Robson and Jack Stillinger (eds), *Autobiography and Literary Essays*. Vol. 1 of *Collected Works of John*

Stuart Mill. Toronto: University of Toronto Press, 1969, pp. 373-402.

_____ (1874), 'Nature', in *Three Essays on Religion*, J. M. Robson (ed.), *Essays on Ethics, Religion and Society*. Vol. 10 of *Collected Works of John Stuart Mill*. Toronto: University of Toronto Press, 1969, pp. 373-402.

_____ (1874a), 'Theism', in *Three Essays on Religion*, J. M. Robson (ed.), *Essays on Ethics, Religion and Society*. Vol. 10 of *Collected Works of John Stuart Mill*. Toronto: University of Toronto Press, 1969, pp. 429-89.

_____ (1874b), *Three Essays on Religion*, in J. M. Robson (ed.), *Essays on Ethics, Religion and Society*. Vol. 10 of *Collected Works of John Stuart Mill*. Toronto: University of Toronto Press, 1969, pp. 369-489.

_____ (1874c), 'Utility of religion', in *Three Essays on Religion*, in J. M. Robson (ed.), *Essays on Ethics, Religion and Society*. Vol. 10 of *Collected Works of John Stuart Mill*. Toronto: University of Toronto Press, 1969, pp. 403-28.

Moore, G. E. (1903), *Principia Ethica*. London and New York: Cambridge University Press, 1959.

Packe, Michael St. John (1954), *The Life of John Stuart Mill*. London: Secker and Warburg.

Plato (1937), 'Protagoras', in B. Jowett (trans.), *The Dialogue of Plato* (first published 1892). New York: Random House, pp. 81-130.

Rawls, John (1955), 'Two concepts of rules'. *The Philosophical Review* 64, 3-32.

_____ (1971), *A Theory of Justice*. Cambridge, MA: Harvard University Press.

Ross, W. D. (1930), *The Right and the Good*. Oxford: Clarendon Press.

Rousseau, Jean-Jacques (1762), *On the Social Contract*. New York: St. Martin's Press.

Schneewind, J. B. (1976), 'Concerning some criticisms of Mill's *Utilitarianism*, 1861-76', in John M. Robson and Michael Laine (eds), *James and John Stuart Mill: Papers of the Centenary Conference*. Toronto and Buffalo: University of Toronto Press, pp. 35-54.

_____ (ed.) (1965), *Mills Ethical Writings*. London: Collier-Macmillan; New York: Collier Books.

Sidgwick, Henry (1874; 7th edn, 1907), *Methods of Ethics*. London: Macmillan, 1967.

Urmson, J. O. (1953), 'The interpretation of the philosophy of J. S. Mill', *Philosophical Quarterly* 3, 33-40.

찾아보기